"十三五"高职高专汽车专业规划教材

# 汽车文化

田春霞 主编

automobile

culture

经济管理出版社
ECONOMY & MANAGEMENT PUBLISHING HOUSE

**图书在版编目（CIP）数据**

汽车文化/田春霞主编. —北京：经济管理出版社，2016.8
ISBN 978-7-5096-4392-1

Ⅰ. ①汽…　Ⅱ. ①田…　Ⅲ. ①汽车—文化—高等职业—教育—教材　Ⅳ. ①U46-05

中国版本图书馆 CIP 数据核字（2016）第 102302 号

组稿编辑：王光艳
责任编辑：许　兵
责任印制：黄章平
责任校对：张　青

出版发行：经济管理出版社
（北京市海淀区北蜂窝 8 号中雅大厦 A 座 11 层　100038）
网　　址：www. E-mp. com. cn
电　　话：（010）51915602
印　　刷：三河市延风印装有限公司
经　　销：新华书店
开　　本：710mm×1000mm/16
印　　张：17
字　　数：267 千字
版　　次：2016 年 8 月第 1 版　　2016 年 8 月第 1 次印刷
书　　号：ISBN 978-7-5096-4392-1
定　　价：48.00 元

# 前言

汽车的诞生，对人类文明产生了巨大的影响。汽车是交通工具，但是，随着汽车的发展和普及，其又被赋予了很多文化内涵，深刻地影响着我们的生活。人们越来越渴望了解有关汽车的知识，对汽车的兴趣也与日俱增。人们需要了解汽车的历史，需要知道世界上与汽车有关的人和事，明确汽车对我们社会和生活的影响。所以，为了帮助汽车爱好者了解汽车的发展过程与汽车的内涵，帮助高职高专院校的教师更好、更系统地讲授汽车文化知识，我们编写了这本《汽车文化》教材。

在教材编写过程中，我们对本书结构体系进行了精心设计，全书按照项目导向、任务驱动的教学形式进行编写，注重理论与实践相结合，注重加强学生实践技能的培养与训练。

通过对本书的学习，读者可扩展专业知识，激发专业学习兴趣，增强对汽车的爱好和了解，提高对汽车的鉴赏能力，满足学习者对汽车文化系统掌握的愿望。本书内容经典，图文并茂，可读性强，每个项目都附有学习目标、任务训练、项目小结、复习与思考，可以帮助学习者进一步巩固基础知识，理顺每一项目和任务的重点，同时也为学生的自主学习奠定基础。

本书由大连职业技术学院田春霞担任主编，庞成立、李敏、王海鉴老师参加了编写。项目一中的任务一由王海鉴编写，任务二由李敏编写，任务三、任务四由庞成立编写；项目二、项目三、项目四、项目五由田春霞编写。

本书在编写过程中，引用了很多文献资料及图片，检索了大量汽车网站及汽车教材、论文等资料，在此表示衷心的感谢。

由于汽车文化涉及领域很广，限于编者的水平和能力，书中难免存在错误和不当之处，敬请专家和广大读者批评指正。

**编　者**

2015年12月

# 目 录

# 项目一　汽车史话

## 学习目标

能正确叙述非机动车的发展历程

能正确叙述中国古代对汽车发明的历史贡献

了解蒸汽机汽车发明的历程

能正确叙述现代汽车诞生的历程

掌握现代汽车发明人和发明日期

了解世界汽车工业的发展历程及现状

掌握世界汽车工业的发展趋势

能正确叙述中国汽车诞生的历程

能正确叙述中国汽车工业的发展历程

## 学习内容

任务一　非机动车的发明：人畜运输—中国古代的车。

任务二　机动车的发明：自动车辆的尝试—蒸汽机汽车的发明—内燃机汽车的发明。

任务三　世界汽车工业发展史：汽车工业史上的3次重大变革—世界汽车工业的基本格局—世界汽车工业的发展趋势。

任务四　中国汽车发展史：中国进口的第一辆汽车—中国人拥有的第一辆汽

车—第一辆国产汽车—新中国汽车工业的发展。

# 任务一　非机动车的发明

**【任务目标】**

能够了解非机动车发明对汽车发明所做的贡献

能正确叙述非机动车的发展历程

能正确叙述中国古代对汽车发明的历史贡献

**【相关知识】**

纵观人类文明发展史，可以发现汽车的发明不是偶然的，更不是凭借哪一个人一己之力所能成功的，它是人类集体智慧和劳动的结晶。人类经历了漫长的靠双足跋涉的时代后，发明了车轮和车，这些都为汽车的发明奠定了基础。

## 一、人畜运输

1. 人力运输

提到汽车的发展，可以从原始社会追溯其渊源。在原始社会，没有运输工具，人们的生产劳动，无论是狩猎、耕种还是搬运东西，只能靠肩扛、手提、背负与众人搬抬等。

大约在公元前 4000 年，北欧人发明了“橇”，是人类用滑动方式实现了运输方式的第一次飞跃。

2. 车轮的出现

约在公元前 2000 年，在中亚地区人们发明了车轮，从此人类有了一种新的移动方式，这就是用“滚动”代替了“滑动”，实现了运输方式的第二次飞跃，使人类大大提高了运输效率，如图 1–1 所示是车轮的发明与演变过程。车轮的初期技术并不十分精美，但它提高了人类在地上搬运物品的本领。更重要的是，车轮的使用建立了第一个陆地运输系统。但早期的车辆都是由人力来推动的，故称其为人力车。

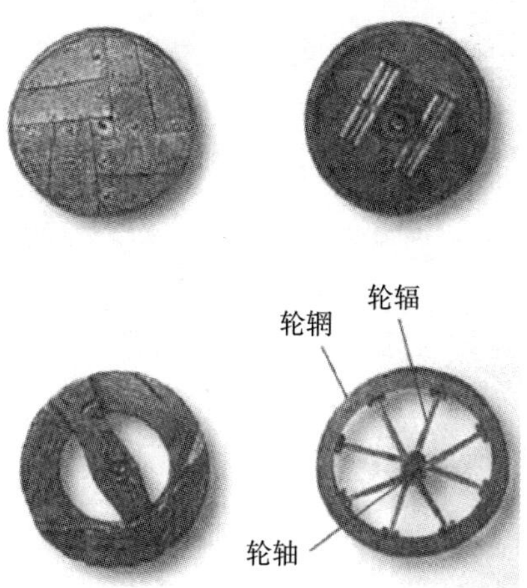


**图 1–1　车轮的发明与演变**

3. 畜力运输

随着动物的被驯化，人们开始用牛、马来拉车，将其称为畜力车。

到公元 9 世纪，法兰克人发明了一种硬性颈圈，套在马的肩胛骨上，让马拉车，后期又给马车加上制动、椭圆弹簧，这样真正实用的马车诞生了。马车的历史极为久远，其和人类的文明一样漫长，直到 19 世纪，马车仍然是城市交通十分重要的工具，其中欧洲主要使用的是四轮马车（如图 1–2 所示），而中国使用的主要是两轮马车（如图 1–3 所示）。

**图 1–2　欧洲四轮马车**

图 1–3　中国两轮马车

## 二、中国古代的车

1. 黄帝造车

中华民族是最早使用车辆的民族之一。传说在 5000 年前黄帝就制造了车辆，所以，黄帝又称为“轩辕黄帝”。“轩”是古代一种带有帷幕且前顶较高的车；“辕”是车的纵向构件，车前驾牲畜的两根横木。不过，黄帝造车的传说迄今尚未找到确凿的史料记载。

2. “车正”管车

公元前 2207~前 1766 年，我国出现了辁（指没有车辐的车轮，如图 1–4 所示，木制车轮上固定横木，可防止木纹开裂）和各种有辐条的车轮，设立了“车正”的职务，即车辆总管。《左传》记载，奚仲（黄帝的四世孙）曾做过夏王朝“车正”，专门从事车务管理，说明当时车辆比较多（如图 1–5 所示）。

图 1–4　没有车辐的车轮

图 1–5 奚仲“车正”

3. 古代战车

公元前 770~前 249 年的春秋战国时期，我国出现了古代战车，图 1–6 是古代战车的复原图，春秋和战国时期，马拉的兵车是军队的主要作战工具。各国诸侯大量制造兵车，像秦、楚等强国，兵车数量超过千辆，因此有“千乘之国”之称，这是国家军事实力的体现。

图 1–6 春秋时期战车

4. 秦始皇与车辆标准化法规

公元前 221 年秦始皇统一中国后，为实现全国政治、经济、文化的统一，强化国家对地方的控制，大力发展国家车马大道（驿道），修筑驰道形成以咸阳为中心的陆路交通网，实施“车同辙”，统一车轮的轮距为6尺，这是世界上最早的车辆标准化法规。秦始皇陵出土许多铜车马，封闭式车身、宽大硬顶，门窗关闭自如，刻有龙凤（如图1–7所示）。

**图1–7　秦始皇陵铜车马**

5. 指南车

在三国时期，有一位叫马钧的技术高超的大技师，发明了指南车，如图1–8所示，车无论怎样行走，木人的手臂始终指向南方。

**图1–8　指南车**

6. 记里鼓车

记里鼓车是利用齿轮原理，由车轮带动大小不同的一组齿轮，车轮走满一里时，其中一个齿轮刚好转动一周，该轮轴拨动车上木人打鼓或击钟，报告行程，记里鼓车是中国最先发明的记录里程的仪器，可惜最初结构均已失传，到宋代才由精通机械的进士燕肃重新制造成功（如图 1–9 所示）。

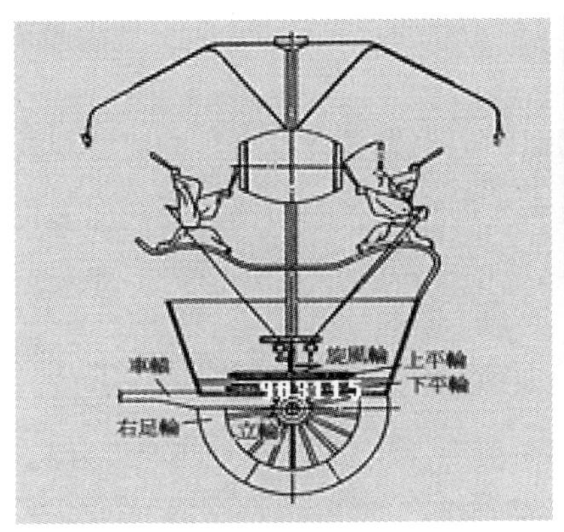


a. 示意图

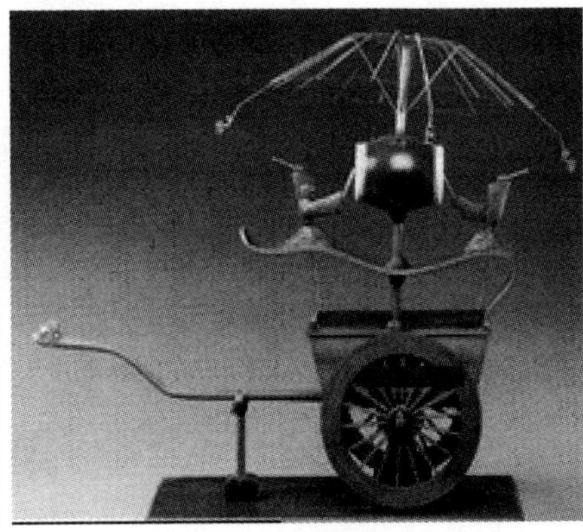

b. 复制品

**图 1–9　记里鼓车**

今天看来，古代车的结构十分简单，但在生产力十分低下的远古时期，车就是结构较为复杂的工具之一了，它的出现是人类文明向前发展的最好例证。

**【任务训练】**

学生分成小组，利用网络和书籍，查找古代车的起源及发展的相关资料，推荐小组成员与同学们分享交流。

# 任务二　机动车的发明

**【任务目标】**

能够了解机动车发明的历程

能够了解蒸汽机汽车发明的历程

能正确叙述现代汽车诞生的历程

掌握现代汽车发明人和发明日期

【相关知识】

## 一、自动车辆的尝试

尽管古代的人们对车辆不断改进、探索，但人力或者畜力车的速度和载重量总是受到很大限制，无法满足人类的需求和生产力发展的需要，制造出多拉快跑的自动车辆，一直是人类的梦想。14~16 世纪欧洲的文艺复兴时代，使欧洲的思想文化和科学技术走向繁荣，欧洲的车辆制造技术也在那个时期超过了中国，欧洲人开始了自动车辆的大胆尝试。

1. 滑轮车

1420 年，英国人发明一种滑轮车，如图 1–10 所示。人坐在车内，借用人力使绳子不停地转动滑轮。车虽然走了起来，但由于人力有限，其速度很慢，比步行还要慢。

**图 1–10　英国的滑轮车**

2. 双桅风力帆车

1600 年荷兰人西蒙·史蒂芬制造了一辆“双桅风力帆车”，如图 1–11 所示，依靠风能驱动车辆，但是这种车辆对风向和风力的要求比较严格。

3. 发条车

1649 年，德国钟表匠汉斯·郝丘制造了一辆发条车，如图 1–12 所示，但是这辆发条车的速度不到 1.6 千米/小时，而且每前进 230 米，就必须把钢制发条卷紧一次，这导致工作的强度太大了，所以发条车也没能得到发展。

图 1–11　荷兰的双桅风力帆车

图 1–12　德国的发条车

以上所谓“自动车辆”的尝试，都因为存在这样或那样的问题而失败，其问题的关键就在于缺少长效而稳定的动力装置，但它却反映了当时人们对“自行驱动”车辆的渴望与追求。

## 二、蒸汽机汽车的发明

1765 年，英国人詹姆斯·瓦特发明的蒸汽机不仅把人类带入了“蒸汽机时代”，而且为人类的陆路交通运输工具开启了一个新纪元。1769 年，法国人尼古拉斯·古诺制成了世界上第一辆蒸汽机汽车，这标志着人类千百年来沿用的以人力、畜力为动力的“车”发生了历史性的变革，宣告“汽车”新世纪的到来。

1. 蒸汽机的发明

蒸汽机是将蒸汽的能量转换为机械能的往复式动力机械。蒸汽机的出现曾引发 18 世纪的工业革命。直到 20 世纪初，它仍然是世界上最重要的原动机，后来才逐渐让位于内燃机和汽轮机等。

16 世纪末到 17 世纪后期，英国的采煤业已发展到相当的规模，单靠人力、畜力已难以满足排除矿井地下水的要求，而现场又有丰富而廉价的煤作为燃料。现实的需要促使许多人，如英国的萨弗里、纽科门等人致力于“以火提水”的探索和尝试。

终于在 1696 年，萨弗里制成了世界上第一台实用的蒸汽提水机，如图 1–13 所示，其在 1698 年取得名为“矿工之友”的英国专利。萨弗里的提水机依靠真空的吸力汲水，汲水深度不能超过 6 米。为了从几十米深的矿井汲水，须将提水机装在矿井深处，用较高的蒸汽压力才能将水压到地面上，这在当时无疑是困难而又危险的。

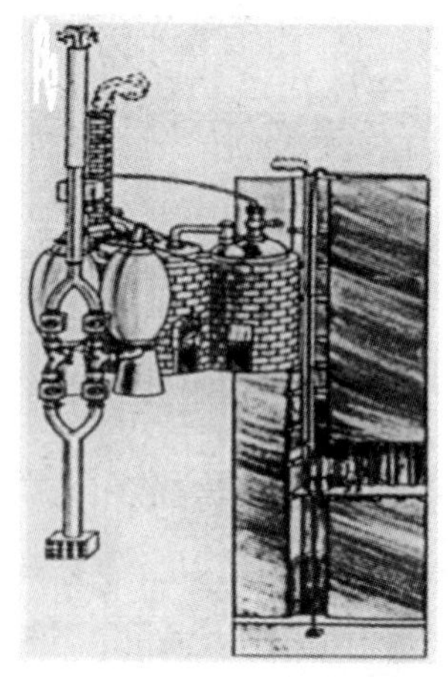

**图 1–13　萨弗里的蒸汽提水机**

1705 年，纽科门又发明了大气式蒸汽机，用以驱动独立的提水泵，被称为纽科门大气式蒸汽机，如图 1–14 所示。这种蒸汽机先在英国，后来在欧洲大陆得到迅速推广，直到 19 世纪初它的改型产品还在制造、使用，纽科门大气式蒸汽机的热效率很低，这主要是由于蒸汽进入汽缸时，在汽缸壁上冷凝而损失掉大量热量所致，只在煤价低廉的产煤区才得以推广。

1763 年，英国人詹姆斯·瓦特（如图 1–15 所示）开始针对纽科门式蒸汽机的缺点研究新的蒸汽机，并在 1774 年，研制出世界上第一台具有真正意义上的动力机械——蒸汽发动机，如图 1–16 所示，为此瓦特花费了 30 多年的心血，这是历史性的进展，蒸汽机曾推动了机械工业甚至社会的发展，并为汽轮机和内燃

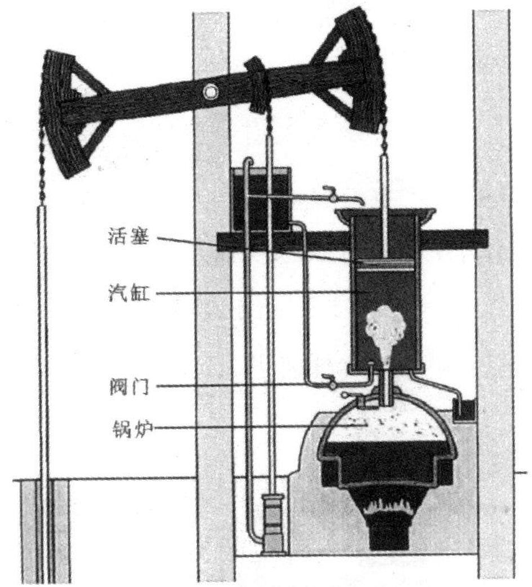


图 1–14　纽科门的蒸汽机

图 1–15　詹姆斯·瓦特

图 1–16　瓦特的蒸汽机

机的发展奠定了基础，蒸汽机的发明也为自动车辆的诞生提供了可能。

2. 蒸汽机汽车的发明

1769 年，法国陆军工程师、炮兵大尉尼古拉斯·古诺制造了世界上第一辆由蒸汽驱动的三轮汽车，如图 1–17 所示。尼古拉斯·古诺将一台蒸汽机装在木制的三轮车上，作为车辆的牵引力，这辆汽车被命名为“卡布奥雷”，车长 7.32 米，车高 2.2 米，车架上放置一只直径 1.3 米的大锅炉，前轮直径 1.28 米，后轮直径 1.50 米，前进时靠前轮控制方向，每前进 12~15 分钟需停车加热 15 分钟，运行速度 3.5~3.9 千米/小时。

**图 1–17　世界上第一辆蒸汽机汽车**

遗憾的是在后来的试车过程中，古诺的蒸汽机汽车撞墙而损坏，这也被认为是世界上第一起机动车事故（如图 1–18 所示）。第二年，这辆车经过修整，成为世界上第一辆汽车，如今珍藏在巴黎国家技术及机械品博物馆内。尽管古诺的这项发明失败了，但却是古代交通运输（以人、畜或帆为动力）与近代交通运输

**图 1–18　世界上第一起机动车事故**

（动力机械驱动）的分水岭，是汽车发展史上第一个里程碑，标志着人类以机械力驱动车辆时代的开始，也是划时代的第一次工业革命，揭开了人类社会汽车发展的历史。

1825 年，英国人哥尔斯瓦底·嘉内制造了一辆蒸汽机公共汽车（如图 1–19 所示），18 座，车速为 19 千米/小时，开始了世界上最早的公共汽车运营。

**图 1–19　蒸汽机公共汽车**

1833 年 4 月，英国人汉考克成立了世界上最早的公共汽车运输公司——苏格兰蒸汽机汽车公司，进行固定线路收费的公共汽车运输服务。该车可承载 14 名乘客，时速可达 32 千米/小时。

蒸汽机汽车虽然存在着速度慢、体积大、热效率不高、污染严重等问题，但它在汽车发展史上仍占有重要的一页，为现代汽车的诞生奠定了坚实基础。

19 世纪末 20 世纪初，蒸汽机汽车的燃料由煤转为石油，行驶车速不断提高（约 50 千米/小时），操作的简便性和乘坐的舒适性也大为改善。由于蒸汽机汽车存在给水频繁、启动时为达到必要的蒸汽压力所需的时间太长、热效率低，车速和方向受道路情况的限制以及产生噪声和废气污染等问题，故汽车市场逐步被由内燃机驱动的汽车所取代。

## 三、内燃机汽车的发明

汽车的发明是人类走向机械工业时代的里程碑。1876 年，德国人尼古拉斯·奥托发明了第一台实用的活塞式四冲程内燃机，为内燃机汽车的诞生奠定了基础。10 年后，德国人卡尔·本茨成功地发明了第一辆内燃机汽车，标志着现代汽车的诞生。

1. 内燃机的发明

1862 年，法国工程师罗夏在本国科学家卡诺研究热力学的基础上，提出了四冲程内燃机工作原理：活塞下移，进燃气；活塞上移，压缩燃气；点火，气体迅速燃烧膨胀，活塞下移做功；活塞上移，排出废气。四个冲程周而复始，推动机器不停地运转。罗夏只是天才地提出了四冲程的内燃机理论，而将这一理论变为现实的是德国发明家尼古拉斯·奥托（如图 1–20 所示）。

**图 1–20　尼古拉斯·奥托**

1876 年，奥托设计制造了第一台四冲程内燃机（如图 1–21 所示）。这台内燃机使用煤气作为燃料，采用火焰点火。它具有体积小、转速快和热效率高等优

**图 1–21　奥托发明的四冲程往复式活塞内燃机**

点，与现代内燃机的原理已经非常接近，是第一台能代替蒸汽机的实用内燃机。为了纪念奥托的发明，内燃机工作过程中的进气、压缩、做功、排气 4 个冲程的循环方式被称为“奥托循环”。奥托以内燃机奠基人的身份载入史册，其内燃机的发明为汽车的发明奠定了基础。

煤气机虽然比蒸汽机具有很大的优越性，但在社会化大生产背景下，仍不能满足交通运输业所要求的高速、轻便等性能。因为它以煤气为燃料，需要庞大的煤气发生炉和管道系统，而且煤气的热值低，故煤气机转速慢，比功率小。到 19 世纪下半叶，随着石油工业的兴起，用石油产品取代煤气作燃料已成为必然趋势。

1883 年，德国人戈特利布·戴姆勒在好朋友威廉·迈巴赫的帮助下，在奥托四冲程发动机的基础上，使用汽油作为燃料通过改进开发了第一台汽油机（如图 1–22 所示）。后来他们还制造了世界上第一台轻便小巧的化油器式、电点火的小型汽油机，转速达到了当时创纪录的 750 转/分钟，同时也为汽车找到了一种最为理想的动力源。

**图 1–22　世界上第一台汽油机**

1897 年，德国工程师鲁道夫·狄塞尔（如图 1–23 所示）摘取了“柴油机发明者”的桂冠，他成功地试制出世界上第一台柴油机（如图 1–24 所示）。1892 年，狄塞尔经过多年研究，提出压燃式内燃机原理，为柴油机的诞生奠定了理论基础。后来狄塞尔经过多年不懈努力，克服了重重困难，终于在一片指责和质疑声中将柴油机变为现实。柴油机是动力工程方面的又一项伟大发明，它比汽油机油耗低了 1/3，是汽车的又一颗机能良好的“心脏”。鲁道夫·狄塞尔的发明改变了整个世界。人们为了纪念他，将柴油机称为“狄塞尔发动机”(Diesel Engine)。

**图 1–23　鲁道夫·狄塞尔**

**图 1–24　世界上第一台柴油机**

到 19 世纪 90 年代，通过无数人的努力，小型内燃机终于在技术上取得了突破性进展，为其安装在车辆上创造了条件。

2. 内燃机汽车的发明

世界上最早的实用汽车是由德国的两个工程师同时宣布制成的。卡尔·本茨发明了三轮汽车，戈特利布·戴姆勒制造的是四轮汽车，他们二人都被世人尊称为“汽车之父”。戴姆勒与本茨的成功也是“站在巨人的肩膀上取得的”。早在第一辆汽车发明之前，与它有关的许多发明就已经出现了，如充气轮胎、弹簧悬架、内燃机点火装置等。客观地说，汽车并不是哪个人发明的，而是科技进步到一定阶段的必然结果，是许多发明和技术的综合运用。

（1）世界上第一辆三轮汽车。1886 年德国工程师卡尔·本茨将自己在 1885 年设计制造的汽油机安装在一辆三轮汽车上，这就是世界公认的第一辆现代汽车的雏形。这辆车可以说是近代汽车的原型。该车装一台两冲程单缸 0.9 马力的汽油机，单缸机排量为 0.576 升，输出功率约 0.52 千瓦，转速为 300 转/分钟，车速约 15 千米/小时。具备了近代汽车的一些基本特点，如火花点火、水冷循环、钢管车架、钢板弹簧悬架、3 个实心橡胶轮胎、后轮驱动、前轮转向、带制动手把等。这辆车现保存在慕尼黑科学博物馆内（如图 1–25 所示）。

**图 1–25　卡尔·本茨的三轮汽车**

1886 年 1 月 29 日，本茨正式取得德国的汽车专利证（如图 1–26 所示），这也是世界上第一张汽车专利证书，专利号为 37435，类别属于空气及气态动力机械类，专利名为气态发动机车。这一天也被公认为是汽车的诞生日。

（2）世界上第一辆四轮汽车。1881 年，戈特利布·戴姆勒（如图 1–27 所示）与威廉·迈巴赫合作开办了当时的第一家所谓的汽车工厂，开始研究一种“轻便快速”发动机的设计方案。1883 年 8 月 15 日，戴姆勒成功发明了世界上第一台“轻便快速”运转的内燃机。这台发动机每马力能带动 80 公斤的重物，达到了相当高的转速。戴姆勒将这台发动机装在一辆木制自行车上，世界上第一辆摩托车

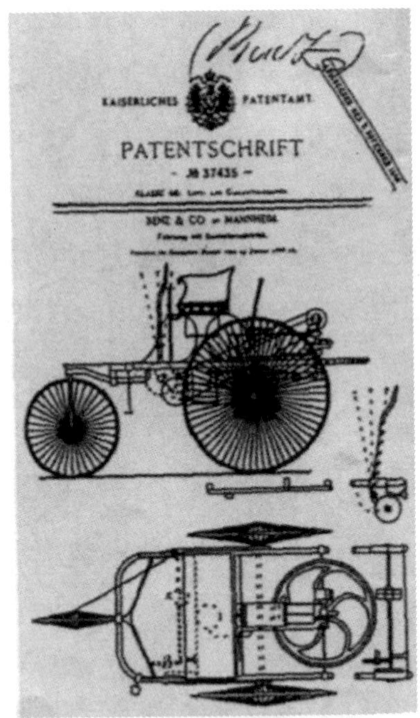


图 1–26 卡尔·本茨的汽车专利证书

图 1–27 戈特利布·戴姆勒

（如图 1–28 所示）就这样诞生了，并于同年 12 月 16 日获得了德意志帝国专利——汽油发动机的专利。此时，戴姆勒并没有就此满足，他想创造一种“所有车辆都能使用的自动推进器”。在 1885 年，他又研制出第二台立式单缸内燃机，功率达到了 1.1 马力，并于 1885 年 4 月 3 日取得了立式汽油机的专利，该汽油机取名为“立钟”。

图 1–28　戴姆勒摩托车

1886 年，戴姆勒又将马车加以改善，增添了传动、转向等必备机构，安上一台 1.5 马力的汽油发动机，使其成为世界上第一辆没有马拉的“马车”——汽车，这辆车以 14.4 千米/小时“令人窒息”的车速从斯图加特驶向了康斯塔特。第一辆实用汽车终于诞生了，如图 1–29 所示。

图 1–29　戴姆勒的四轮汽车

为了纪念这两位天才的发明家，人们把卡尔·本茨和戈特利布·戴姆勒并称为现代汽车之父，并把 1886 年作为现代汽车诞生元年。

【任务训练】

学生分成小组，利用网络和书籍，归纳总结现代汽车的发明过程，明确现代汽车的发明人和发明日。

# 任务三　世界汽车工业发展史

【任务目标】

了解世界汽车工业的发展历程及现状

掌握世界汽车工业的发展趋势

【相关知识】

汽车工业通常指发动机、底盘、车身等各种零部件设计、制造与营销等所涉及的企业和企业活动。汽车工业的成长经历了漫长的萌芽和发育时期。汽车诞生在欧洲，但是，以大规模生产为标志的汽车工业形成在美国，以后又扩展到欧洲、日本直至世界各国。汽车的不断改进和汽车工业的不断发展，极大地改变了人类的生活方式。汽车工业和汽车技术得以发展，离不开世界人民的智慧和才能，是人类共同努力的结果。

100 多年的汽车发展史表明：汽车诞生于德国，成长于法国，成熟于美国，兴旺于欧洲，挑战于日本。在百余年的汽车发展史中，世界汽车工业经历了 3 次重大变革。

## 一、汽车工业史上的 3 次重大变革

1886 年，德国人本茨和戴姆勒发明了汽车，接着欧洲出现了生产汽车的公司。最早成立的汽车公司有德国的奔驰公司、戴姆勒公司，法国的标致公司、雷诺公司，英国的奥斯汀公司、罗孚（陆虎）公司，意大利的菲亚特公司等，欧洲是世界汽车工业的摇篮。

德国人发明了汽车，而促进汽车最初发展的是法国人。1891 年，法国人阿尔芒·标致首次采用前置发动机后驱动形式，奠定了汽车传动系统的基本构造。1898 年，法国人路易斯·雷诺将万向节首先应用在汽车传动系统中，并发明了锥齿轮式主减速器。尽管以法国为主的欧洲汽车公司占据了当时世界汽车工业的统

治地位，但都是以手工方式生产汽车，其讲究豪华，价格昂贵，限制了汽车工业的发展。

在随后的汽车工业发展中，世界汽车工业经历了3次巨大变革。第一次变革是美国福特汽车公司推出了T型车，发明了汽车装配流水线，使世界汽车工业的发展从欧洲转向美国；第二次变革是欧洲通过多品种的生产方式，打破了美国汽车公司在世界车坛上的长期垄断地位，使世界汽车工业的发展从美国又转回欧洲；第三次变革是日本通过完善生产管理体系形成精益的生产方式，全力发展物美价廉的经济型轿车，日本成了继美国、欧洲之后世界第三个汽车工业发展中心，使世界汽车工业的发展从欧洲转到日本。

1. 第一次变革——流水线大批量生产

在最早的时候，汽车是为少数人生产的奢侈品。为制造理想的大众化汽车，美国汽车大王亨利·福特做出了突出贡献，他首先提出并实现了“让汽车成为广大人民群众的需要”。1883年福特开始从事汽车制造业，1903年福特汽车公司诞生。福特汽车公司积极研制结构简单、实用，同时性能完善而售价低廉的普及型轿车。1908年10月，福特汽车公司正式投产T型汽车，如图1–30所示。1913年，福特公司在汽车城底特律市建成了世界上第一条汽车装配流水线（如图1–31所示），并实行了工业大生产管理方式，实现了产品系列化和零部件标准化。通过汽车流水线生产方式汽车装配时间从12.5小时缩短到1.5小时。从1908年到1927年，T型车共生产了1500多万辆，售价从开始的一辆850美元最后降到

**图1–30　福特T型车**

图 1-31　福特第一条汽车生产流水线

295 美元。1915 年，福特一个公司的汽车年产量就占美国汽车公司总产量的 70%，而当时生产汽车历史较长的德、英、法等欧洲各国的汽车总产量也不过是美国产量的 5%。

福特 T 型车使汽车在美国得到了普及，让汽车进入了美国普通家庭。福特生产 T 型车的经验不仅为美国，甚至为世界汽车工业的发展奠定了基础，T 型车被称为“运载整个世界的工具”，福特汽车公司也因此被誉为“汽车现代化的先驱”。从那时起，汽车工业才有条件发展为世界性的成熟产业，现代流水线的生产方式也成为其他汽车厂商争先效仿的生产方式。

美国汽车工业的形成和发展与当时美国在资本、国民收入、石油资源、市场等各方面都优于欧洲的具体条件有关，加之美国政府十分重视国民交通工具的现代化，有意识地引导人们购买汽车。巨大的国内市场促进了美国汽车工业的发展，出现了一大批汽车公司，诸如后来闻名世界的通用汽车公司（General Motors）、克莱斯勒公司（Chrysler）等。

2. 第二次变革——汽车产品多样化

第二次世界大战以前，西欧各国的汽车产量仅为北美的 11.5%，由于当时欧洲的汽车公司尚不能大批量生产，不能降低售价与美国汽车公司竞争。针对美国车型单一、体积庞大、油耗高等弱点，欧洲开发了多姿多彩的新型车，以新颖的汽车产品，例如，发动机前置前驱动、发动机后置后驱动、承载式车身、微型节油车等方式，尽量适应不同的道路条件、国民爱好等要求，与美国汽车公司相抗衡。因此，形成了由汽车产品单一化到多样化的变革。到 1970 年，北美汽车年产量仅为 749.1 万辆，而西欧各国却超过北美产量的 38.5%，达到 1037.8 万辆。许多欧洲汽车厂家，如德国大众、奔驰、宝马，法国雷诺、标致、雪铁龙，意大利菲亚特，瑞典沃尔沃等，均已闻名遐迩。欧洲汽车工业的发展使世界汽车工业的中心逐步由美国移向欧洲。

欧洲汽车工业既有美国式汽车工业大规模生产的特征，又有欧洲式汽车工业多品种、高技术的优势。在这一时期，汽车工业保持了大规模生产的特点，世界汽车保有量激增，汽车工业发展的中心由美国转移到西欧。汽车技术的科技含量增加，汽车品种进一步增多。汽车工业界也对汽车造成的安全问题、污染问题，在政府的督促和支持下制定了许多对策，并使汽车在结构、性能等方面得到了大幅度提高。

3. 第三次变革——精益的生产方式

世界汽车工业的第三次变革发生在日本。日本通过完善的管理体制，形成精益的生产方式，全力发展物美价廉的经济型汽车。日本汽车工业起步较晚，其第一大汽车公司——丰田汽车公司和第二大汽车公司——日产汽车公司均创建于 1933 年，但一直到 20 世纪 50 年代，日本的汽车工业仍然发展缓慢。到了 20 世纪 60 年代日本汽车工业产生了突飞猛进的发展，正当美国与欧洲的汽车工业激烈竞争时，日本推行了终身雇佣制及全面质量管理体系，促进了劳动者与管理者之间的相互信任，提高了人员素质，调动了积极因素，使工业发展出现了飞跃。特别是汽车工业，出现了有名的“丰田生产方式”（Toyota Production System，TPS），它是将生产过程的各个环节联系在一起，组成一个完整体系，并以“精益思想”为根基，以寻求“消除一切浪费，力争尽善尽美”为最佳境界的新的生产经营体系，从而在生产组织管理上产生了新的突破，生产出高质量、低消耗、廉价精巧、多品种的汽车，并使其畅销全世界。

可以说，精益生产方式这一思想是丰田汽车集体智慧的结晶，它由丰田汽车普及到日本汽车工业，又从汽车工业扩展到整个汽车制造业，从而将日本推向汽车王国的经济强国之列。由于日本推出物美价廉的汽车，使其出现了普及汽车的高潮。

1973年和1979年发生了两次世界石油危机，使节油的日本轿车成为全世界的畅销品。1970年日本汽车出口量为100万辆，到了1973年，出口量达到200万辆；1977年，日本汽车出口量达到400万辆；1980年，日本汽车出口量猛增到600万辆，超过国内销量。1980年，日本汽车年产量首次突破1000万辆大关，达到1104万辆，一举超过美国成为世界第一。到1987年，日本汽车的年总产量占世界汽车年总产量的26.6%，而美国和西欧4国（英国、法国、德国、意大利）分别占23.7%和24.8%。此时，世界汽车工业的中心已移向日本。日本成为继美国、欧洲之后的世界上第三个汽车工业发展中心。

当前，尽管世界汽车市场日趋饱和，但日本汽车仍以其优越的性能、合理的价格、可靠的质量、完善的电子设施、低排放、低油耗和多样化的品种不断地扩大其在世界汽车市场的占有率。

## 二、世界汽车工业的基本格局

从20世纪90年代后期起，全球汽车工业格局有两个最重要的特点：一是汽车企业资产重组与联合兼并；二是汽车生产正在从传统的、成熟的汽车市场转向新兴的汽车市场。这一系列变化导致全球汽车工业将可能出现新的“6+3+X”的格局。

传统意义上的“6+3”，是指全球乘用车市场被6个汽车集团或联盟和3个大型独立的企业所垄断。6个汽车集团或联盟是指通用—菲亚特—铃木—富士重工—五十铃联盟、福特—马自达—沃尔沃轿车集团、戴姆勒—克莱斯勒—三菱集团、丰田—大发—日野集团、大众—斯堪尼亚集团以及雷诺—日产—三星集团；3个大型独立企业是指本田、标致—雪铁龙和宝马。然而，时过境迁，传统意义上的“6+3”早在2005年开始就发生了显著的变化。

通用在2005年2月以15亿美元的代价放弃了菲亚特的股份；2005年10月，卖掉富士重工全部的股份；2006年4月，通用清空了五十铃的股份；在2006年和2008年分两次卖掉了所持铃木的全部股份；进入破产保护程序后的通用又相继将欧宝和萨博出售。戴姆勒—克莱斯勒集团也在2007年解体。传统意义上的“6+3”中并没有现代—起亚，而2008年现代—起亚的全球销量为415万辆，以近40万辆的显著优势排在本田之前，位居全球汽车销量第六。2009年，现代—起亚全球销量为463万辆，排在世界第五位。传统意义上的“6+3”早已不复存在，全球汽车工业的新版图一直在进行着小幅调整。

新的6大集团包括日本丰田集团、德国大众集团、新通用、福特、日欧联合企业雷诺—日产联盟及新的菲亚特—克莱斯勒联盟（这个联盟可能还会增加新的成员）。新的3小集团包括现代—起亚、本田和标致—雪铁龙。另外，戴姆勒、宝马和包括铃木在内的多家日本汽车企业，不断成长的中国和印度新兴市场的汽车工业也是全球汽车版图中不可忽视的力量，成为世界汽车工业格局中的“X”因素。

## 三、世界汽车工业的发展趋势

经历了百年发展和技术积累，世界汽车工业在知识经济的推动下，伴随着经济全球化的浪潮，正朝着产业集中化、技术高新化、经营全球化、生产精益化的趋势发展。世界汽车工业的发展表现为以下4个特点：

1. 世界汽车年产量在波动中增长

2004~2013年世界汽车年产量的变化，如图1–32所示。2013年世界前10国汽车年产量见表1–1。

从全球的汽车生产格局看，美国、日本、德国、法国4个老牌汽车强国产量一直占全球汽车产量的比重最大。虽然近几年这几个老牌汽车强国的产量比重逐步下降，日本甚至出现了一定程度的负增长，但在2013年，美国、日本、德国这3个老牌汽车强国的产量仍占世界汽车总产量的1/4左右。

2008年金融危机以来，欧美国家汽车产量增速缓慢，甚至出现了大幅度的下滑，而亚太新兴国家发展势头强劲，产量快速增长，包括中国、韩国、印度、巴西和墨西哥等新兴国家在内的汽车产量比重逐年上升，使近几年汽车产量的增长态势直逼老牌汽车强国。

2. 世界汽车工业全球化成为必然

汽车工业是国际性产业，各汽车厂商资产重组、联合兼并成立跨国公司，即

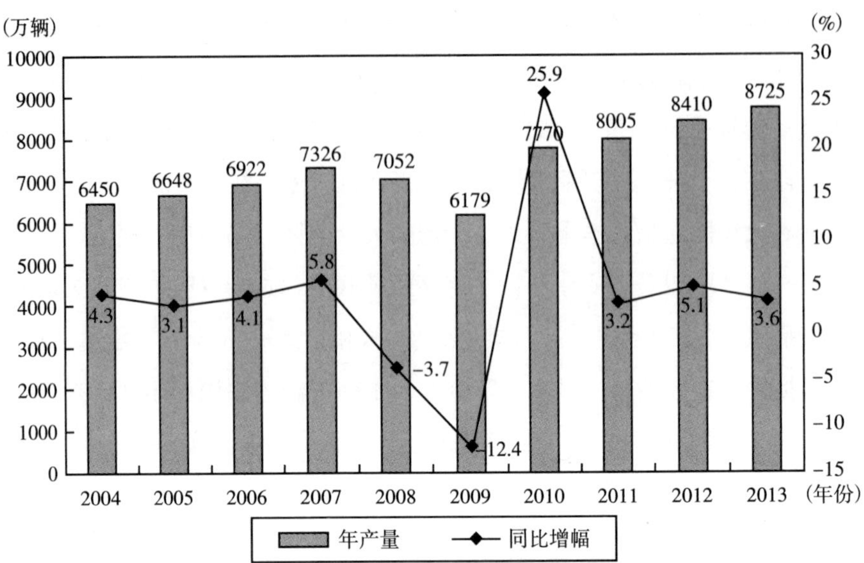


**图 1–32　2004~2013 年世界汽车年产量及增幅**

**表 1–1　2013 年世界各国（地区）汽车产量明细**

单位：辆

| 排名 | 国家和地区 | 乘用车 | 商用车 | 合计 | 同比增幅（%） |
|---|---|---|---|---|---|
| 1 | 中国 | 18085213 | 4031612 | 22116825 | 14.80 |
| 2 | 美国 | 4346958 | 6698944 | 11045902 | 6.90 |
| 3 | 日本 | 8189323 | 1440747 | 9630070 | –3.10 |
| 4 | 德国 | 5439904 | 278318 | 5718222 | 1.20 |
| 5 | 韩国 | 4122604 | 398825 | 4521429 | –0.90 |
| 6 | 印度 | 3138988 | 741950 | 3880938 | –7.00 |
| 7 | 巴西 | 2742309 | 998109 | 3740418 | 9.90 |
| 8 | 墨西哥 | 1771987 | 1280408 | 3052395 | 1.70 |
| 9 | 泰国 | 1122780 | 1409797 | 2532577 | 4.30 |
| 10 | 加拿大 | 965191 | 1414615 | 2379806 | –3.40 |

形成了汽车工业的全球化。全球化包括汽车开发的全球化、销售战略的全球化和销售服务的全球化。汽车产业的全球化，集中体现在两个显著而又相互关联的特征上。

一是汽车产业链，包括投资、研发、生产、采购、销售及售后服务等主要环节的日益全球化。具体体现为国际主要汽车制造公司利用全球资源，实现投资、开发、生产、采购和销售的优化配置，以适应各地区不同环境和市场偏好的需要。产业链中主要环节的分布，不再局限于一国的地理范围，而是日趋立足于全球平台的操作。例如，过去跨国公司在本国建立、保有研发机构，对于目标国市场采取复制产品的方式进行投资，而现在则采取将各个功能活动和能力分配给全球市场的方式。也就是说，不同国家市场多样性的重要性优先于产品的设计和开发，全球化经营已成为跨国公司在全球竞争舞台上生存和发展的方向性战略。另外，汽车产业的政府发展战略从过去主要依赖本国的生产能力、知识、人力资源、基础设施、零部件供应商、市场特征和顾客偏好，转向利用从国际竞争意义上理解的本国比较优势，进而采取比较优势战略和开放型竞争战略。

二是巨型汽车企业之间的大规模重组。全球化推动了跨国公司之间的联合兼并与战略联盟的形成。近年来的汽车企业重组呈现出两个重要趋势：①跨国界、跨地区的重组与联合，特别是汽车工业先进国家之间的重组。例如，西欧企业与美国企业的重组，西欧企业与日本企业、美国企业与日本企业的重组等。②重组集中发生在规模庞大的跨国公司之间，重组的规模也远远超过以前。其结果实质性地改变了传统的资源配置方式、产业竞争模式和产业组织结构，并使各国特别是发展中国家在以往的汽车产业发展战略和相关政策方面面临严峻的挑战。

3. 技术创新能力成为竞争取胜的关键

世界各大汽车公司已把主攻方向从实施精益生产、提高规模效益转向以微电子技术和信息技术等高新技术对汽车工业的开发、生产、销售、服务和回收的全过程进行提升。围绕安全、环保、节能等重点领域，采用新能源、新材料、新工艺开发研制新车型，占领技术制高点。以美国政府发起的“新一代汽车伙伴计划”为代表，用高新技术提升汽车产业已全面展开，并取得重大突破。电子技术的广泛应用使汽车电子产品占整车价值的比例提高到 25%~30%，并且还将有较大幅度的增加。电动汽车、混合动力汽车技术取得突破性进展，其正在走向实用阶段。互联网技术的应用将更加广泛，跨国汽车集团正将自己雄厚的技术实力、丰富的人力及财力资源与互联网相结合，同客户、经销商、供应商等建立一种新的业务模式。技术高新化体现在传统的汽车主体技术上，机构技术将被微电子信息技术、新材料、新能源等高新技术所取代，新一代汽车将轻便化、安全化、环保化、智能化，成为高新技术的集成体。新一轮汽车工业的发展不仅将带动相关传统产业的发展，而且更加有力地促进高新技术的发展。

4. 采用平台战略、全球采购、模块化供货方式已成趋势

国际汽车工业广泛采用平台战略、零部件全球采购、系统开发、模块化供货等方式，使新产品开发费用和工作量部分地转嫁给零部件供应商，使其各方风险共担，实现在全球范围内的合理资源配置，提高产品通用化程度，有效地控制产品质量，大幅度降低成本。不少汽车跨国公司正在积极研究减少平台数量，增加零部件供货商产品开发的工作量。质量和成本始终是市场竞争的焦点，千方百计提高汽车质量、降低汽车成本是在市场中提高公司竞争力的根本所在。因此，生产精益化是伴随汽车工业走向未来永恒的主题。

目前，世界汽车工业的发展出现新的特点，汽车产业的全球性联合重组步伐加快，技术创新能力成为竞争取胜的关键，采用平台战略、全球采购、模块化供货方式已成趋势。

【任务训练】

播放世界第一条汽车流水装配线视频，学生分成小组，总结归纳汽车从发明到演变成为汽车工业的原因及特点，推荐本组同学演讲。

# 任务四　中国汽车发展史

【任务目标】

能正确叙述中国汽车诞生的历程

能正确叙述中国汽车工业的发展历程

【相关知识】

1956 年 7 月，新中国成立后中国人自己制造的第一辆汽车——“解放”牌载货汽车从长春一汽总装线上盛装下线，中国的汽车工业从此开始起步，开启了中国汽车工业滔滔不息的源头。50 余年的风风雨雨，中国汽车工业经历了从自力

更生到打开国门、从寻找合资到最后民族自主品牌的逐渐成熟、从无到有、从小到大、从诞生到成长再到成熟的螺旋式发展历程。

## 一、中国进口的第一辆汽车

1901 年，匈牙利商人李恩思从欧洲购进两辆美国生产的奥兹莫比尔汽车到上海自用，一辆是折叠式软篷车（如图 1–33（a）所示），另一辆是凉篷式汽车（如图 1–33（b）所示），前排为双轮座席，车轮是木制的，外面包上实心橡胶轮胎。采用转向盘、转向带和梯形结构控制行驶方向；照明用煤油灯，喇叭是手按的。这两辆车当时在上海招摇过市，引起了轰动，从此中国开始出现了汽车。

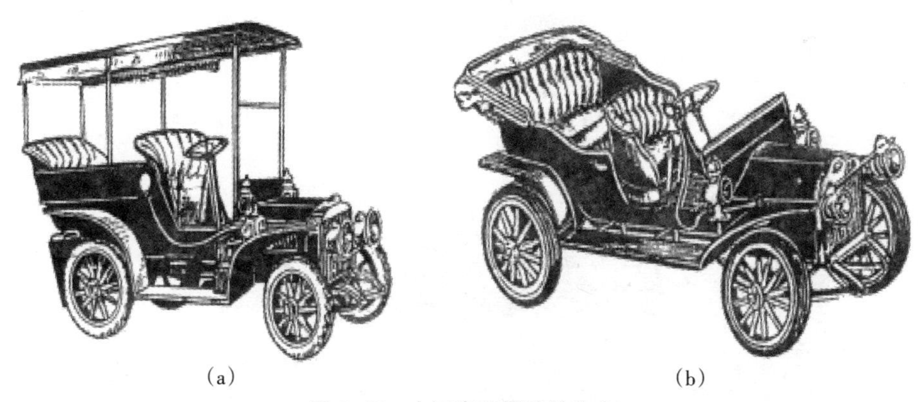

（a）　　（b）

图 1–33　中国出现最早的汽车

## 二、中国人拥有的第一辆汽车

1902 年，慈禧 66 岁寿辰，直隶总督袁世凯为取悦慈禧太后，通过香港购置了一辆第二代奔驰轿车（如图 1–34 所示）送给慈禧太后，“老佛爷”慈禧成为中国历史上的第一位有车族。我国现在保存最早的汽车——存放在颐和园的慈禧太后的座驾，被人冠以“中国第一车”的美名。

## 三、第一辆国产汽车

张学良将军是中国历史上第一个实际组织生产国产汽车的人。1927 年，张学良在沈阳的兵工厂开始试制生产汽车，于 1931 年 5 月，成功制造了“民生”

牌 75 型载货汽车，如图 1–35 所示。发动机功率为 65 马力，载重量为 1.82 吨，最高车速为 40 千米/小时，开了中国自制汽车的先河。该车于 1931 年 9 月 12 日在上海展览会展出。

**图 1–34 袁世凯送给慈禧的车**

**图 1–35 “民生”牌载货汽车**

1931 年“九一八”事变爆发，日本入侵了东三省，不仅借机扼杀了我国汽车工业的萌芽，而且盗取成果，成立了同和汽车株式会社，到 1945 年日本投降时，其已达到年产量 5000 辆的生产能力。旧中国汽车工业的发展，经过各种努力均以失败告终，至 1949 年，中国历年累计进口汽车为 7 万余辆，当时的汽车保有量为 5 万余辆，但产品可谓是“万国汽车”。

## 四、新中国汽车工业的发展

中华人民共和国的成立，为中国汽车工业的发展开辟了新的道路。毛泽东主席、周恩来总理等第一代国家领导人亲自筹划建立中国自己的汽车工业。中国汽车工业从1953年开始建设到现在，已经走过了60多年的历史，经过几代人的艰苦奋斗，现在我国汽车工业已经进入了快速发展的高速路，其发展可概括为初创、自主建设和全面发展3个阶段。

1. *初创阶段*（1953~1965年）

（1）中国工业的筹划。1950年1月，毛主席、周总理率领中共中央代表团访问苏联，商定苏联援助中国建设156项重点工程事项，其中包括建设一座现代化汽车厂。

1951年4月，国务院财经委员会批准第一汽车制造厂在长春兴建。

1952年11月，党中央任命饶斌（1913~1987年）为第一汽车制造厂厂长。饶斌是“中国汽车工业的奠基人”，被誉为“中国汽车之父”。

1953年6月，毛主席签发《中共中央关于力争三年建设长春汽车厂的指示》。

（2）第一汽车制造厂的建立。1953年7月15日，在吉林省长春市孟家屯举行了隆重的第一汽车制造厂建设奠基典礼（如图1–36所示）。毛主席亲笔题词“第一汽车制造厂奠基纪念”（如图1–37所示），从此，中国第一汽车制造厂的建设拉开了帷幕。经过建设者们的艰苦努力，仅用了3年时间，便在历史的空白处凿出国产汽车的源头，1956年7月13日，第一辆解放牌CA10型载货汽车（如图1–38所示）成功下线，这标志着中国不能制造汽车的历史从此结束，同时也为中国汽车工业树立了不朽的丰碑，“一汽”也被誉为“中国汽车工业的摇篮”。

1958年5月，第一汽车制造厂生产出第一辆东风牌CA71型普及轿车（如图1–39所示），东风牌轿车的发动机罩上装饰了一个金龙腾飞的车标。通过东风牌轿车的试制，我国终于迈出了自制轿车的第一步。同年7月，第一汽车制造厂自行设计、试制的第一辆红旗牌CA72型高级轿车诞生（如图1–40所示）。红旗高级轿车是国产高级轿车的先驱，成为国家领导人的公务用车。1963年8月，第一汽车制造厂建成了具有批量生产能力的红旗牌轿车生产基地。

图 1–36　第一汽车制造厂建设奠基典礼

图 1–37　毛泽东主席亲自题写的第一汽车制造厂奠基纪念

图 1–38　中国第一辆解放牌 CA10 型载货汽车

图 1–39　东风牌 CA71 型轿车

图 1–40　红旗牌 CA72 型高级轿车

（3）5 个汽车生产基地的形成。1958 年以后，中国汽车工业出现了新的情况，由于国家实行企业下放，各省市纷纷利用汽车配件厂和修理厂仿制和拼装汽车，形成了中国汽车工业发展史上第一次热潮，产生了一批汽车制造厂、汽车制配厂和改装车厂，形成第一汽车制造厂、南京汽车制造厂、上海汽车制造厂、济南汽车制造厂、北京汽车制造厂 5 个汽车生产基地，基本填补了汽车各类车型的空白。

1）南京汽车制造厂。南京汽车制造厂前身是国民政府的枪炮修理厂。1958 年 3 月 10 日，生产出第一辆跃进 NJ130 轻型载货汽车（如图 1–41 所示），同年 6 月试制出 NJ230 型 1.5 吨越野汽车，同年 5 月 10 日，工厂改名为南京汽车制造厂，成为第二家直属中央的汽车企业。跃进 NJ130 型汽车投产后成为当时我国轻型载货汽车的主力车型。

**图 1–41　跃进 NJ130 轻型载货汽车**

2）上海汽车制造厂。20 世纪 50~60 年代，我国迫切需要一种普及型的公务轿车。1958 年 9 月，第一辆国产凤凰牌轿车诞生，开创了上海制造汽车的历史。1964 年，凤凰牌轿车更名为上海 SH760（如图 1–42 所示），该车一直到 20 世纪 80 年代桑塔纳轿车投产后才退出历史舞台。

**图 1–42　上海 SH760 轿车**

3）济南汽车制造厂。济南汽车制造厂前身是始建于 1935 年的一家汽车配件厂。1959 年，济南汽车制造厂参照捷克的斯柯达 706RT 型 8 吨载货汽车设计出我国的重型载货汽车。1960 年 4 月，试制成功了黄河 JN150 重型载货汽车（如图 1–43 所示）。

4）北京汽车制造厂。中国与苏联关系破裂后，我军指挥车失去了供应来源，军委指示尽快开发部队装备用车。1961 年，国防科委批准北京汽车制造厂作为轻型越野汽车的生产基地。1962 年，试制成功第一辆北京 BJ210 轻型越野汽车。1964~1965 年，试制、鉴定定型为 BJ212 轻型越野汽车（如图 1–44 所示）。

图 1–43　黄河 JN150 重型载货汽车

图 1–44　北京 BJ212 轻型越野汽车

1966 年以前，汽车工业共投资 11 亿元，主要格局是形成一大四小 5 个汽车制造厂及一批小型制造厂，年生产能力近 6 万辆、9 个车型品种。1965 年年底，全国民用汽车保有量近 29 万辆，国产汽车 17 万辆（其中一汽累计生产 15 万辆）。

中国汽车工业初创阶段的特征是：首先建成了中国第一汽车制造厂，实现了中国汽车工业零的突破，接着建立了南京汽车制造厂、上海汽车制造厂、济南汽车制造厂、北京汽车制造厂，形成 5 个汽车生产基地。

2. 自主建设阶段（1966~1978 年）

（1）第二汽车制造厂建立。1965 年，出于国际形势和国家安全等各方面的考虑，国家确定在三线城市建设以生产越野汽车为主的第二汽车制造厂，1965 年 12 月，第二汽车制造厂筹备处成立。1966 年确认将第二汽车制造厂厂址设于湖北省十堰市。

1967 年 4 月 1 日，第二汽车制造厂正式破土动工并举行开工典礼。二汽自筹备建设之初就确定了“聚宝”、“包建”的方针。二汽的建设，是在特定的历史条件和艰苦的自然环境中动工的。依靠全国人民的支持，各路建设大军在“为民族汽车工业打翻身仗”的宏伟目标指引下，脚踏荒野，风餐露宿，夜以继日，艰苦创业，加速建设。

1975 年 7 月 1 日，第二汽车制造厂东风 EQ240 型 2.5 吨越野汽车的生产基地投产，图 1–45 为东风 EQ240 的 2.5 吨越野汽车下线仪式。1978 年 7 月，第二汽车制造厂东风 EQ140 型 5 吨载货汽车（如图 1–46 所示）生产基地基本建成，开始投入批量生产。

**图 1–45　东风 EQ240 型 2.5 吨越野汽车下线仪式**

**图 1–46　东风 EQ140 型 5 吨载货汽车**

（2）川汽和陕汽的建立。1966 年 3 月 11 日，四川汽车制造厂举行开工典礼，厂址选定在四川大足。1966 年 6 月四川汽车制造厂红岩牌 CQ260 型越野汽车在綦江齿轮厂试制成功，后改型为红岩 CQ261 型。1971 年 7 月，四川汽车制造厂批量投产红岩牌 CQ261 型越野汽车（如图 1–47 所示）。

**图 1–47　红岩牌 CQ261 型越野汽车**

陕西汽车制造厂厂址选定在陕西省岐山县麦里西沟。1974 年 12 月 27 日，陕西汽车制造厂生产的延安牌 SX250 型越野汽车鉴定定型。1978 年 3 月 14 日，陕西汽车制造厂和陕西齿轮厂建成，正式投产延安牌 SX250 型越野汽车（如图 1–48 所示）。

**图 1–48　延安牌 SX250 型越野汽车**

（3）开发生产矿用自卸汽车和重型载货汽车。1969 年以后，上海、一汽、本溪等地投入矿用自卸汽车试制、生产；安徽、南阳、丹东等地开始生产重型载货汽车。1969 年 7 月，上海汽车制造厂的上海 SH380 型 32 吨（如图 1–49 所示）和 SH361 型 15 吨矿用自卸车试制成功。1971 年第一汽车制造厂试制成功 60 吨矿用自卸汽车。

**图 1–49　上海 SH380 型 32 吨矿用自卸车**

这一时期，由于全国汽车市场供不应求，再加上国家再次将企业下放给地方，因此造成中国汽车工业发展的第二次热潮，20 世纪 70 年代末期，我国汽车年产量为 22 万辆，汽车制造厂为 56 家，汽车行业企业总数为 2379 家，从业人员为 90.9 万人，汽车工业总产值为 88.4 亿元。

中国汽车工业成长阶段的特征是：先后成立第二汽车制造厂、四川汽车制造厂、陕西汽车制造厂 3 个主要生产军用越野车的三线汽车制造厂；开发了矿用自卸汽车和重型汽车；地方积极建设汽车制造厂。

3. 全面发展阶段（1979 年至今）

1978 年党的十一届三中全会后，在改革开放方针指引下，汽车工业进入全面发展阶段。汽车老产品（解放、跃进、黄河车型）升级换代，结束了 30 年一贯制的历史；调整商用车产品结构，改变"缺重少轻"的生产格局；引进技术和资金，建设轿车工业，形成生产规模；行业管理体制和企业经营机制改革，汽车车型品种、质量和生产能力大幅增长。在 1978 年以后的 20 年中，中国汽车工业发生了大变革，成为中国汽车工业一个旧时代结束和一个新时代开始的分水岭。

（1）调整与改革。1985 年，中央在"七五"规划中，把汽车工业列为国家支柱产业。1987 年，我国政府确定了重点发展轿车工业的战略决策，汽车产品开始升级换代。1987 年，解放 CA141 汽车批量生产，结束了生产解放 CA10B 汽车 30 年一贯制的历史。增加重型汽车生产，加强轻型（含微型）汽车生产，建设轿车工业。1985 年，上海大众公司成立，与德国大众合资生产桑塔纳系列轿车，拉开了大量生产轿车的序幕。其后，一汽大众、二汽雪铁龙、广州本田等中外合资轿车项目纷纷启动，填补了我国轿车生产基本空白的局面。

1992 年，历经 40 年，汽车产量突破 100 万辆。

(2) 改革开放与改组兼并。1994 年，国务院颁布《汽车工业产业政策》，提出汽车产业“到 2010 年成为国民经济的支柱产业”的奋斗目标。

改革开放进一步深入。截至 2000 年，我国先后与大众、通用等 10 多家国际汽车集团公司合资。改组兼并，扩大规模经营。一汽组建第一汽车集团公司；二汽组建东风汽车集团公司；上汽与德国、美国、日本、英国、法国和意大利等国家的汽车品牌合资。1998 年，国内 14 家企业集团（公司）生产 148.5 万辆汽车，占全国当年汽车产量的 91.21%，初步形成了汽车产业的组织结构优化。至 2000 年，我国汽车年产量翻一番，达到 207.7 万辆，全球排名第 8 位。

(3) 汽车产量跨越式增长。从 2001 年起，中国汽车年产量连续 8 年实现跨越式增长，年均增长速度高达 25%。2004 年，国家新《汽车产业发展政策》发布。2009 年国家出台《汽车产业振兴规划》，汽车年产量达 1379 万辆，居世界第一。国内汽车企业进一步改组兼并，强强联合。10 大汽车企业销售量占全国汽车销售总量的 87%。汽车新产品、新技术大量推出，自主品牌汽车市场份额扩大，每年都有几十到上百款新车投放市场，仅 2009 年就推出 100 多款新车型轿车。

(4) 稳步发展。从 2010 年起，我国汽车产销量稳中有增，汽车企业经济效益持续向好。汽车企业集团产业集中度进一步提高。2013 年销量前 10 名的企业集团销售汽车占汽车销售总量的 88.4%。表 1–2 为 2010 年中国 10 大汽车集团产销量排名。

2013 年，我国汽车工业再次取得良好成绩，全国汽车产销量突破 2000 万辆，创历史新高，再次刷新全球纪录，产销量已经连续 5 年蝉联世界第一（见表 1–3）。

中国汽车工业走过了 60 个春夏秋冬，这条路布满了荆棘和坎坷。中国人民还将发扬艰苦奋斗的精神，不懈努力，抓住历史机遇，开拓中国汽车工业的下一个 60 年。

表 1–2　2010 年中国 10 大汽车集团产销量排名

单位：万辆

| 名次 | 集团 | 年产量 | 年销量 |
|---|---|---|---|
| 1 | 上汽 | 362.06 | 355.84 |
| 2 | 东风 | 276.98 | 272.48 |
| 3 | 一汽 | 257.22 | 255.82 |
| 4 | 长安 | 237.8 | 237.88 |
| 5 | 北汽 | 150.4 | 148.99 |
| 6 | 广汽 | 72.25 | 72.42 |
| 7 | 奇瑞 | 69.19 | 68.21 |
| 8 | 比亚迪 | 52.12 | 51.98 |
| 9 | 华晨 | 51.54 | 50.14 |
| 10 | 江淮 | 46.79 | 45.85 |

表 1–3　2004~2013 年我国汽车产量及世界排名

| 年份 | 2004 | 2005 | 2006 | 2007 | 2008 | 2009 | 2010 | 2011 | 2012 | 2013 |
|---|---|---|---|---|---|---|---|---|---|---|
| 产量（万辆） | 507 | 570 | 728 | 888 | 935 | 1360 | 1826 | 1842 | 1927 | 2212 |
| 世界排名 | 4 | 4 | 3 | 3 | 2 | 1 | 1 | 1 | 1 | 1 |

【任务训练】

查阅中国汽车工业发展文献，撰写中国汽车工业发展大事记。

# 【项目小结】

本项目强调了汽车动力装置的发明过程。人们经历了肩扛手提、人力车、畜力车后，发明了蒸汽机、蒸汽机汽车。蒸汽机汽车的发明标志着人类以机械力驱动车辆时代的开始。世界上最早的实用汽车是由德国的两个工程师同时宣布制成的，卡尔·本茨发明了三轮汽车，戈特利布·戴姆勒制造的是四轮汽车，他们二人都被世人尊称为“汽车之父”。1886 年 1 月 29 日是汽车的诞生日。

汽车工业通常指发动机、底盘、车身等各种零部件设计与制造、营销等所涉及的企业和企业的活动。世界汽车工业发展经历了流水线大批量生产、汽车产品多样化、汽车精益生产方式的 3 次重大变革，目前全球性联合重组，技术创新能力成为竞争取胜的关键，采用平台战略、全球采购、模块化供货方式已成趋势。

中华人民共和国的成立，为中国汽车工业开辟了新的道路。1956 年 7 月，中国人自己制造的第一辆汽车——“解放”牌载货汽车从长春一汽总装线上盛装下线，从此中国的汽车工业开始起步。我国汽车工业的发展可概括为初创、自主建设和全面发展 3 个阶段。中国汽车工业从 1953 年开始建设至今，经过几代人的艰苦奋斗，从无到有、从小到大、从诞生到成长再到成熟，目前我国的汽车工业进入了快速发展的高速通道。

## 【复习与思考】

1. 人类运输方式的第一次飞跃是什么?
2. 人类运输方式的第二次飞跃是什么?
3. 指南车和记里鼓车分别是谁发明的?
4. 蒸汽机是谁发明的?
5. 蒸汽机汽车是谁发明的?在汽车发展史上有什么意义?
6. 奥托循环指什么?奥托发动机指什么?
7. 汽车的诞生日是哪天?
8. 世界上谁是汽车之父?他们发明了什么?
9. 世界上第一辆摩托车是谁发明的?
10. 汽车工业含义是什么?
11. 简述汽车发展史上的 3 次重大变革。
12. 简述世界汽车工业的发展趋势。
13. 简述中国汽车工业的发展历程。
14. 中国在汽车发展初创时期的 5 大汽车生产基地是哪些?
15. 简述中国汽车工业发展各阶段的特点。

# 项目二　认识汽车

## 学习目标

掌握汽车的定义，能够对汽车进行正确的分类

能正确解释汽车产品型号代码

能从车辆识别代号中读取该车的基本信息

知道汽车构成的 4 大部分及作用

知道汽车主要的尺寸参数和质量参数

知道汽车的主要性能指标

能够正确辨别日常生活中所见汽车外形的类型

能够正确辨别日常生活中所见汽车的颜色，并说明各颜色的特点

## 学习内容

任务一　汽车的类型：汽车的定义—汽车的分类。

任务二　汽车的编号：汽车产品型号的编制规则—车辆识别代码。

任务三　汽车的总体结构与主要技术参数：汽车的总体构造—汽车的主要技术参数。

任务四　汽车的主要性能指标：汽车的动力性—汽车的燃油经济性—汽车的制动性—汽车的操纵稳定性—汽车的通过性—汽车的行驶平顺性—汽车的环保性—汽车的安全性—汽车使用方便性—汽车的可靠性、耐久性与维修性。

任务五　汽车外形：影响汽车外形的因素—汽车外形的演变。

任务六　汽车色彩：汽车色彩的种类及其特性—汽车的安全与色彩—汽车的使用功能与色彩—汽车车身色彩流行趋势。

# 任务一　汽车的类型

## 【任务目标】

掌握汽车的定义

知道汽车分类的方法，能够对汽车进行正确的分类

## 【相关知识】

汽车是一个种类繁多的大家族，各种汽车有各自不同的用途，据此人们将它们划分为不同的类型。随着人们对汽车要求的逐渐提高，汽车的类型越来越多，汽车的用途也日趋广泛。汽车结构和装置的不断改进，导致汽车的分类方法也发生变化。新的车型统计分类是在参考 GB/T 3730.1-2001《汽车和挂车类型的术语和定义》和 GB/T 15089-2001《机动车辆及挂车分类》的基础上，并结合我国汽车工业的发展状况制定的。

### 一、汽车的定义

汽车的英文“Automobile”是由希腊语“自己”（Auto）和拉丁文“会动的”（Mobile）构成的复合词。通常人们所说的汽车一般是指内燃机汽车。但从广义上讲，汽车应该包括蒸汽机汽车、电动汽车、内燃机汽车和其他燃料汽车。

我国国家标准 GB/T 3730.1-1988《汽车和挂车的术语和定义车辆类型》中对汽车的定义是：由动力装置驱动，具有 4 个或 4 个以上车轮的非轨道无架线车辆。主要用于：①载运人员或货物；②牵引载运人员或货物的车辆；③特殊用途。

按照汽车的上述定义，我国两轮摩托车和三轮机动车都不属于汽车的范畴，

不带动力装置的全挂车和半挂车也不算汽车，但当它们与牵引车组合成汽车列车后属于汽车。美国和日本对汽车的定义范围比我国广，它们可以包括两轮摩托车和三轮摩托车，接近于我国道路机动车所指范围。

## 二、汽车的分类

1. 按用途不同划分

2001 年我国重新制定了有关汽车分类的新标准（GB/T 3730.1-2001）。新标准依据国际标准（ISO3833）制定，其中最显著的修改，一是废除“轿车”的提法，改称为“乘用车”；二是不再将越野车单独分为一类，而是归属到各个车类中。新标准将汽车分为两大类：乘用车和商用车，如图 2-1 所示。

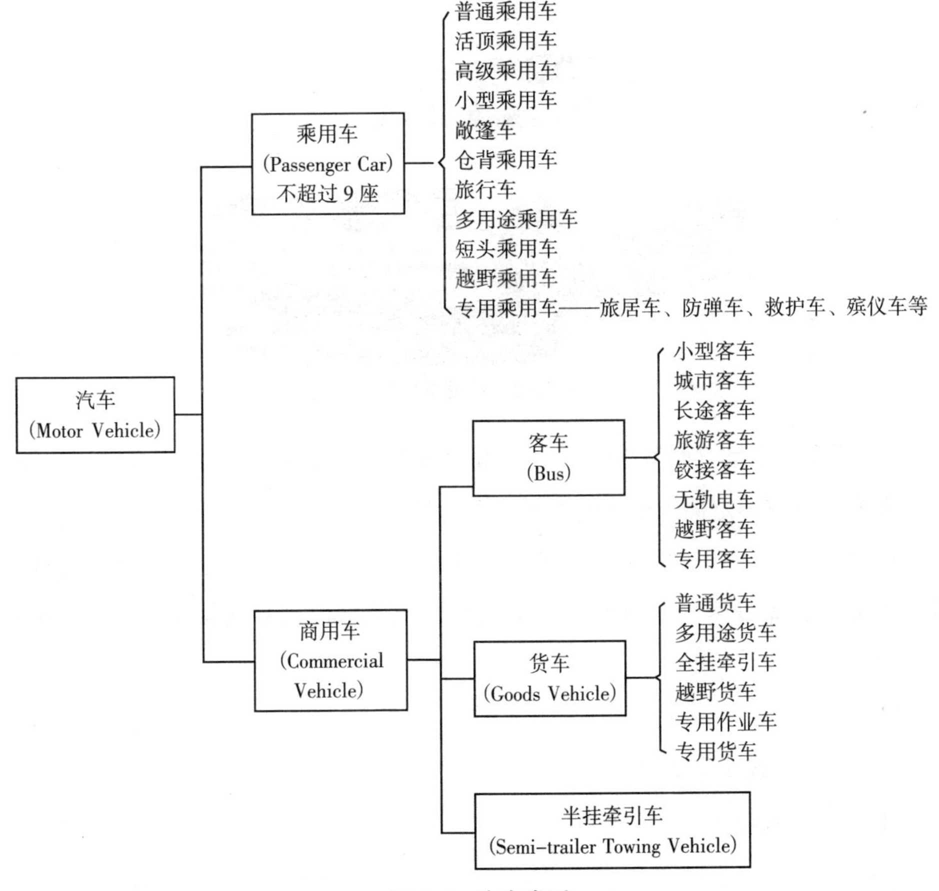


**图 2-1　汽车类型**

（1）乘用车。乘用车在其设计和技术特性上主要是用于载运乘客及其随身行李或临时物品的汽车，包括驾驶员座位在内最多不超过 9 个座位，它也可以牵引一辆挂车。按照车身、车顶、座位、车门、车窗结构或数量的不同，乘用车可分为普通乘用车、活顶乘用车、高级乘用车、小型乘用车、敞篷车、仓背乘用车、旅行车、多用途乘用车、短头乘用车、越野乘用车、专用乘用车 11 类。

1）普通乘用车（如图 2–2 所示）。普通乘用车特征如下：

车身：封闭式，侧窗中柱有或无。

车顶（顶盖）：固定式，硬顶，有的顶盖一部分可以开启。

座位：4 个或 4 个以上座位，至少两排，后座椅可折叠或移动，以形成装载空间。

车门：2 个或 4 个侧门，可有一后开启门。

**图 2–2　普通乘用车**

2）活顶乘用车（如图 2–3 所示）。活顶乘用车特征如下：

车身：具有固定侧围框架的可开启式车身。

车顶（顶盖）：车顶为硬顶或软顶，至少有两个位置：①封闭；②开启或拆除。可开启式车身可以通过使用一个或数个硬顶部件或合拢软顶将开启的车身关闭。

座位：4 个或 4 个以上座位，至少两排。

车门：2 个或 4 个侧门。

车窗：4 个或 4 个以上侧窗。

**图 2–3　活顶乘用车**

3）高级乘用车（如图 2–4 所示）。高级乘用车特征如下：

车身：封闭式，前后座之间可以设有隔板。

车顶（顶盖）：固定式，硬顶，有的顶盖一部分可以开启。

座位：4 个或 4 个以上座位，至少两排，后排座椅前可安装折叠式座椅。

车门：4 个或 6 个侧门，也可有一个后开启门。

车窗：6 个或 6 个以上侧窗。

**图 2–4　高级乘用车**

4）小型乘用车（如图 2–5 所示）。小型乘用车特征如下：

车身：封闭式，通常后部空间较小。

车顶（顶盖）：固定式，硬顶，有的顶盖一部分可以开启。

座位：2 个或 2 个以上的座位，至少一排。

车门：2 个侧门，也可有一个后开启门。

车窗：2 个或 2 个以上侧窗。

图 2–5　小型乘用车

5）敞篷车（如图 2–6 所示）。敞篷车特征如下：

车身：可开启式。

车顶（顶盖）：车顶可为软顶或硬顶，至少有两个位置：①遮覆车身；②车顶卷收或可拆除。

座位：2 个或 2 个以上的座位，至少一排。

车门：2 个或 4 个侧门。

车窗：2 个或 2 个以上侧窗。

图 2–6　敞篷车

6）仓背乘用车（如图 2–7 所示）。仓背乘用车特征如下：

车身：封闭式，侧窗中柱可有可无。

车顶（顶盖）：固定式，硬顶，有的顶盖一部分可以开启。

座位：4 个或 4 个以上座位，至少两排，后座椅可折叠或可移动，以形成一个装载空间。

车门：2 个或 4 个侧门，车身后部有一仓门。

图 2–7 仓背乘用车

7）旅行车（如图 2–8 所示）。旅行车特征如下：

车身：封闭式，车尾外形可提供较大的内部空间。

车顶（顶盖）：固定式，硬顶，有的顶盖一部分可以开启。

座位：4 个或 4 个以上座位，至少两排。座椅的一排或多排可拆除，或装有向前翻倒的座椅靠背，以提供装载平台。

车门：2 个或 4 个侧门，并有一后开启门。

车窗：4 个或 4 个以上侧窗。

图 2–8 旅行车

8）多用途乘用车（如图 2–9 所示）。多用途乘用车是除上述车辆以外的，只有单一车室载运乘客及其行李或物品的乘用车。但是，如果这种车辆同时具有下列两个条件，则不属于乘用车而属于货车：

A. 除驾驶员以外的座位数不超过 6 个（只要车辆具有可使用的座椅安装点，就应算“座位”存在）。

B. $P-(M+N\times68)>N\times68$

式中：P——最大设计总质量。

M——整车整备质量与 1 位驾驶员质量之和。

N——除驾驶员以外的座位数。

**图 2-9　多用途乘用车**

9）短头乘用车（如图 2-10 所示）。短头乘用车的特征是一半以上的发动机长度位于车辆前风窗玻璃最前点以后，并且方向盘的中心位于车辆总长的前四分之一部分内。

**图 2-10　短头乘用车**

10）越野乘用车（如图 2-11 所示）。越野乘用车的特征是在其设计上所有车轮同时具有驱动力（包括一个驱动轴可以脱开的车辆），或其几何特性（接近角、离去角、纵向通过角、最小离地间隙）、技术特性（驱动轴数、差速锁止机构或其他系统）和它的性能（爬坡度）允许在非道路上行驶的一种乘用车。

11）专用乘用车（如图 2-12 所示）。专用乘用车是运载乘客或物品并完成特定功能的乘用车，它具备完成特定功能所需的特殊车身或装备，例如，旅居车、防弹车、救护车、殡仪车等。

图 2–11　越野乘用车

图 2–12　专用乘用车

（2）商用车。在设计和技术特征上用于运送人员和货物，并且可以牵引挂车的汽车。商用车分为客车、货车和半挂牵引车 3 类。客车细分为小型客车、城市客车、长途客车、旅游客车、铰接客车、无轨电车、越野客车、专用客车。货车细分为普通货车、多用途货车、全挂牵引车、越野货车、专用作业车、专用货车。相对旧分类，商用车包含了所有的载货汽车和 9 座以上的客车。

1）客车（如图 2–13 所示）。客车是在设计和技术特性上用于载运乘客及其随身行李的商用车辆，包括驾驶员座位在内座位数超过 9 座的汽车。客车有单层的或双层的，可牵引一挂车。

2）半挂牵引车（如图 2–14 所示）。半挂牵引车是装备有特殊装置用于牵引半挂车的商用车辆。

3）货车（如图 2–15 所示）。货车是一种主要为载运货物而设计和装备的商用车辆，它可以牵引一挂车。

图 2–13　宇通客车

图 2–14　半挂牵引车

图 2–15　货车

2. 按动力装置不同划分

按动力装置不同，汽车可分为汽油车、柴油车、代用燃料车、混合动力车、电动车、燃料电池复合动力车等。

（1）汽油车。汽油车是以汽油为燃料的发动机作为汽车的动力装置，特点是发动机转速高、结构简单、质量轻、造价低廉、运转平稳。

（2）柴油车。柴油车是以柴油为燃料的发动机作为汽车的动力装置，其特点是动力性和燃油经济性好，所以一般用于载货汽车、客车、SUV、高档轿车上。

（3）代用燃料车。代用燃料车是以天然气（CNG）、液化石油气（LPG）、生物柴油、醇类（甲醇和乙醇）、二甲醚、氢气等为燃料的发动机作为汽车的动力装置，现阶段开发和具有应用价值的代用燃料有液化石油气和天然气，其应用也最广泛。这类车的特点是其能替代石油资源的紧缺。

（4）混合动力车。混合动力车采用了 2 个或 2 个以上的动力装置，如汽油发动机与电动机配合使用、LPG 发动机与电动机配合使用，其特点是减少排放、节约能源。

（5）电动车。电动车利用电池作为电源，运用电动机驱动汽车行驶，特点是节约石油资源、降低噪声、实现零废气排放。

（6）燃料电池复合动力车。燃料电池复合动力车采用电动机驱动汽车，电能来源于氢燃料与空气中氧的化学反应，由于化学反应生成水，所以属于低排放车辆。

3. 按发动机位置及驱动形式划分

汽车按发动机位置及驱动形式划分，如图 2–16 所示。

（1）前置发动机后驱动（FR）。前置发动机后驱动是指发动机位于汽车前部，后轮是驱动轮。

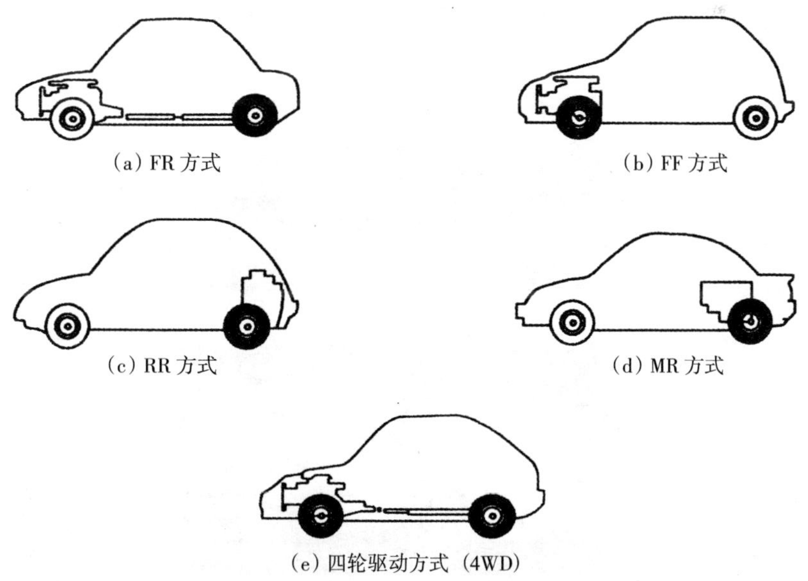

（a）FR 方式　（b）FF 方式　（c）RR 方式　（d）MR 方式　（e）四轮驱动方式（4WD）

**图 2–16　汽车按发动机位置及驱动形式划分的布置形式**

(2) 前置发动机前驱动 (FF)。前置发动机前驱动是指发动机位于汽车前部，前轮是驱动轮。

(3) 后置发动机后驱动 (RR)。后置发动机后驱动是指发动机位于汽车后部，后轮是驱动轮。

(4) 中置发动机后驱动 (MR)。中置发动机后驱动是指发动机位于汽车中部，后轮是驱动轮。

(5) 四轮驱动 (4WD)。四轮驱动是指汽车所有车轮都是驱动轮，一般用于越野车。

汽车驱动情况常用 4×2、4×4 等表示，前一位数表示汽车总车轮数，后一位数表示汽车驱动轮数。

4. 按轿车车身划分

汽车按轿车车身划分，如图 2–17 所示。

(a) 单厢式

(b) 二厢式

(c) 三厢式

**图 2–17　按轿车车身划分**

（1）单厢式。单厢式是发动机舱、客舱和行李舱在外形上形成一个空间形态。

（2）二厢式。二厢式是发动机舱、客舱和行李舱在外形上形成两个空间形态。

（3）三厢式。三厢式是发动机舱、客舱和行李舱在外形上形成三个空间形态。

若轿车顶盖不可开启，称该车身为闭式；若客舱顶为敞顶或按需要可开闭，称该车身为开式。

【任务训练】

参观汽车博物馆，根据所学知识对所见汽车进行分类，并能够提供分类的依据。

# 任务二　汽车的编号

【任务目标】

能够正确解释汽车产品型号代码

能够正确解释车辆识别代号

能够从车辆识别代号中读取该车的基本信息

【相关知识】

## 一、汽车产品型号的编制规则

目前我国汽车产品型号编制规则使用的是GB/T 9417–1988《汽车产品型号编制规则》，该标准规定了编制各类汽车产品型号的术语及构成，并且适用于新设计定型的各类汽车和半挂车，不适用于军用特种车辆（如装甲车、水陆两用车、导弹发射车等）。

1. 汽车产品型号的构成

汽车产品型号由企业名称代号、车辆类别代号、主参数代号、产品序号组成，必要时附加企业自定代号，如图2–18所示。

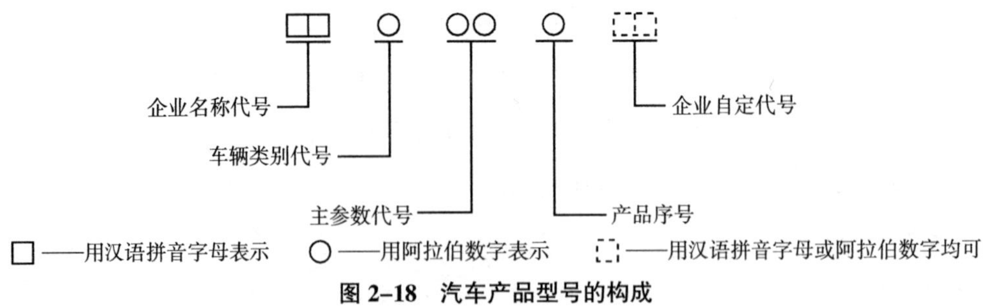


**图 2–18 汽车产品型号的构成**

对于专用汽车及专用半挂车还应增加专用汽车分类代号，如图 2–19 所示。为了避免与数字混淆，不应采用汉语拼音字母中的“I”和“O”。

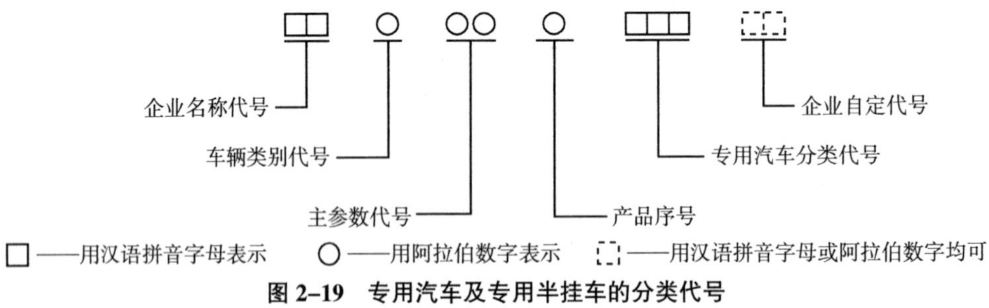


**图 2–19 专用汽车及专用半挂车的分类代号**

2. 汽车产品型号的内容

（1）企业名称代号。企业名称代号位于产品型号的第一部分，用代表企业名称的 2 个或 3 个汉语拼音字母表示。

（2）车辆类别代号。各类汽车的类别代号位于产品型号的第二部分，用一位阿拉伯数字表示，见表 2–1。

**表 2–1 各类汽车类别代号**

| 车辆类别代号 | 车辆种类 | 车辆类别代号 | 车辆种类 |
|---|---|---|---|
| 1 | 载货汽车 | 5 | 专用汽车 |
| 2 | 越野汽车 | 6 | 客车 |
| 3 | 自卸汽车 | 7 | 轿车 |
| 4 | 牵引汽车 | 9 | 半挂车及专用半挂车 |

（3）主参数代号。各类汽车的主参数代号位于产品型号的第三部分，用两位

阿拉伯数字表示。

1）载货汽车、越野汽车、自卸汽车、牵引汽车、专用汽车与半挂车的主参数代号为车辆总质量（吨）。牵引汽车的总质量包括牵引座上的最大总质量。当总质量在 100 吨以上时，允许用 3 位数字表示。

2）客车及客车半挂车的主参数代号为车辆长度（米）。当车辆长度小于 10 米时，应精确到小数点后一位，并以长度（米）值的 10 倍数值表示。

3）轿车的主参数代号为发动机排量（升）。应精确到小数点后一位，并以其值的 10 倍数值表示。若一个轿车产品同时选装不同排量的发动机，且其变化范围大于 10%时，允许企业以其中的一个排量为主参数，其他排量用企业自定代号加以区别。

4）专用汽车及专用半挂车的主参数代号。当采用定型汽车底盘或定型半挂车底盘改装时，若其主参数与定型底盘原车的主参数之差不大于原车的 10%，则应沿用原车的主参数代号。

5）主参数的数字修约按照 GB 8170《数字修约规则》中的规定。

6）主参数不足规定位数时，在参数前以“0”占位。

（4）产品序号。各类汽车的产品序号位于产品型号的第四部分，用阿拉伯数字表示，数字由 0、1、2…依次使用。

当车辆主参数有变化，但不大于原定型设计主参数的 10%时，其主参数代号不变；大于 10%时，应改变主参数代号；若因为数字修约而主参数代号不变时，则应改变其产品序号。

（5）专用汽车分类代号。专用汽车分类代号位于产品型号的第五部分，用反映车辆结构和用途特征的 3 个汉语拼音表示。结构特征代号按表 2–2 的规定，用途特征代号按 ZB/T 50005 规定，如图 2–20 所示。

**表 2–2　专用汽车结构特征代号**

| 结构类型 | 结构特征代号 | 结构类型 | 结构特征代号 |
|---|---|---|---|
| 厢式汽车 | X | 特种结构汽车 | T |
| 罐式汽车 | G | 起重举升汽车 | J |
| 专用自卸汽车 | Z | 仓栅式汽车 | C |

图 2-20　专用汽车用途特征代号

（6）企业自定代号。企业自定代号位于产品型号的最后部分，同一种汽车结构略有变化而需要区别时（例如汽油、柴油发动机，长、短轴距，单、双排驾驶室，平、凸头驾驶室，左、右置转向盘等），可用汉语拼音字母和阿拉伯数字表示，位数也由企业自定。供用户选装的零部件（如暖风装置、收音机、地毯、绞盘等）不属结构特征变化，应不给予企业自定代号。

3. 汽车产品型号示例

（1）CA1091。CA 代表生产企业名称为第一汽车制造厂，第一个 1 代表汽车类型为载货汽车，后面的 09 代表主参数为总质量 9310 公斤，最后的 1 代表第二代产品。

（2）VF7160GIF。VF 代表生产企业名称为一汽大众汽车有限公司，7 代表汽车类型为轿车，16 代表主参数为排量 1.6 升，0 代表第一代产品，G 代表发动机为每缸 5 气门，I 代表发动机为电子喷射式，F 代表第三代车身。

（3）TJ6481。TJ 代表生产企业名称为天津客车厂，6 代表汽车类型为客车，48 代表主参数为车长 4750 毫米，最后的 1 代表第二代产品。

## 二、车辆识别代码（VIN）

1. 车辆识别代码的定义、作用及安装部位

目前世界各国汽车公司生产的汽车大部分使用了车辆识别代码（Vehicle Identification Number，VIN）。

（1）车辆识别代码的定义。“车辆识别代码”由一组字母和阿拉伯数字组成，共 17 位，又称 17 位识别代号。它是识别一辆汽车不可缺少的工具，可以把它看作是汽车的身份证号码。

（2）车辆识别代码的作用。车辆识别代码的每位代号代表着汽车的某一方面信息参数，按照识别代码编码顺序，从车辆识别代码中可以识别出该车的生产国家、制造厂家、汽车类型、品牌名称、车型系列、车身型式、发动机型号、车型

年款、安全防护装置型号、检测数字、装配工厂名称和出厂顺序号码等。

车辆识别代码编制的目的是为在世界范围内建立统一的道路车辆识别系统，以便简化车辆识别信息检索，提高车辆故障信息反馈的准确性和效率。对车辆识别代码汽车研究及管理部门也有相应规定的标准，各国机动车管理部门办理牌照时可以将其车辆识别代码输入计算机存储，以备需要时调用，如处理交通事故、保险索赔、查获被盗车辆、报案等。有的国家规定没有 17 位识别代号的汽车不准进口，有的国家客户在买车时没有 17 位识别代号就不购买，因此没有车辆识别代码的汽车是卖不出去的。1999 年 1 月 1 日，我国要求被初次登记的车辆必须拥有车辆识别代码。

由于汽车修理逐步实行计算机管理和故障分析诊断，在各种测试仪表和维修设备中都存储有 17 位识别代号的数据，作为修理的依据。17 位识别代号在汽车配件经营管理上也起着重要作用，在查找零件目录中汽车零件号之前，首先要确认 17 位识别代号中的车型年款，否则会产生误购、错装等现象。

利用车辆识别代码数据还可以鉴别出拼装车、走私车，因为拼装的进口汽车一般是不按车辆识别代码规定进行组装的。

（3）车辆识别代码的安装部位。车辆识别代码一般安装在汽车前半部易于看到且能防止磨损或替换的部位。如汽车仪表与风窗玻璃左下角交界处、发动机前横梁上、左前门边或立柱上、驾驶员左腿前方、前排左侧座椅下部、风窗玻璃下车身处等。车辆识别代码的安装部位如图 2–21 所示。

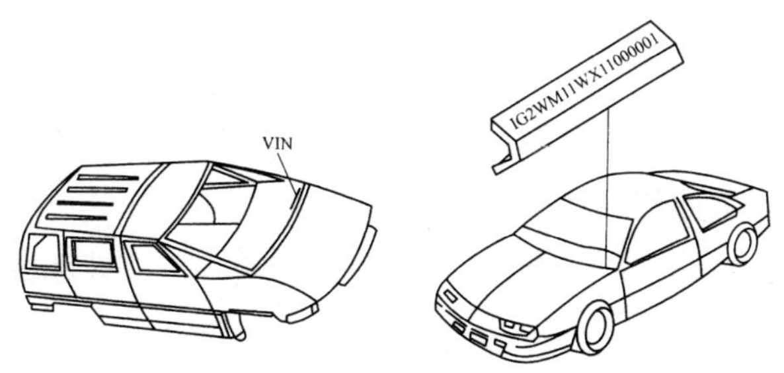


**图 2–21　车辆识别代码安装部位示意图**

2. 车辆识别代码的基本内容

车辆识别代码由三个部分组成：第一部分，世界制造厂识别代码（WMI）；第二部分，车辆说明部分（VDS）；第三部分，车辆指示部分（VIS）。

对于年产量大于500辆的车辆制造厂，车辆识别代码的第一部分为世界制造厂识别代码；第二部分为车辆说明部分；第三部分为车辆指示部分，如图2–22所示。

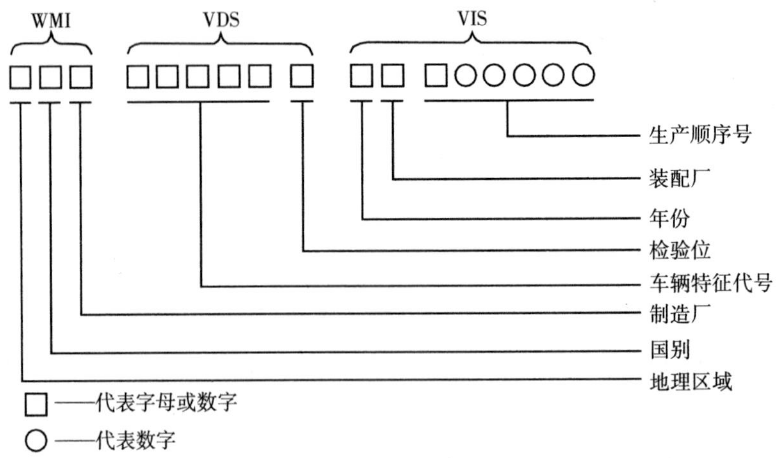


图 2–22　车辆识别代码（1）

对于年产量少于500辆的车辆制造厂，车辆识别代码的第一部分为世界制造厂识别代码；第二部分为车辆说明部分；第三部分的第三、四、五位与第一部分的3位字码一起构成世界制造厂识别代码（WMI），其余5位为车辆指示部分，如图2–23所示。

（1）第一部分——世界制造厂识别代码。世界制造厂识别代码必须经过申请、批准和备案后方能使用。

1）世界制造厂识别代码的第一位字码是标明一个地理区域的字母或数字；第二位是标明一个特定地区内的一个国家的字母或数字。第一、二位字码的组合将能保证国家识别标志的唯一性。第三位字码是标明某个特定的制造厂的字母或数字。第一、二、三位字码的组合能保证制造厂识别标志的唯一性。

2）对于年产量大于（包括）500辆的制造厂，世界制造识别代码由以上所

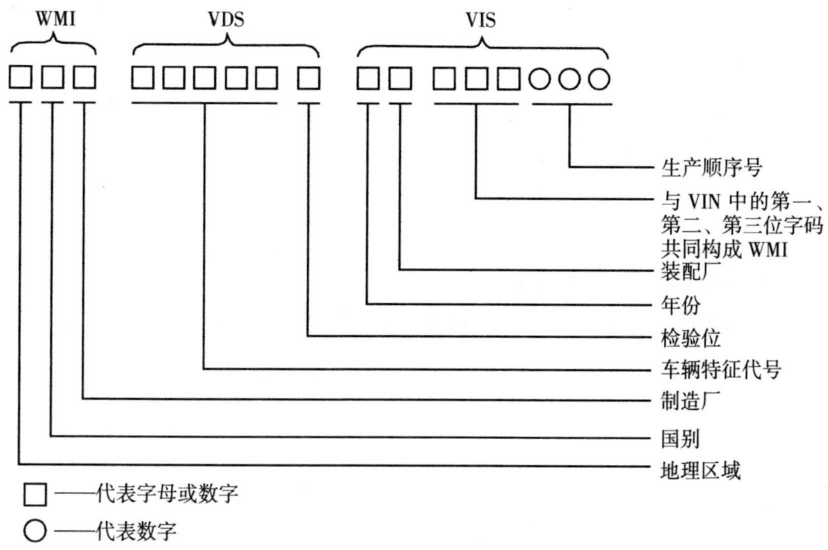


**图 2-23 车辆识别代码（2）**

述的 3 位字码组成。对于年产量少于 500 辆的制造厂，世界制造厂识别代码的第三位字码为数字 9。此时车辆指示部分的第三、四、五位字码将与第一部分的三位字码作为世界制造厂识别代码。

（2）第二部分——车辆说明部分。车辆说明部分由 6 位字码组成，如果制造厂不用其中的一位或几位字码，应在该位置填入制造厂选定的字母或数字占位。此部分应能识别车辆的一般特性，其代号顺序由制造厂决定。

（3）第三部分——车辆指示部分。车辆指示部分由 8 位字码组成，其最后 4 位字码应是数字，其中第一位字码标示年份，年份代码按表 2-3 规定使用（30 年循环一次）。

**表 2-3 标示年份的字码**

| 年份 | 代码 | 年份 | 代码 | 年份 | 代码 | 年份 | 代码 |
|---|---|---|---|---|---|---|---|
| 1971 | 1 | 1981 | B | 1991 | M | 2001 | 1 |
| 1972 | 2 | 1982 | C | 1992 | N | 2002 | 2 |
| 1973 | 3 | 1983 | D | 1993 | P | 2003 | 3 |
| 1974 | 4 | 1984 | E | 1994 | R | 2004 | 4 |
| 1975 | 5 | 1985 | F | 1995 | S | 2005 | 5 |
| 1976 | 6 | 1986 | G | 1996 | T | 2006 | 6 |
| 1977 | 7 | 1987 | H | 1997 | V | 2007 | 7 |

续表

| 年份 | 代码 | 年份 | 代码 | 年份 | 代码 | 年份 | 代码 |
|---|---|---|---|---|---|---|---|
| 1978 | 8 | 1988 | J | 1998 | W | 2008 | 8 |
| 1979 | 9 | 1989 | K | 1999 | X | 2009 | 9 |
| 1980 | A | 1990 | L | 2000 | Y | 2010 | A |

3. 车辆识别代码的基本要求

（1）每一辆汽车、挂车、摩托车和轻便摩托车都必须具有车辆识别代码。

（2）在 30 年内生产任何车辆的识别代码不得相同。

（3）车辆识别代码应尽量位于车辆的前半部分，易于看到，且能防止磨损或替换的部位。

（4）9 人座或 9 人座以下的车辆和最大总质量小于或等于 3.5 吨的载货汽车的车辆识别代码应位于仪表板上靠近风窗立柱的位置，在白天日光照射下，观察者不需移动任一部件从车外即可分辨出车辆识别代码。

（5）车辆识别代码的字码在任何情况下都应是字迹清楚、坚固耐久和不易替换的。车辆识别代码的字码高度要求：若直接打印在汽车和挂车（车架、车身等部件）上，至少应为 7 毫米高；其他情况至少应为 4 毫米高。

（6）车辆识别代码仅能采用下列阿拉伯数字和大写英文字母：1、2、3、4、5、6、7、8、9、0、A、B、C、D、E、F、G、H、J、K、L、M、N、P、R、S、T、U、V、W、X、Y、Z（字母 I、O 和 Q 不能使用）。

（7）车辆识别代码在文件上表示时应写成一行，且不要空格，打印在车辆或车辆标牌上时也应标示在一行。特殊情况下，由于技术上的原因必须标示在两行上时，两行之间不应有间隙，每行的开始与终止处应选用一个不同于车辆识别代码字码的分隔符。

**【任务训练】**

列出若干汽车的产品型号代码及车辆识别代码，请同学们进行解释并读取该车辆的基本信息。

# 任务三　汽车的总体结构与主要技术参数

【任务目标】

知道汽车构成的四大部分及作用

知道汽车主要的尺寸参数

知道汽车主要的质量参数

【相关知识】

汽车是由成千上万个零件组成的结构复杂的行驶机器。根据其动力装置、运送对象和使用条件的不同，汽车的外形和总体结构有较大的差异，但它们的基本结构是相同的。

## 一、汽车的总体构造

汽车通常由发动机、底盘、车身、电气设备四个部分组成。

1. 发动机

发动机是汽车的动力装置。目前，大多数汽车都采用往复活塞式内燃机，它一般是由曲柄连杆机构、配气机构、燃料供给系、冷却系、润滑系、点火系（汽油发动机）、起动系等部分组成。

2. 底盘

汽车底盘是汽车装配与行驶的基础，其作用是接受发动机的动力，将发动机的旋转运动转变成汽车的水平运动，并保证汽车按照驾驶员的操纵正常行驶。底盘由传动系、行驶系、转向系、制动系四部分组成。

传动系的作用是将发动机的动力传递到车轮上，并实现动力的接通与切断、起步、变速、倒车等功能。它由离合器、变速器、传动轴、驱动桥等组成。

行驶系的作用是将汽车各总成、部件连接成一个整体，支撑整车，并将传动系传来的转矩转化为汽车行驶的驱动力，实现汽车的平顺行驶。它由车架、车桥、车轮和悬架等部件组成。

转向系的作用是控制汽车的行驶方向。它由转向盘、转向器和转向传动机构组成。

制动系的作用是使行驶中的汽车按照需要降低速度，停止行驶和在坡道上驻车。它由制动控制部分、制动传动部分、制动器等部件组成，一般汽车制动系至少有 2 套各自独立的制动装置，即行车制动装置和驻车制动装置。

3. 车身

汽车的车身是驾驶员工作的场所，也是装载乘客和货物的场所。车身应为驾驶员提供方便的操作条件以及为乘客提供舒适安全的环境或能保证货物完好无损。

4. 电气设备

汽车电气设备用于汽车发动机的起动、点火、照明、灯光信号及仪表等监控装置。我国汽车电气系统的电压均采用 12 伏或 24 伏，负极搭铁。汽车的电气设备包括电源系统、起动系统、点火系统、照明装置、信号装置、仪表以及其他各种电子设备，电子设备主要包括发动机控制系统、变速器控制系统、防抱死制动系统、安全气囊等，这些设备大大地提高了汽车的性能。如图 2–24 所示为汽车总体构造的透视图。

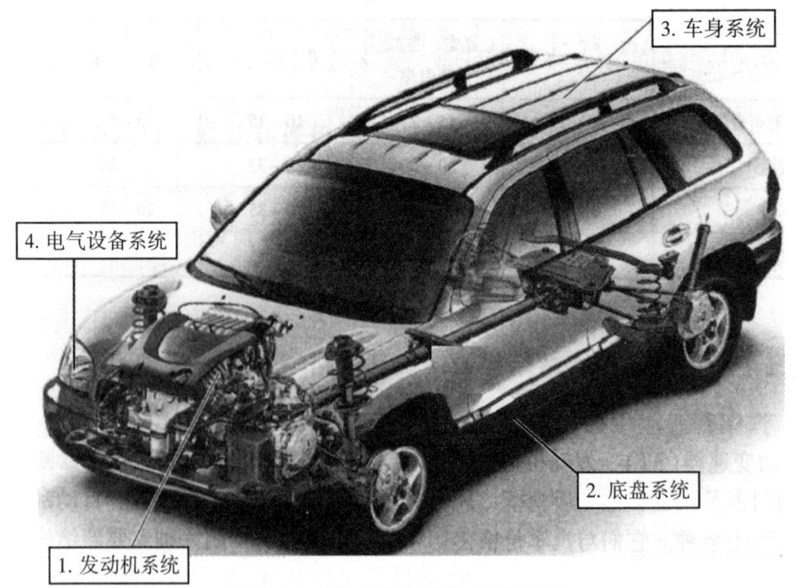


**图 2–24　汽车总体构造的透视图**

## 二、汽车的主要技术参数

汽车的主要技术参数由中华人民共和国国家标准《道路车辆外廓尺寸、轴荷及质量限值》（GB1989–2004）和中华人民共和国国家标准《机动车运行安全技术条件》（GB7258–2004）做出了相关规定。

1. 汽车的尺寸参数

（1）汽车长。汽车长是指垂直于车辆纵向对称平面，并分别抵靠在汽车前、后最外端突出部位的两垂直面之间的距离 L（毫米），简单地说是汽车长度方向两极端点间的距离（如图 2–25 所示）。

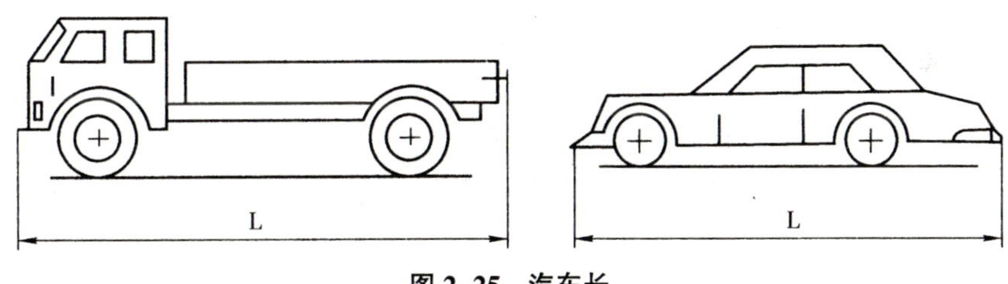


**图 2–25 汽车长**

我国公路车辆的极限尺寸规定的汽车总长为：货车（包括越野车）不大于 12 米，一般客车不大于 12 米，铰接式客车不大于 18 米，牵引车拖带半挂车不大于 16.5 米，汽车拖带挂车不大于 20 米。

（2）车辆宽。车辆宽是指平行于车辆纵向对称平面，并分别抵靠车辆两侧固定突出部位（除后视镜、侧面标志灯、转向指示灯、挠性挡泥板、折叠式踏板、防滑链及轮胎与地面接触部分的变形外）的两平面之间的距离 B（毫米），如图 2–26 所示。

我国公路车辆的极限尺寸规定车辆总宽不大于 2.5 米。

（3）车辆高。车辆高是指车辆没有装载且处于可运行状态时，车辆支撑平面与车辆最高突出部位相抵靠的水平面之间的距离 H（毫米），如图 2–27 所示。

我国公路车辆的极限尺寸规定车辆总高不大于 4 米。

（4）轴距。轴距是指通过车辆同一侧相邻两车轮的中心线，并垂直于车辆纵向对称平面的两垂线之间的距离 $L_1$（毫米），如图 2–28 所示。

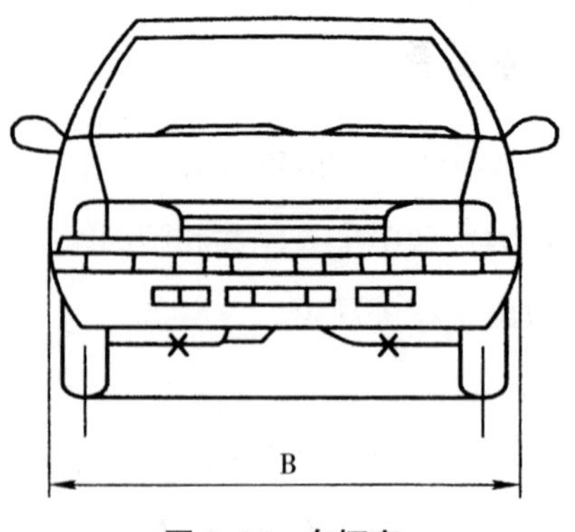


图 2–26 车辆宽

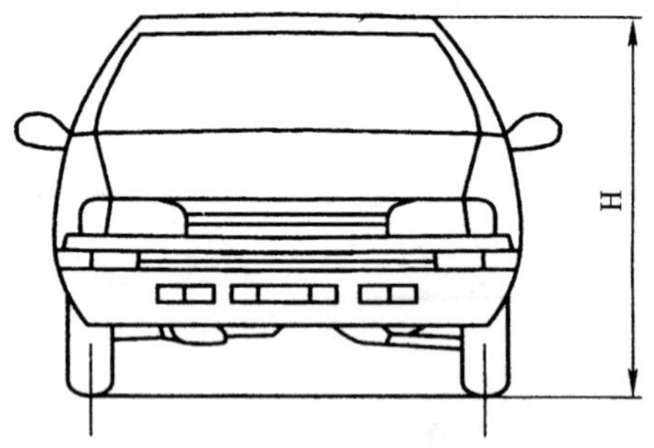


图 2–27 车辆高

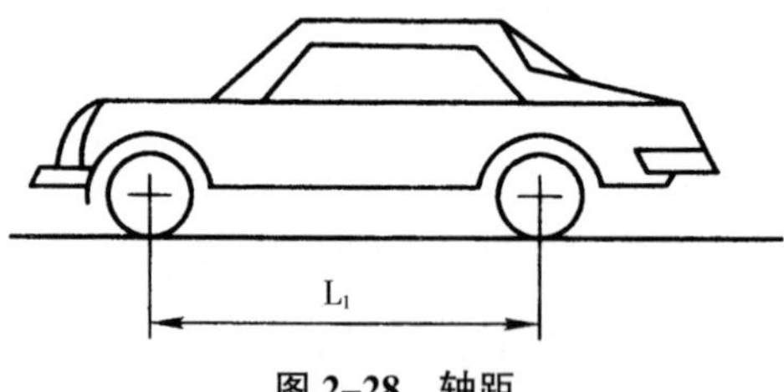


图 2–28 轴距

（5）轮距。汽车车轴的两端为单车轮时，轮距为车轮在车辆支撑平面上留下的轨迹中心线之间的距离 $A_1$（毫米），如图 2–29 所示。

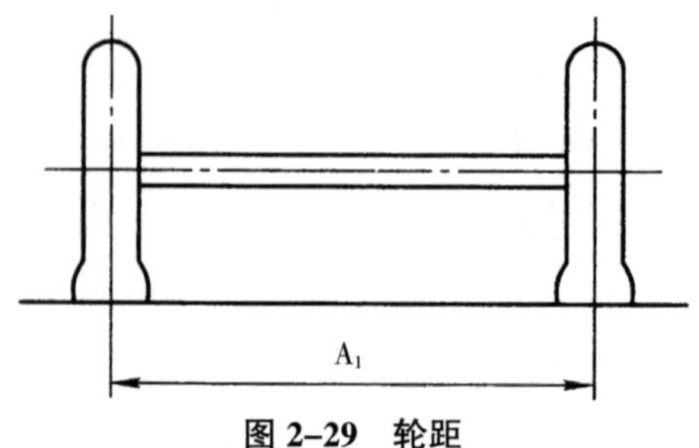


图 2–29 轮距

（6）前悬。前悬是指通过两前轮中心的垂面与抵靠在车辆最前端（包括前拖钩、车牌及固定在车辆前部的任何刚性部件），并且垂直于车辆纵向对称平面的垂面之间的距离 $S_1$（毫米），如图 2–30 所示。

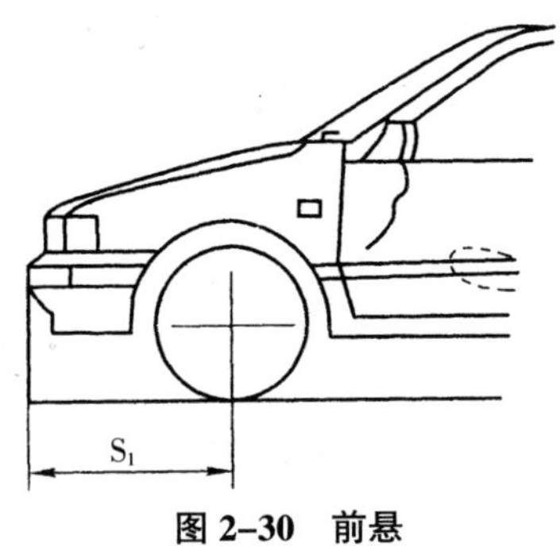


**图 2–30　前悬**

（7）后悬。后悬是指通过车辆最后车轮轴线的垂面与抵靠在车辆最后端（包括牵引装置、车牌及固定在车辆后部的任何刚性部件），垂直于车辆纵向对称平面的垂面之间的距离 $S_2$（毫米），如图 2–31 所示。

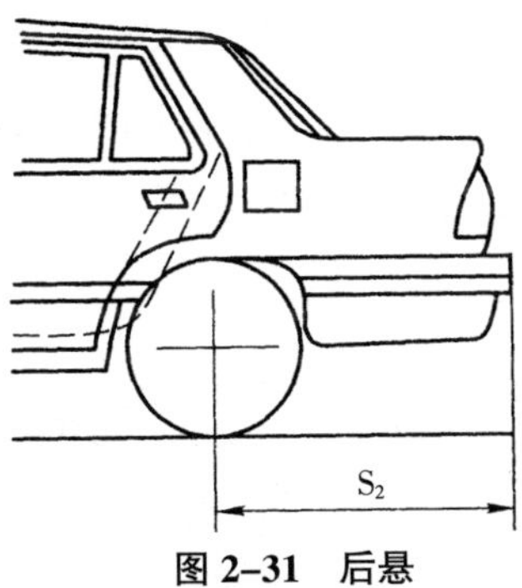


**图 2–31　后悬**

（8）最小离地间隙。最小离地间隙是指车辆支撑平面与车辆上的中间区域内最低点之间的距离 C（毫米）。中间区域为平行于车辆纵向对称平面且与其等距离的两平面之间所包含的部分，两平面之间的距离为同一轴上两端车轮内缘最小距离的 80%，如图 2–32 所示。

（9）接近角。接近角是指车辆静载时，水平面与切于前轮轮胎外缘的平面之间的最大夹角 $\alpha$，前轴任何固定在车辆上的刚性部件不得在此平面的下方，如图 2–33 所示。

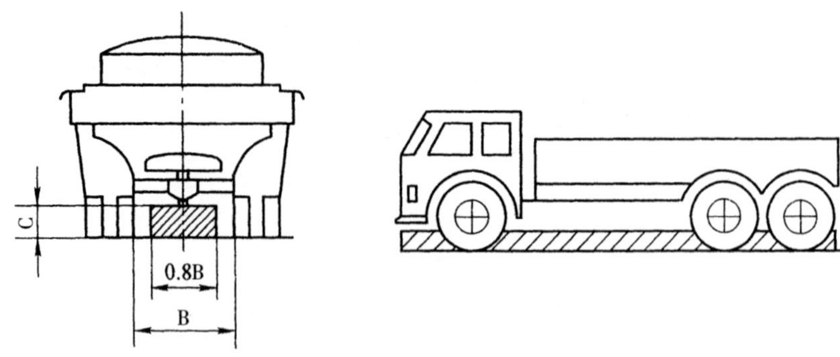


图 2–32　最小离地间隙

图 2–33　接近角

（10）离去角。离去角是指车辆静载时，水平面与切于车辆最后车轮轮胎外缘的平面之间的最大夹角 β。位于最后车轴后面的任何固定在车辆上的刚性部件不得在此平面的下方，如图 2–34 所示。

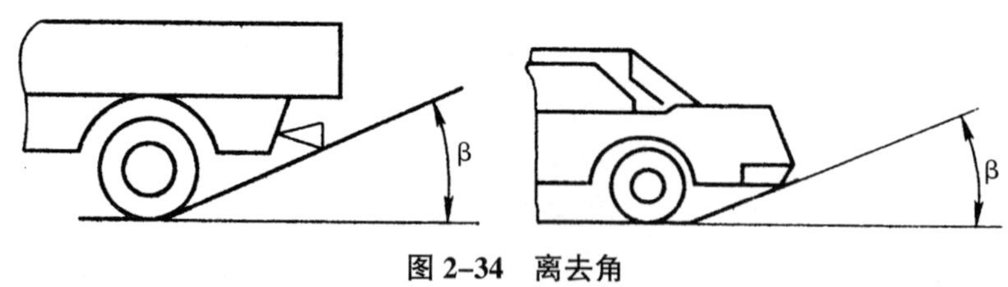


图 2–34　离去角

（11）转弯直径。转弯直径是指当转向盘转到极限位置时，内、外转向轮的中心平面在车辆支撑平面上的轨迹圆直径 $D_1$（毫米），如图 2–35 所示。由于转向轮的左右极限转角一般不相等，故有左转弯直径与右转弯直径之别。

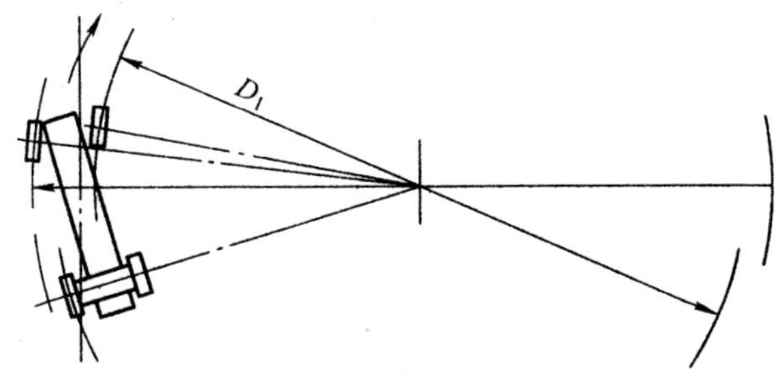


**图 2–35　转弯直径**

2. 汽车的质量参数

（1）整车装备质量。整车装备质量又称为整车整备质量或汽车总质量，是指汽车全装备好时的质量（公斤），包括燃油（燃油箱至少要加注至制造厂家设计容量的 90%）、润滑剂、冷却液（如果需要时）、清洗液、备胎、灭火器、标准备件、标准工具箱和三角垫木等的质量，但不包括货物、驾驶员、乘客及行李的质量。

（2）最大装载质量。最大装载质量又称为满载质量，是指汽车在硬质良好路面上行驶时的额定装载质量（公斤）。最大装载质量又分为最大设计装载质量和最大允许装载质量。当汽车在碎石路面上行驶时，最大装载质量应有所减少（约为良好路面时的 75%~80%）。轿车的装载质量用座位数表示。城市客车的装载质量以座位数与站立乘客（员）数之和表示，其中站立乘客（员）数按每平方米 8~10 人计算。

（3）最大总质量。最大总质量是指汽车满载时的总质量（公斤），等于整车装备质量与最大装载质量之和。最大总质量又分为最大设计总质量和最大允许总质量。最大设计总质量是指汽车制造厂家规定的最大汽车总质量，最大允许总质量是指行政主管部门根据道路运行条件规定的允许运行的最大汽车总质量，最大允许总质量一般比最大设计总质量稍小。乘用车的最大允许总质量不得大于 4500 公斤，二轴货车的最大允许总质量不得大于 16000 公斤。

（4）最大轴荷质量。最大轴荷质量是指汽车满载时各车轴所承受的最大垂直载荷质量（公斤）。最大轴荷质量又分为最大设计轴荷质量和最大允许轴荷质量，最大允许轴荷质量一般比最大设计轴荷质量稍小。单个车轴最大轴荷质量除应满足轴荷分配的技术要求外，还应遵循国家对公路运输车辆及其总质量的法规限制。轴荷分配不当，会导致各轴车轮轮胎磨损不均匀，对汽车的操纵稳定性产生不利影响。

【任务训练】

运用所学知识和相关汽车手册，查阅汽车整车主要尺寸参数和主要质量参数。

# 任务四　汽车的主要性能指标

【任务目标】

知道汽车的主要性能指标

能够分析汽车宣传资料对汽车各种性能的描述

【相关知识】

汽车的技术性能是衡量一辆汽车质量高低的重要依据。汽车技术性能评价指标包括动力性、燃油经济性、制动性、操纵稳定性、通过性、行驶平顺性、环保性、安全性、使用方便性、可靠性、耐久性与维修性等。

## 一、汽车的动力性

汽车的动力性是指汽车在平直良好的路面上以最大平均行驶速度运输货物或乘客的能力，它是汽车使用性能中最基本也是最重要的性能。汽车使用说明书上都标有汽车的最高行驶速度，轿车的最高行驶速度通常都高于公路限速标志规定的行驶速度。汽车动力性指标一般由最高车速、加速性能和爬坡能力来表示。

1. 最高车速

最高车速是指汽车以最大质量在风速小于（包括）3 米/秒、干燥、清洁、水平、良好的沥青或水泥路面上行驶时所能达到的最高稳定行驶速度。按我国的规定，以 1.6 千米长的试验路段的最后 500 米作为最高车速的测试区，共往返 4 次，取平均值。

2. 加速性能

加速性能是指汽车在各种使用条件下迅速增加汽车行驶速度的能力，通常用加速时间和加速距离来表示。增加速度时所用加速时间和加速距离越短的汽车，其加速性能就越好。汽车加速性能主要通过两个方面来表征，即原地起步加速性和超车加速性。

（1）原地起步加速性。原地起步加速性是指汽车由静止状态起步后，以最大加速强度连续换挡至最高挡，加速到一定距离或车速所需要的时间，它是反映汽车动力性的最重要参数。原地起步加速性能一般有以下两种表示方式。

1）汽车从静止状态加速到 100 千米/小时的速度时所需要的秒数，中高级轿车所需的时间一般为 8~15 秒，普通级轿车为 12~20 秒。

2）汽车从静止状态加速行驶 400 米（或 1000 米）所需要的秒数。所需时间越短，汽车的原地起步加速性就越好。

（2）超车加速性。超车加速性是指汽车以最高挡或次高挡由最低稳定车速或预定车速（如 30 千米/小时或 40 千米/小时）全力加速至某一高速度所需要的时间。所需加速时间越短，说明超车加速能力越强，从而可以减少超车期间的并行时间，确保超车安全。

实际中使用最多的是汽车的原地起步加速性参数，因其与超车加速性指标是一致的，原地起步加速性良好的汽车，其超车加速性也同等程度良好。需要指出的是，汽车加速时间与驾驶员的换挡技术、路面状况、行车环境、气候条件等密切相关，汽车使用手册上给出的参数往往是样车所能达到的最佳值，对于一般客户来说，此参数仅可作为参考。

3. 最大爬坡度

最大爬坡度是指汽车以最大总质量，在良好路面上所能爬上的最大坡度。显然，最大爬坡度是指 I 挡时的最大爬坡度，它反映汽车的最大牵引力。一般来说，越野汽车的爬坡能力最大，能够爬不小于 60%（或 30°）坡路；对载货汽车要求有 30%左右的爬坡能力；轿车的车速较高，且经常在状况较好的道路上行驶，所以不强调轿车的爬坡能力，一般爬坡能力在 20%左右。

## 二、汽车的燃油经济性

汽车燃油经济性是指在一定的使用条件下，以最少的燃油消耗量完成单位运输工作量的能力。汽车的燃油经济性是衡量汽车性能的一个重要技术指标，在燃油越来越贵的高油价时代，它也是二手车消费者最关心的指标之一。评价汽车燃油经济性的指标为单位运输工作量的耗油量及单位量油耗的行程。

1. 耗油量

耗油量是指汽车满载行驶单位里程所消耗的燃油量。我国和欧洲都用等速百公里油耗来衡量汽车的耗油量，即汽车等速行驶百公里消耗的燃油量（升/100公里）。

（1）等速百公里油耗。汽车在无坡度的平坦路面上以等速行驶时的油耗为等速百公里油耗。所谓等速还要计入以不同车速等速行驶的情况，不同车速的等速行驶，百公里油耗是不同的。

等速百公里油耗是指在平坦硬实的路面上，汽车以最高挡分别以不同车速等速行驶这段路程，往返一次取平均值，记录下耗油量，经适当换算即可获得不同车速下汽车的等速百公里耗油量。由于实际用车过程与“等速”要求有偏差，等速百公里油耗并不能准确反映实际的耗油量，因此人们还引入了循环油耗指标。耗油量数值越小，汽车的燃油经济性就越好。

（2）循环油耗。循环油耗是指在一段指定的典型路段内，汽车以等速、加速和减速 3 种工况行驶时的耗油量。有些厂家还计入了启动和怠速等工况的耗油量，再折算成百公里耗油量。一般来说，将循环油耗与等速百公里油耗加权平均得到的综合油耗量参数，更能准确地反映汽车的实际耗油量。

2. 油行程

油行程是指汽车满载时，每消耗单位体积燃油所能行驶的里程。油行程是美国、加拿大等国采用的衡量汽车燃油经济性的指标，常以每加仑燃油可行驶的英里数（英里/加仑，mile/gal）或每升燃油可行驶的公里数（千米/升，km/L）表示。油行程数值越大，汽车的燃油经济性就越好。

在实际使用过程中，汽车的燃油经济性与发动机的技术状况、汽车自重、车速、各种行驶阻力（如空气阻力、滚动阻力和爬坡阻力等）、传动效率、减速比等因素直接相关，因而实际的耗油量往往比使用手册上标注的大些。

## 三、汽车的制动性

汽车行驶时能在短时间内停车且维持行驶方向稳定性和在下长坡时能维持一定车速的能力，称为汽车的制动性。制动性直接关系到交通安全，重大交通事故往往与制动距离太长、紧急制动时发生侧滑等情况有关。所以，汽车的制动性是汽车行驶的重要保障。汽车具有良好的制动性是安全行驶的保证，也是汽车动力性得以很好发挥的前提。

汽车的制动性主要从制动效能、制动效能的恒定性和制动时的方向稳定性 3 个方面来评价。

### 1. 制动效能

制动效能是指使汽车迅速减速直至停车的能力。制动效能是汽车制动性最基本的评价指标，常用制动过程中的制动时间、制动减速度和制动距离来评价。汽车的制动效能除了跟汽车技术状况有关外，还与制动时汽车的速度以及轮胎胎面和路面的状况有关。

### 2. 制动效能的恒定性

制动效能的恒定性又称为制动器的抗热衰退性，是指汽车高速时制动、在短时间内连续制动或下长坡连续制动后，制动器抵抗因温度升高而导致制动效能下降的能力。制动效能的恒定性是连续制动后制动效能的稳定程度。

### 3. 制动时的方向稳定性

制动时的方向稳定性是指汽车在制动期间，按指定轨迹行驶（循迹）的能力，即汽车在制动时不发生跑偏、侧滑或者失去转向能力的性能。当左、右侧车轮的制动力不一样时，容易发生跑偏；当车轮抱死时，易发生侧滑或者失去转向能力。为防止上述现象发生，现代汽车设有电子防抱死装置，防止紧急制动时车轮抱死而发生危险。

## 四、汽车的操纵稳定性

操纵稳定性是反映汽车的两个相互紧密联系的性能，即汽车的操纵性和稳定性。汽车的操纵稳定性直接影响着汽车在转向或受到各种意外干扰时的行车安全性。

1. 操纵性

汽车的操纵性是指汽车按照驾驶员的操作，维持或改变原行驶方向的能力。轮胎的气压和弹性、悬挂装置的刚度以及汽车的重心位置都会对汽车的操纵性产生显著的正面或负面影响。

2. 稳定性

汽车的稳定性是指汽车行驶过程中，受地面、大气等外界因素干扰后，能自行尽快恢复原行驶状态和方向，而不产生失控、倾翻、侧滑等现象的能力。汽车行驶稳定性又可分为纵向稳定性和横向稳定性，前者反映汽车受扰动后的方向保持能力，后者则反映汽车在横向坡道上行驶、转弯或受到其他侧向力作用时抵抗侧翻的能力。汽车的重心高度越低，稳定性越好。正确的前轮定位角度使汽车具有自动回正和保持直线行驶的能力，提高了汽车直线行驶的稳定性。如果装载超高、超载，转弯时车速过快，横向坡道角过大以及偏载等，都容易造成汽车侧滑及侧翻。

## 五、汽车的通过性

汽车在一定的载重质量下能以较高的平均速度通过各种坏路及无路地带和克服各种障碍物的能力，称为汽车的通过性。各种汽车的通过能力是不一样的。轿车和客车由于经常在市内行驶，通过能力比较差，而越野汽车、军用车辆、自卸汽车和载货汽车就必须有较强的通过能力。

采用宽断面轮胎、多轮胎可以提高汽车在松软土壤、雪地、冰面、沙漠、光滑路面上的运行能力；较深的轮胎花纹可以增加附着系数而不容易打滑，全轮驱动方式可使汽车的动力性得以充分发挥；结构参数的合理选择，可以使汽车具有良好的克服障碍运行的能力，如较大的最小离地间隙、接近角、离去角和车轮半径等，都可提高汽车的通过性。

## 六、汽车的行驶平顺性

汽车的行驶平顺性是指汽车在行驶过程中对路面不平度引起的振动的抑制能力，是指汽车在行驶中对路面不平的减振程度。

影响汽车行驶平顺性的主要指标为汽车的振动频率和幅值。由于路面不平整的冲击，汽车行驶时将发生振动，会使乘员感到疲劳和不舒适，还可能损坏运载的货物。振动引起的附加动载荷加剧零部件的磨损，影响汽车的使用寿命。车轮载荷的波动将会降低车轮的地面附着性，这对汽车的操纵稳定性十分不利。为防止上述现象发生，就不得不降低车速行驶。

汽车车身的固有频率也可作为平顺性的评价指标。从舒适性出发，车身的固有频率在600~850赫兹的范围内较好。高速汽车尤其是轿车要求具有优良的行驶平顺性。轮胎的弹性、性能优越的悬挂装置、座椅的减振性能以及尽量小的非悬挂质量，都可以提高汽车的行驶平顺性。

与行驶平顺性紧密相关的是乘坐舒适性，包括身体上和心理上的舒适性。在良好行驶平顺性的基础上，座椅尺寸、形状及其空间与人体接触处的材料硬度和质感、车身振动频率、视野、内饰等都对乘员的身体、心理感受和乘坐安全感都有重要影响。

## 七、汽车的环保性

汽车的环保性（即排放污染与噪声污染）是指汽车运行过程中对周围环境产生不利影响的程度（也称汽车的公害）。

1. 排放污染

汽车排放污染主要有3个排放源：

（1）由发动机排气管排出的发动机燃烧废气。汽油车的主要污染物成分是一氧化碳（CO）、碳氢化合物（HC）、氮氧化合物（$NO_x$），而柴油车除了这3种有害物外，还排放大量的颗粒物。

（2）曲轴箱排放物。由发动机在压缩及燃烧过程中未燃的碳氢化合物从燃烧室漏向曲轴箱再排向大气而产生，主要是碳氢化合物。

（3）燃料蒸发排放物。主要由发动机供油系统的化油器和燃油箱的燃料蒸发而产生。在未加控制时曲轴箱和燃料蒸发排放的碳氢化合物各约占碳氢化合物总排放量的1/4。

2. 汽车的噪声

随着汽车工业和城市交通的发展，城市汽车拥有量日益增加。各种调查和测量结果表明，城市交通噪声是目前城市环境中最主要的噪声源。因此，在汽车设计和使用中，不仅追求其动力性、经济性等性能，而且也把噪声作为一个重要指标。

（1）由发动机转速引起的噪声。由发动机转速引起的噪声主要有：进气噪声、排气噪声、冷却系统风扇噪声和发动机表面辐射噪声。用发动机带动旋转的各种发动机附件（如空气压缩机、发电机等）的噪声，也属此类。

（2）与车速有关的噪声。与车速有关的噪声主要有：传动噪声（变速器、传动轴）、轮胎噪声、车体产生的空气动力噪声。

为了抑制发动机和轮胎噪声窜入车厢，除了尽量减少噪声源外，良好的车厢密封结构，尤其是前围板和地板的密封隔音性能十分重要。为了有效地控制城市交通噪声，我国制定了各种机动车辆的噪声标准，如GB1495-2002《汽车加速行驶车外噪声限值及测量方法》，规定了机动车辆的车外、车内噪声的测量方法及限值标准。

## 八、汽车的安全性

安全性是指汽车防止交通事故发生或发生事故后保护乘员和货物不受损害的能力。其中，汽车防止事故发生的能力又称为汽车的主动安全性；而不幸发生事故后，汽车保护乘员和货物不受损害或将损害降低到最小的能力，则称为汽车的被动安全性。

典型的主动安全装置包括照明和信号灯、防炫目后视镜、防抱死制动系统（ABS）、驱动防滑系统（又称牵引力控制系统，ASR）、电子制动力分配系统（EBD）、电控行驶平稳系统（ESP）、横向和纵向测距雷达等，良好的主动安全性要求汽车具有开阔的视野，可靠灵敏的转向、加速和制动性，具有除霜和除雾功能的风窗玻璃，各种操纵件、指示器和信号装置的标识要醒目统一，避免驾驶员错误识别或错误操作而导致车祸；被动安全装置主要有安全带、安全气囊(SRS)、安全玻璃、卡车和挂车侧面及后下部防护装置、可溃缩转向柱以及碰撞吸能区域等。

轿车碰撞吸能区域一般由发动机舱担负。当轿车发生意外的正面碰撞时，发动机舱会折曲变形以吸收碰撞产生的巨大能量，减少碰撞对车内乘员的猛烈冲击，起到保护车内乘员的作用。与发动机舱相反，车身乘员厢结构应坚固、刚性大，遇到碰撞或翻滚的冲击时车厢变形小，以防止车门在运动中自行打开甩出乘员，减小乘员因车厢变形挤压致伤的危险，并有利于车祸后乘员顺利地打开车门逃生。另外，现代轿车也设置有侧门防撞杆（钢梁），其平时可减少路面引起的振动和噪声，在发生侧面撞击或翻车事故时，则可防止异物侵入乘员厢。行李箱也肩负着降低后车追尾所致伤害的功能。

防火安全性的结构措施包括选用阻燃材料制作内饰；燃油箱与排气管出口端之间的距离应不小于300毫米或设置有效的隔热装置，燃油箱的加油口和通气口距裸露电气接头或电气开关的距离应大于200毫米，燃油箱的通气口应保持畅通，且不能导向乘员厢内，安装应足够牢靠，不致由于晃动和冲击而发生损坏及漏油现象；燃油箱应有足够的刚度和强度，防止汽车发生碰撞后燃油箱漏油引起燃烧，造成二次危害。

## 九、汽车使用方便性

汽车使用方便性是汽车的一项综合使用性能。用于表征汽车运行过程中，驾驶员和乘客的舒适性、疲劳程度以及对保证运行货物完好无损、装卸货物的适用性。

1. 汽车的操纵轻便性

操纵轻便性是指对汽车进行操作或驾驶时的难易、方便程度，可以根据操作次数、操作时所需要的力、操作时的容易程度以及视野、照明、信号效果等来评价。

操纵轻便性决定了驾驶员的工作条件，对减轻驾驶员的疲劳，保证行车安全，具有重要作用。其评价指标为操纵力、操作次数、驾驶员座位参数与调整参数、驾驶员的视野参数等。采用动力转向、倒车雷达、电动门窗、中控门锁、制动助力装置和自动变速器等，都能够改善汽车的操纵轻便性。

2. 乘员上下车的方便性

乘员上下车的方便性反映轿车和客车适应乘员上下车的能力，它取决于车门的布置形式和车门踏板的结构参数，如踏板的高度、深度、级数和能见度以及车门的宽度。公交车的上下方便性还影响着线路停车时间和乘员安全。

3. 装卸方便性

装卸方便性反映汽车对装卸货物的适应能力，装卸操作的容易和便利程度。它的评价指标是车辆装卸所耗费的时间和劳动力。汽车的装卸方便性与车厢的高度、可翻倒的栏板数目以及车门的数量和尺寸有关。

4. 机动性

机动性为汽车在最小面积内转向和转弯的能力。它表征汽车能够通过狭窄弯曲地带或绕开不可越过障碍物的能力。

5. 最大续驶里程

汽车的最大续驶里程，是指油箱加满后能连续行驶的最大里程。

## 十、汽车的可靠性、耐久性与维修性

1. 可靠性

汽车的可靠性是指在规定的使用条件下，汽车在整个寿命期内，完成其规定功能的能力。国家标准 GB/T 12678–1990《汽车可靠性行驶试验方法》规定了可靠性的评价指标，其中包括平均首次故障里程、平均故障间隔里程、千公里维修时间和千公里维修费用等。

2. 耐久性

耐久性是指汽车在到达需要进行大修的极限技术状态之前，只是通过预防性维护保养措施维持其继续工作的能力。国家标准 GB/T 12679–1990《汽车耐久性行驶试验方法》规定了耐久性的评价指标是耐久度。主要评价指标包括第一次大修前的平均行驶里程、大修平均间隔里程和技术使用寿命。新车的质保里程或时间期限是评价汽车耐久性的一个实用指标。

3. 维修性

维修性是指在规定的条件下，按规定的程序和操作步骤诊断并排除汽车故障，使其保持或恢复规定功能的能力。一般来说，经市场长期考验，客户口碑良好的汽车都具有较好的维修性。

**【任务训练】**

运用所学知识和相关汽车手册，查阅汽车主要性能指标。

# 任务五　汽车外形

**【任务目标】**

知道影响汽车外形的因素

掌握汽车外形发展演变的历史过程

能够正确辨别日常生活中所见汽车外形的类型

**【相关知识】**

自19世纪末至20世纪初，汽车设计师的主要精力都集中在汽车外形的变化上。但到20世纪中期之前，汽车的基本构造已全部被开发出来，到20世纪40年代，开始相继引入机械工程学、人体工程学及工业造型设计（工业美学）等概念，力求汽车能满足各种年龄、性别、阶层及各种文化背景人群的不同需要，使汽车成为科学与艺术的结合物。

## 一、影响汽车外形的因素

确定汽车外形有3个基本要素，即机械工程学、人体工程学和空气动力学。前两个要素在决定汽车构造的基本骨架上具有重要意义，特别是在设计初期，受这两个要素的制约更大。

机械工程学要求汽车的动力性好、操纵稳定性好；人体工程学要求驾乘人员有足够的活动空间，舒适性好；空气动力学要求汽车行驶时空气阻力小。这些要求均与汽车外形的形状关系密切。

要将上述三要素完美地体现在一辆汽车上是相当困难的。比如，如果仅考虑使汽车能行驶，即机械工程学要素，就可能把座席置于发动机上面，但驾驶员操作不便；如果把汽车设计得像一座住宅装上四个轮子，虽然宽敞、舒适，但空气阻力太大，不可能高速行驶；如果把汽车设计成皮艇那样的外形，空气阻力虽然很小，但车内的空间就没有了。尽管困难很多，但自汽车问世以来，人们就一直在追求满足功能要求的理想造型。

汽车面世 100 多年来，汽车外形经过了马车形、箱形、流线型、船形、鱼形、楔形等形式的演变。

## 二、汽车外形的演变

### 1. 马车形汽车

汽车诞生时，人们的精力主要集中在动力的更换上，汽车外形被忽视，仍然沿用了马车造型，当时人们将汽车称为无马的“马车”。如 1893 年的马车形奔驰汽车（如图 2–36 所示）。

**图 2–36　1893 年的马车形奔驰汽车**

1908 年，美国福特汽车公司生产了著名的 T 型车，最初是一种带布篷的小客车，成为马车形汽车的代表（如图 2–37 所示）。

**图 2–37　马车形汽车**

汽车的马车形时代，由于没有自己的造型风格，可以说是汽车造型的史前时代。当时的马车形车身与我国古时的兵车车身并无本质上的区别。不过是一种箱形加上座椅，车身上部或为敞篷或为活动篷布用来避雨挡光。这样的车身难以抵挡较强烈的风雨侵袭，给乘坐者带来了极大的不便。

2. 箱形汽车

随着发动机技术的发展和汽车传动装置的改进，汽车的速度也逐渐提高。风吹、日晒、雨淋给驾驶员和乘车人员带来许多不便。1896 年，法国人本哈特和拉瓦索生产了世界上首辆封闭式汽车（如图 2–38 所示），是箱形汽车的开端。

1915 年福特汽车公司生产出一种新型 T 型车（如图 2–39 所示），人们将这种 T 型车作为箱形汽车的代表。

箱形汽车重视了人体工程学，内部空间大、乘坐舒适，有活动房间的美称。但是人们使用汽车是为了能更快地到达目的地，所以不断地发展相应的技术来提高车速，随着车速的提高，空气阻力大的问题暴露出来。因此，人们又开始了新的研究——流线型车身。

图 2–38　世界上首辆封闭式汽车

图 2–39　1915 年福特箱形 T 型车

3. 流线型汽车

箱形汽车时代的后期，人们逐渐认识到空气阻力的重要性。最佳的方案是采用流线型的车身，流线型是指空气流过不产生旋涡的理想形状，流线型应用的最高境界是飞机的机翼。但是作为汽车绝对的流线型是不现实的，目前汽车的外形均是流线型的变化型。

1934 年美国的克莱斯勒公司生产的气流牌小客车（如图 2–40 所示），首先采用了流线型的车身外形，是流线型汽车的先锋。1936 年福特公司在“气流”的基础上，研制成功林肯和风牌流线型小客车（如图 2–41 所示）。此车散热器罩很精练，颇具动感，俯视整个车身呈纺锤形，很有特色。

图 2-40　克莱斯勒气流牌轿车

图 2-41　林肯和风牌流线型小客车

流线型汽车的大量生产是从德国甲壳虫形汽车开始的。1937 年，德国大众汽车公司的费迪南德·波尔舍设计了一种类似甲壳虫的汽车，仿造了经自然界淘汰而生存下来既可以在地上爬，也可以在空中飞的甲壳虫外形。空气动力学的原理在这种车身上得到了很好的应用，也为以后在车身外形设计上运用“仿生学”开了先河。波尔舍最大限度地发挥了甲壳虫外形的长处，使其成为同类车中之王，“甲壳虫”也成为该车的代名词，如图 2-42 所示。由于第二次世界大战，甲壳虫形汽车直到 1949 年才真正大批量生产，并以一种车型累计生产超过 2000 万辆的纪录畅销世界各地。

波尔舍将甲壳虫外形成功地运用到汽车造型上，从而奠定了流线型汽车造型在人们心目中的地位，人们将流线型汽车时代称为甲壳虫形汽车时代。但是甲壳虫形的汽车也有缺点：一是乘员活动空间狭小；二是对横向风的不稳定性。

**图 2–42　1939 年的甲壳虫汽车**

4. 船形汽车

为解决甲壳虫形汽车带来的活动空间狭小、横风不稳定等问题，美国福特公司经过几年的努力，于 1949 年推出具有历史意义的福特 V8 型汽车。这种车型改变了以往汽车造型的模式，使前翼子板和发动机罩、后翼子板和行李舱罩融于一体，大灯和散热器罩也形成一个平滑的面，车室位于车的中部，整个车身造型仿如几个长方体的几何形体拼成一个船形，所以人们把这类车称为船形汽车（如图 2–43 所示）。

**图 2–43　福特 V8 船形汽车**

福特 V8 型汽车的成功，不仅在外形上有所突破，还首先把人体工程学应用在汽车的设计上，强调以人为主体来设计便于操纵、乘坐舒服的汽车。由于船形车身使发动机前置，从而使汽车重心相对前移，而且加大了行李舱，使风压中心位于汽车重心之后，避免了甲壳虫形车身对横风不稳定的问题。从 20 世纪 50 年代至今，现在的轿车无论是流线型还是在前翼子板与发动机罩之间大圆角过渡或者在轿车尾部做变动，都能看到船形车身的影子。

船形汽车存在的问题是，由于汽车的尾部过分的伸出，形成了阶梯状，高速行驶时会产生较强的空气涡流，因此影响了车速的提高。

5. 鱼形汽车

船形汽车尾部过分向后伸出，形成阶梯状，在高速时会产生较强的空气涡流。为了克服这一缺陷，人们把船形车的后窗玻璃逐渐倾斜，倾斜的极限即成为斜背式。由于斜背式汽车的背部像鱼的脊背，所以这类车称为“鱼形汽车”。

最早的鱼形汽车是美国 1949 年生产的别克牌轿车（如图 2–44 所示），该种车被认为是空气动力学深入研究的新成果——斜背造型的里程碑。

**图 2–44 1949 年生产的别克牌鱼形轿车**

鱼形汽车和甲壳虫形汽车从背部来看很相似，但仔细观察可以看出，鱼形汽车的背部和地面的角度比较小，尾部较长。鱼形汽车基本上保留了船形汽车的长处，车室宽大、视野开阔、舒适性好。另外，鱼形汽车还增大了行李舱的容积。

鱼形汽车也存在缺点：鱼形汽车后窗玻璃倾斜度大、面积增加、强度下降，产生结构上的缺陷。由于鱼形车的造型原因，鱼形汽车从车顶到车尾形成的曲面与机翼上表面极其相似，在高速时会产生一种升力，使车轮附着力减小，从而抵挡不住横风的吹袭，易发生偏离（如图 2-45 所示）。

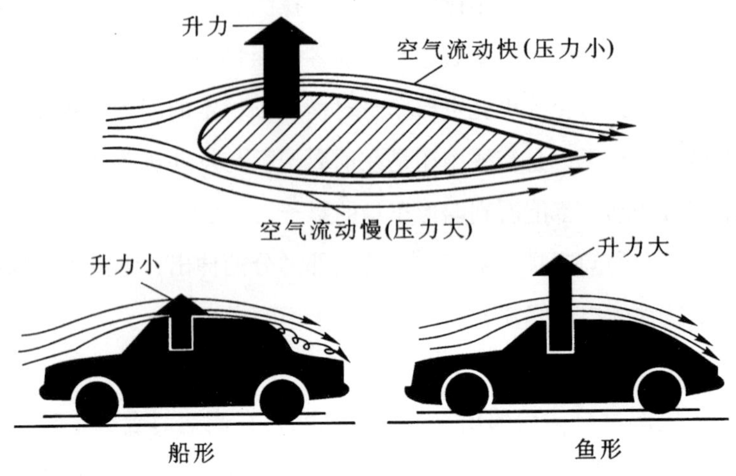


**图 2-45 鱼形汽车的升力问题**

鱼形汽车带来的问题，使人们开始致力于既减小空气阻力又减小升力的空气动力性的研究。在鱼形汽车设计上将车尾截去一部分，成为鱼形短尾式；还有将鱼形汽车尾部安上一只微翘的鸭尾，成为鱼形鸭尾式。但是，这些做法对减小升力的效果不明显。

6. 楔形汽车

为了从根本上解决鱼形汽车的升力问题，人们设想了种种方案，最后设计出了楔形汽车。就是将车身整体向前下方倾斜，车身后部像刀切一样平直，这种造型能有效地克服升力。1963 年，司蒂倍克·阿本提第一次设计了楔形汽车（如图 2-46 所示）。楔形汽车对于一般轿车而言也只是一种准楔形，绝对的楔形汽车造型是会影响车身的实用性（乘员空间小）的。所以，除一些跑车、赛车采用楔形车身外（如图 2-47、图 2-48 所示），绝大多数实用型轿车都是采用船形与楔形相结合的方案，它较好地协调了乘坐空间、空气阻力和升力的关系，使实用性与空气动力学较好地结合起来。

楔形对于目前所考虑到的高速汽车已接近于理想的造型。现在世界各大汽车生产国都已生产出带有楔形效果的汽车，这些汽车的外形清爽利落、简洁大方，具有现代气息，给人以美的享受。

图 2–46　楔形汽车

图 2–47　法拉利跑车

图 2–48　兰博基尼跑车

【任务训练】

选择一款新车型，向大家介绍该款汽车的造型特点。

## 任务六　汽车色彩

【任务目标】

能够正确辨别日常生活中所见汽车的颜色，并说明各颜色的特点

知道汽车的使用功能与色彩的关系

知道汽车色彩对行车安全的影响

【相关知识】

随着汽车工业的发展和汽车数量的不断增加，汽车色彩对城市道路的美化、对人们精神感染力已成为不容忽视的问题。色彩是汽车的重要组成部分，优美的色彩设计能够提高汽车的外观质量，增强汽车产品的市场竞争力。

### 一、汽车色彩的种类及其特性

人们在观察汽车的瞬间，首先映入眼帘的是汽车色彩，然后才是外形、质感。也就是说，人的视觉神经对色彩的感知是最快的，其次是形态、质感。由于传统文化习惯等因素的作用，人们看到色彩时，往往自觉或不自觉地把它与其他事物联想起来，即色彩的联想和象征。由于国别、民族、年龄、性别、职业、生活环境的不同，这种联想具有一定差异，但也存在共同点。

1. 银灰色

银灰色具有金属的质感，给人以很强的整体感，银灰色也很具有科技感，象征科技、光明、富有和高贵，具有强烈的现代感。这种颜色是最能反映汽车本质的颜色，是一种不易产生视觉疲劳的色彩，如图 2–49 所示。

银灰色比较耐脏，在多尘的环境中适应性很强。但银灰色和路面的颜色比较接近，银灰色汽车不醒目，尤其是在视线不太好的天气，增加了驾驶的危险性。

图 2-49 银灰色汽车

2. 白色

白色（如图 2-50 所示）给人以明快、活泼、纯净的感觉，是中性色，使人联想到白云、白玉、白雪，象征明亮、清净、纯洁。白色汽车在炎热的夏季能反射光线，在北方多尘的天气里也比较耐脏，其缺点是在使用几年之后，白色漆会逐渐氧化而变得发黄。白色是膨胀色，使体积较小的汽车显得较大。

图 2-50 白色汽车

3. 黑色

黑色可以说是一种矛盾的颜色，既代表保守和自尊，又带有新潮和性感，如图 2-51 所示，给人以庄重、尊贵、严肃的感觉。黑色也是中性色，容易与外界环境相吻合，但黑色汽车车身不耐脏，有一点灰尘就能看出来。黑色一直是公务车最受青睐的颜色，高档黑色汽车显得气派十足。

**图 2–51　黑色汽车**

4. 蓝色

蓝色（如图 2–52 所示）是天空和大海的颜色，代表了一种清新、宁静、从容、淡定。浅蓝色更给人宁静的感觉，因此，浅蓝色也是环保的象征，深蓝色则具有稳重的特质。蓝色象征含蓄、冷静、内向和理智。

**图 2–52　蓝色汽车**

5. 黄色

黄色（如图 2–53 所示）的光感最强，给人以欢快、温暖、光明、辉煌、希望的感觉，常给人留下光亮纯净、高贵豪华的印象。黄色也是膨胀色，在环境视野中很显眼，跑车选用黄色非常适合，小型车采用黄色也非常适合。出租车和工程抢险车都使用黄色漆，一是便于管理，二是便于人们发现。但私家车选用黄色的不多。

图 2-53　黄色汽车

6. 红色

红色（如图 2–54 所示）使人联想到太阳、红旗、红灯、红花等，人们常用红色来作为欢乐喜庆、兴奋热烈、积极向上的象征。红色也表示雄心和勇敢，像火焰一样充满力量。红色同样是膨胀色，可以使小车显得体积较大。跑车或运动型车非常适合采用红色车漆，众所周知的法拉利红，是意大利人热情奔放的象征。红色还具有很强的警告作用，因此被用作消防车的标准涂装。

图 2-54　红色汽车

7. 绿色

绿色是植物的生命色，也是大自然的主宰色。绿色（如图 2–55 所示）是最能表现活力和希望的色彩，它象征着春天、生命、青春、成长，也象征安全、和平、希望。

图 2-55 绿色汽车

## 二、汽车的安全与色彩

汽车颜色和安全行车有很大的关系。因为颜色本身具有收缩性和膨胀性，不同颜色相同体积的物体，会产生体积大小不同的感觉，如红色、黄色具有膨胀性，称膨胀色；蓝色、绿色具有收缩性，称收缩色。在以黑色为背景时，黄色、白色更容易引起人们的注意，尤其在傍晚、雾天和下雨天时更醒目，所以汽车色彩以黄色较为安全。如果有红色、黄色、蓝色、绿色共 4 辆汽车与观察者保持相同的距离，在视觉上观察，红色车和黄色车离观察者近一些，而蓝色和绿色的轿车离观察者较远。

有统计表明，在发生事故的轿车中，蓝色和绿色的占最多，黄色的最少。银灰色汽车车身不但看上去有品位，而且银灰色是浅颜色中最能避免车祸的，特别是在晚上，这种颜色可以反射灯光光线，更容易令周围其他驾驶人注意到。

在美国，曾有人调查了 2408 辆出事故的汽车，结果显示：蓝色和绿色居首，分别为 25%和 20%；黄色最低，仅为 2%。由此可知，从安全的角度考虑，汽车的色彩最好选择黄色或红色，白色也是安全色较佳的选择。

汽车内饰的颜色选择也同样影响着行车安全，因为不同的内饰颜色选取对驾驶员的情绪具有很大的影响。采用明快的内饰配色，能给人以宽敞、舒适的感觉；红色内饰容易引起视觉疲劳；浅绿色内饰可放松视觉神经。恰当地使用色彩装饰可以减轻疲劳，减少发生交通事故的可能性。

## 三、汽车的使用功能与色彩

汽车在使用过程中，已形成一些惯用色彩。如消防车采用红色，使人们知道有火灾发生，赶紧避让；救护车采用白色，是运用白色的纯洁与神圣；邮政车选择绿色给人以和平、安全的感觉；军用车一般都采用迷彩色，使车辆与草木、地面颜色相近，达到隐蔽安全的目的；工程车辆多采用黄色，是运用黄色亮度高、醒目的特点，以引起行人和其他车辆的注意。

## 四、汽车车身色彩流行趋势

流行色彩是指在一定的时期内被人们广泛采用的颜色。汽车的“流行色”与服装的“流行色”一样，具有时间性、区域性和层次性。汽车流行色彩有其自身的发展规律，追求新鲜感是流行色彩的原动力。大量的资料表明，汽车的流行色彩呈现周期性的变化，其新鲜感周期大约为一年半，交替周期大约是三年半。

各大汽车公司都在努力开发高科技含量的末道漆工艺，这种工艺能让汽车更加好看，在未来也会成为最流行的汽车涂装工艺。通用汽车公司的做法是在车身涂料中加入微小的金属片，这样，车身在不同角度光线下会呈现不同的颜色。

未来，汽车色彩无疑将向更加丰富多彩和更加赏心悦目的方向发展，人们开始崇尚更加前卫、古怪的色彩。为了适应汽车流行色彩日益频繁的变化，日本日产公司正在运用纳米技术开发一款能根据驾驶者喜好，经常改变颜色的“变色龙”汽车（如图 2–56 所示）。汽车外壳将涂上一层顺磁氧化铁纳米颗粒物质，这些颗粒能根据发动机工作时产生的电流变化改变彼此间相互的距离，使整个涂层的颜色发生变化，从而实现汽车外观颜色的变化。

**【任务训练】**

选择一款新车型，向大家介绍该款汽车的色彩，学会推荐汽车产品。

**图 2–56 “变色龙”汽车**

# 【项目小结】

本项目强调了对汽车的认识。汽车是指由动力装置驱动，具有 4 个或 4 个以上车轮的非轨道无架线车辆。汽车按用途可划分为乘用车和商用车，乘用车是指在其设计和技术特性上主要是用于载运乘客及其随身行李或临时物品的汽车，包括驾驶员座位在内最多不超过 9 个座位，它也可以牵引一辆挂车。

我国汽车产品型号在编制时主要由企业名称代号、车辆类别代号、主参数代号、产品序号组成，必要时附加企业自定代号。目前世界各国汽车公司生产的汽车大部分使用了车辆识别代码（VIN），“车辆识别代码”是由一组字母和阿拉伯数字组成，共 17 位，又称 17 位识别代号。它是识别一辆汽车不可缺少的工具，可以把它看作是汽车的身份证号码。

汽车是由成千上万个零件组成的结构复杂的行驶机器。根据其动力装置、运送对象和使用条件的不同，汽车的外形和总体结构有较大的差异，但它们的基本结构是相同的。汽车通常由发动机、底盘、车身、电气设备 4 个部分组成。汽车的主要技术参数由汽车的尺寸参数和汽车的质量参数两大部分组成。汽车的技术性能是衡量一辆汽车质量高低的重要依据。汽车技术性能评价指标包括动力性、燃油经济性、制动性、操纵稳定性、通过性、行驶平顺性、环保性、安全性、使用方便性、可靠性和耐久性等。

影响汽车外形的有3个基本要素，即机械工程学、人体工程学和空气动力学。汽车面世100多年来，汽车外形经过了马车形、箱形、流线型（甲壳虫形）、船形、鱼形、楔形等形式的演变。色彩是汽车的重要组成部分，优美的色彩设计能够提高汽车的外观质量，增强汽车产品的市场竞争力。从安全的角度考虑，汽车的色彩最好选择黄色或红色，白色也是安全色较佳的选择。

## 【复习与思考】

1. 简述汽车、乘用车、商用车的概念。

2. 简述汽车的分类方法。

3. 简述汽车型号的编制规则。

4. 解释以下汽车型号：CA10 、CA770、BJ212、CA7220、EQ1092、SP6900、DD6101。

5. 什么叫车辆识别代码（VIN）？

6. 车辆识别代码由几部分组成？各部分的含义是什么？

7. 查阅资料，解析下列车辆识别代码的含义：1GIBL52P7TR115520、LSG-WS52X08S043317。

8. 简述汽车的组成及各组成部分的作用。

9. 解释汽车常见的几种型式。

10. 汽车的尺寸参数有哪些？简述其内容。

11. 汽车的质量参数有哪些？简述其内容。

12. 汽车的主要性能指标有哪些？简述其内容。

13. 衡量汽车的动力性指标有哪些？简述其内容。

14. 何谓“环保性”？其评价技术指标有哪些？

15. 简述影响汽车外形的因素。

16. 简述汽车外形的发展历程及其影响因素。

17. 什么是甲壳虫形汽车？它在汽车发展中的意义是什么？

18. 分析甲壳虫形汽车与鱼形汽车两种流线型的区别。

19. 鱼形汽车的升力是如何产生的？

20. 选购汽车时，如何根据汽车的使用对象、功能以及安全性等方面选择汽车的色彩？

21. 总结汽车常用色彩代表的含义。

# 项目三　世界著名汽车公司与品牌

## 学习目标

了解通用汽车公司的发展，能识别该公司旗下品牌

了解福特汽车公司的发展，能识别该公司旗下品牌

了解克莱斯勒汽车公司的发展，能识别该公司旗下品牌

了解戴姆勒—奔驰汽车公司的发展，能识别该公司旗下品牌

了解宝马汽车公司的发展，能识别该公司旗下品牌

了解大众汽车集团的发展，能识别该集团旗下品牌

了解雷诺—日产汽车联盟的发展，能识别该联盟旗下品牌

了解标致—雪铁龙汽车公司的发展，能识别该公司旗下品牌

了解菲亚特汽车公司的发展，能识别该公司旗下品牌

了解丰田汽车公司的发展，能识别该公司旗下品牌

了解本田汽车公司的发展，能识别该公司旗下品牌

了解现代汽车集团的发展，能识别该集团旗下品牌

了解上海汽车工业（集团）总公司的发展，能识别该公司旗下品牌

了解中国第一汽车集团公司的发展，能识别该公司旗下品牌

了解东风汽车集团公司的发展，能识别该公司旗下品牌

了解中国长安、北汽、广汽、奇瑞、比亚迪、吉利、长城等汽车公司的发展，能识别各公司旗下品牌

了解印度塔塔汽车公司的发展，能识别该公司旗下品牌

能根据客户的特点有针对性地介绍和推荐不同国家的各种汽车

## 学习内容

任务一　美国三大汽车公司与品牌：通用汽车公司与品牌—福特汽车公司与品牌—克莱斯勒公司与品牌。

任务二　欧洲六大汽车公司与品牌：戴姆勒—奔驰汽车公司与品牌—宝马汽车公司与品牌—大众汽车集团与品牌—雷诺—日产汽车联盟与品牌—标致—雪铁龙汽车公司与品牌—菲亚特汽车公司与品牌。

任务三　亚洲著名汽车公司与品牌：丰田汽车公司与品牌—本田汽车公司与品牌—现代汽车集团与品牌—上海汽车工业（集团）总公司与品牌—中国第一汽车集团公司与品牌—东风汽车集团公司与品牌—中国其他汽车公司与品牌—印度塔塔汽车公司与品牌。

# 任务一　美国三大汽车公司与品牌

【任务目标】

了解通用汽车公司的发展，能识别该公司旗下品牌

了解福特汽车公司的发展，能识别该公司旗下品牌

了解克莱斯勒汽车公司的发展，能识别该公司旗下品牌

能根据客户的特点有针对性地介绍和推荐美国的各种汽车

【相关知识】

汽车成为商品后，汽车公司如雨后春笋般兴起。目前，世界著名的汽车公司有 100 多家。汽车公司的创建、发展和变迁，记录了世界汽车工业的成长历程。

美国被誉为“车轮上的国家”，美国有三大汽车公司，即通用、福特、克莱斯勒，它们都是世界著名的汽车公司，美国汽车一般具有豪华、宽大、舒适、速

度快、功率大等特点。

## 一、通用汽车公司与品牌

1. 公司简介

1908 年 9 月 16 日，威廉·杜兰特在新泽西州以别克汽车公司为中心创建了通用汽车公司，后来汽车总部设在美国底特律市。

通用汽车公司是全球最大的汽车制造商，在世界范围内设计、制造和销售各种轿车和载货汽车。通用汽车公司的标志“GM”取自其英文名称（General Motors Corporation）前两个单词的首字母，如图 3–1 所示。

图 3–1　通用汽车公司的商标

通用汽车公司是美国最早实行股份制和专家集团管理的特大型企业之一，公司尤其重视质量把关和新技术的采用，因而其产品始终在用户心中享有盛誉。

2012 年，通用汽车全球销量达到 9285991 辆，仅次于丰田汽车集团，排名世界第二。同时，通用汽车公司营业收入达到 1523 亿美元，净利润达到 49 亿美元，这是通用汽车经历 2009 年破产重组之后连续第三年保持盈利状态。其中，通用汽车在其全球最重要的两大市场——美国和中国的表现非常抢眼。

到 2014 年，通用汽车公司下属的分部达 20 多个，拥有员工 202000 名，分布在六大洲 158 个工作地点。通用汽车旗下多个品牌全系列车型畅销全球 120 多个国家和地区，包括电动车、微车、重型全尺寸卡车、紧凑型车及敞篷车。至此，经历破产重组后的通用汽车焕发出了新的活力。

2. 主要汽车品牌及商标介绍

通用汽车公司的主要市场包括北美、欧洲、亚太地区、拉美、非洲和中东，其中最大的是北美市场。通用汽车公司有 6 个轿车分部，都设在美国本土，它们分别是凯迪拉克分部、别克分部、雪佛兰分部、旁蒂亚克分部、奥兹莫比尔分部、土星分部，通用还有一家著名的 GMC 公司，以生产皮卡为主体。另外，通用汽车公司在世界各地还有不少分公司，其中通用欧洲公司最大，欧宝和弗克斯豪尔两家的汽车产量已过百万。

（1）凯迪拉克品牌及商标。凯迪拉克（CADILLAC）品牌的前身是凯迪拉克汽车公司，建立于 1902 年，创始人是亨利·利兰德。1909 年，凯迪拉克汽车公司加入了通用汽车公司。凯迪拉克汽车公司成立时选用凯迪拉克作为公司的名称，是为了向法国的皇家贵族、探险家安东尼·门斯·凯迪拉克表示敬意，因为他在 1701 年建立了底特律市。

凯迪拉克轿车一向被公认为是充分演绎美国精神和领袖风格的豪华轿车典范，其乘坐者的尊贵、沉稳、豪迈和权力，更使凯迪拉克成为彰显权贵的象征，它一直是各国政要和显赫家族出入重要场所的首选座驾之一。

凯迪拉克商标（如图 3-2 所示）上为冠、下为盾，周围是由郁金香花瓣构成的花环。冠上的 7 颗珍珠显示出了皇家贵族的尊贵血统，盾象征凯迪拉克军队的英勇，花环表示荣誉，喻示着凯迪拉克牌汽车的高贵和气派。本世纪伊始，凯迪拉克再次对商标进行了令人耳目一新的变革。新商标色彩明快，轮廓鲜明，整体以铂金颜色为底色，而花冠则保留了原有的色彩组合：金黄与纯黑相映，象征智慧与财富；盾牌由不同色彩的块面组成：红色象征行动果敢与追求创新，银白色代表纯洁、仁慈、美德与满足，蓝色代表豪迈的骑士精神，新的商标再次勾画出凯迪拉克品牌中同时呈现的经典、尊贵和突破精神。

（a）旧版商标

（b）新版商标

**图 3-2　凯迪拉克汽车商标**

百年来，凯迪拉克已经是声望、尊贵与豪华的代名词，同时也代表了锐意进取和技术创新精神。步入新世纪的凯迪拉克更是融汇了高新科技与现代化设计的精华，令新一代成功人士尽显今朝风流。

凯迪拉克——皇家贵族的冠与盾。这个商标显示了该汽车的高贵、豪华、气派和潇洒，喻示该公司具有巨大的市场竞争能力和取得胜利的信念。凯迪拉克部生产的主要车型有弗利特伍德（Fleetwud）、赛威（Seville）、凯威（Catera）、帝威（Deville）和爱都（Gldorado）等。

（2）雪佛兰品牌及商标。雪佛兰（CHEVROLET）始创于1911年，创始人是威廉·杜兰特和瑞士的路易斯·雪佛兰。1918年5月，雪佛兰汽车公司并入通用汽车公司。

雪佛兰作为一个值得信赖、充满活力的国际汽车品牌，已经传承了近百年，它是通用汽车全球销量最大的品牌，自1912年推出第一部产品以来至今全球总销量已超过1亿辆。它的车型品种非常广泛，从小型轿车到大型4门轿车，从厢式车到大型皮卡，从越野车到跑车，消费者所需要的任何一种车型，都可以在雪佛兰中找到相应的一款。2012年，雪佛兰全球销量超过495万辆，再创历史新高。作为通用汽车旗下最为国际化和大众化的品牌，雪佛兰拥有强大的技术和市场资源。雪佛兰的品牌定位是一个大众化的值得信赖的国际汽车品牌。作为通用汽车旗下最为国际化和大众化的品牌，雪佛兰拥有强大的技术和市场资源。

雪佛兰商标（如图3-3所示）的设计，是雪佛兰公司的创始人之一的杜兰特看报纸时设计的这个图案，他又从巴黎酒店的墙上获得灵感，受到了法国古老壁画的启发，对其进行了简化，并于1914年首次使用。在西方社会，领结是人人喜爱的饰物，不但体现着大众文化，更标志着贵族的气派。

**图3-3　雪佛兰汽车商标**

雪佛兰——系蝴蝶领结的绅士。这个商标显示了该汽车的贵族气派。雪佛兰汽车部的主要车型有罗米娜（Lumina）、可喜佳（Corsica）、克尔维特（Corvette）等。

（3）别克品牌及商标。别克（BUICK）汽车公司建于1903年5月19日，创始人是大卫·别克，但不久公司就陷入了困境，后在威廉·杜兰特的资助下，公司才兴旺起来。1908年，以别克汽车公司为中心，创建了美国通用汽车公司。别克是一个具有百年历史的成功汽车品牌，它带动了整个汽车工程水平的进步并成为其他汽车公司追随的榜样，由于其在百年多的历史过程中留下了难以尽数的经典车型，因此别克可谓对世界汽车界的发展做出了不朽的贡献。别克车具有大功率、个性化、实用和成熟的特点。随着2004年奥兹莫比尔的淘汰，别克成为了唯一一家总部设在北美的入门级豪华轿车。

别克汽车商标的英文“David Buick”取自该公司创始人大卫·别克的姓氏，别克汽车商标（如图3-4所示）是形似“三利剑”的图案，它被安装在汽车散热器格栅上，这3个颜色不同并从高向低依次排列在不同位置上的剑形商标，给人一种积极进取、不断攀登的印象。表示别克汽车部采用顶级技术，刃刃见锋；也表示别克汽车部培养出的人才各个游刃有余，是无坚不摧、勇于登峰的勇士。别克汽车部培育了许多汽车名人，例如，威廉·杜兰特、沃尔特·克莱斯勒、路易斯·雪佛兰等。

**图3-4 别克汽车商标**

别克——3把利剑。别克汽车部的主要车型有别克·王朝（Buick Regal）、别克·公园大道（Buick Park Avenue Ultra）、别克·世纪（Buick Century）等。

（4）旁蒂克品牌及商标。旁蒂克（PONTIAC）品牌原为奥克兰汽车公司，建于 1907 年 8 月，创始人是爱德华·墨菲。旁蒂克是一个印第安酋长的名字，18 世纪他曾率部在底特律附近抵抗英法殖民者，为了纪念他，将靠近底特律市的一座小城命名为旁蒂克镇。1909 年 4 月，奥克兰汽车公司加入通用汽车公司，主要以生产高级轿车和跑车为主，从 1932 年 4 月起正式使用旁蒂克汽车这一名称。

旁蒂克商标（如图 3–5 所示）是带十字标记的箭头。十字标记表示旁蒂克汽车是通用汽车公司的成员，也象征着旁蒂克汽车安全可靠，箭头则代表旁蒂克汽车的技术超前和攻关精神。

**图 3–5　旁蒂克汽车商标**

旁蒂克——带十字标记的箭头。旁蒂克部的主要车型有旁蒂克（Pontiac）、玻纳纬利（Bonneville）、火鸟（Firebird）等。

（5）土星品牌及商标。1985 年通用公司决定新建土星汽车分部，企图开发先进的土星牌轿车以抵御外国轿车大规模进入美国市场的现状。土星分部是通用汽车公司最年轻的品牌，也是唯一从通用公司内部建立起来的分部，不存在背历史包袱，不存在有损害传统的顾忌，以市场需求为准绳，创新立异，轻装上阵，这就是土星车的特点。土星牌轿车采用全新的设计理念指导生产，以“制造消费者所需要的汽车”为指导，开始研制了“SL”轿车、“SW”旅行车及“SC”运动车系，主要产品为豪华轿车、旅行轿车和跑车。他们依据这一思想设计了土星“SATURN”商标。

土星商标（如图 3–6 所示）为土星轨迹线，给人一种高科技、新观念、超时空的感觉，寓意土星汽车技术先进，设计超前且最具时代魅力。

图 3-6 土星汽车商标

土星——太阳系中最具魅力的行星。土星是太阳系中一颗带有许多彩环的行星。

（6）奥兹莫比尔品牌及商标。奥兹莫比尔由美国兰塞姆·奥兹建立于 1897 年，1908 年并入通用公司，更名为奥兹莫比尔汽车部。它的前身是 1897 年由兰塞姆·奥兹和弗兰克·克拉克创建的奥兹汽车公司，它是美国最老的小客车生产厂。奥兹莫比尔是美国第一个大量生产销售汽车的企业，以生产中档车为主。遗憾的是，2000 年前，奥兹莫比尔汽车销量大幅下降，2000 年 12 月，通用宣布放弃历经沧桑的奥兹莫比尔品牌，结束了奥兹莫比尔轿车的百年辉煌，这标志着奥兹莫比尔将逐渐退出历史。

奥兹莫比尔（Oldsmobile）的名称，是由“Olds”与“mobile”组成，“Olds”是公司创始人兰塞姆·奥兹的姓，“mobile”在英语里是机动车之意，因此奥兹莫比尔就是奥兹的机动车。奥兹莫比尔商标中的箭形图案代表公司积极向上和勇往直前的创新精神。奥兹莫比尔商标如图 3-7 所示。

图 3-7 奥兹莫比尔汽车商标

（7）吉姆西（GMC）品牌及商标。吉姆西是通用集团旗下的商用车部门。主要生产商务车、SUV、皮卡和载货汽车等一系列车型。吉姆西前身是 1901 年成立的疾速汽车公司（Rapid Motor Vehicle Company），被通用于1909年收购，同年通用又收购诚信公司（Reliance Motor Car Company），共同组建为通用载货汽车公司（General Motor Truck Company），即GMC Truck公司。

吉姆西是通用旗下唯一一个与其同名的商用车品牌，其商标如图3-8所示。GMC的车型主要有使节（Envoy）、峡谷（Canyon）、西拉（Sierra）、育空河（Yukon）、旅行（Safari）等。

**图3-8　GMC汽车商标**

（8）克尔维特（Corvette）品牌及商标。克尔维特是雪佛兰部生产的高级跑车。克尔维特这个名字来源于欧洲16~17世纪很流行的一种轻型护卫舰。第一代克尔维特于1953年问世，它是由设计师哈里·厄尔设计的。1957年，厄尔设计出独特的"鲨鱼嘴"散热器格栅，大灯采用暗藏式。1963年，比尔·米切尔又设计出新款克尔维特。自克尔维特诞生那天起，就以超凡的魅力、独一无二的款式畅销全世界，是美国汽车工程艺术领域的代表之一。

克尔维特新商标（如图3-9所示）是交叉的两面旗子。那面黑白相间的旗子，表示该车是参加汽车大赛的运动车；那面红色的旗子上的蝴蝶领结商标，表示该车由雪佛兰分部制造，另一个奖杯图案表示其在赛车运动中所取得的优异成绩。

**图3-9　克尔维特新汽车商标**

（9）霍顿（Holden）品牌及商标。霍顿公司创立于1856年，总部在澳大利亚墨尔本市，主要从事运输及冶金用品的制造。1918年，霍顿公司首次为顾客设计制造车身，此后渐渐涉足汽车制造行业。1931 年，霍顿汽车车身制造厂（HMBB）与通用澳洲汽车公司（GMA）共同组建了通用—霍顿汽车公司。1936 年，该公司在墨尔本设立总部及生产、服务、销售等各个部门，开始了在澳大利亚的汽车生产，其发展迅猛，从此成为澳大利亚汽车工业的领头羊。今天的霍顿不但称霸澳大利亚车坛，还以锻造强劲发动机而闻名于世，那只红色雄狮也就更具象征意义。

霍顿的商标是一只狮子滚球的红色圆形浮雕（如图 3–10 所示），其设计灵感来自一则古老传说：埃及狮子滚石头的情景启迪人类发明了车轮。

图 3–10 霍顿汽车商标

## 二、福特汽车公司与品牌

1. 公司简介

1903 年 6 月 16 日，亨利·福特创建了福特（FORD）汽车公司，总部设在美国底特律市。凭着创始人亨利·福特“制造人人都买得起的汽车”的梦想和卓越远见，福特汽车公司历经一个世纪的风雨沧桑，已经成长为全球最大的卡车制造商和第二大汽车公司。1908 年，亨利·福特在试造了几个车型后，终于推出了改变世界的 T 型车，如今 T 型车的足迹遍布世界每个角落，亨利·福特也被尊称为“为世界装上轮子的人”。1913 年，福特发明了现代工业革命史上具有里程碑意义的流水装配线，奠定了大规模生产方式的基础，其高效率、高工资、低售价的结合，对当时美国制造业而言，是一次翻天覆地的改革创新。

福特汽车公司是一家巨型跨国公司，从早期就开始在海外设立装配汽车的工厂，到 20 世纪 20 年代初已形成世界范围的“汽车帝国”。作为世界一流的汽车企业，福特汽车公司致力于成为全球领先的、以消费者为导向的公司，始终秉承“消费者是我们工作的中心，我们在工作中必须时刻想着我们的消费者，提供比竞争对手更好的产品和服务”的经营理念。正因为这样，2003 年福特汽车的 328000 名雇员在世界各地 200 多个国家的福特汽车制造和销售企业中，共同创造了 1642 亿美元的营业总收入。

此外，公司还开展了汽车信贷—福特信贷（Ford Credit）业务，建立了全球最大的汽车租赁公司——赫兹（Hertz）以及汽车服务公司（Quality Care），这些都是人们耳熟能详的品牌。同时，由于福特汽车公司多年的苦心经营，这些品牌本身都已具有巨大的价值。2003 年福特汽车公司庆祝了百年华诞。

福特汽车在美国汽车市场连续 75 年保持销售量第二名，仅次于通用汽车，2007 年才因油价高涨，大型 SUV 休旅车与卡车销量减少，被丰田汽车超越，成为美国市场销售量第三名。

2008 年经济危机时，福特是唯一一家没有经过国家救济而自己走出经济危机的汽车集团。

2. 主要汽车品牌及商标介绍

福特汽车公司在美国有福特部和林肯·默寇利部等，旗下拥有福特、林肯、马自达、水星、阿斯顿·马丁（Aston Martin）、路虎（Land Rover）、捷豹（Jaguar）和沃尔沃（Volvo）等汽车品牌。但阿斯顿·马丁、路虎、捷豹和沃尔沃这些品牌陆续被卖出，目前已经不属于福特汽车品牌。

（1）福特品牌及商标。福特是福特汽车公司品牌家族的第一个成员。福特汽车的商标来自创办人亨利·福特常用的签名字体，如图 3-11 所示，是采用福特英文“Ford”字样，蓝底白字。由于创建人亨利·福特喜欢小动物，所以标志设计

图 3-11　福特汽车商标

者把福特的英文"Ford"画成形似一只活泼可爱、充满活力、美观大方的小白兔形象。犹如在温馨的大自然中有一只活泼的小白兔矫健潇洒地正在向前飞奔，象征福特汽车飞奔世界各地。

福特——飞奔的小白兔。福特部主要车型有雷鸟（Thunderbird）、野马（Mustang）、野马·眼镜蛇（Mustang Cobra）等。

（2）林肯品牌及商标。林肯是福特汽车公司拥有的第二个品牌，在1917年由亨利·利兰（Henry Leland）先生创立，1922年福特汽车公司以800万美元收购了林肯品牌，并由此进入豪华车市场，将其更名为林肯（LINCOLN）部。1945年，福特汽车公司将林肯部和默寇利部合并为林肯·默寇利部。

林肯是美国豪华轿车的品牌，它是地位和财富的象征。由于林肯车杰出的性能、高雅的造型和无与伦比的舒适，它一直是美国车舒适和豪华的象征。阿伯拉罕·林肯是美国第16任总统。林肯车也是第一个以美国总统的名字命名，为总统生产的汽车。自1939年美国的富兰克林·罗斯福总统以来，它一直被选为总统用车。

林肯汽车商标（如图3-12所示）是一颗闪闪发光的星辰和一个近似矩形的外框组成的图案，表示林肯总统是美国联邦统一和废除奴隶制度的启明星，也喻示着林肯牌轿车光辉灿烂。

**图3-12 林肯汽车商标**

林肯——启明之星。林肯·默寇利部主要车型有林肯·大陆（Lincoln Continental）、林肯·城市（Lincoln Town）等。

（3）默寇利（水星）品牌及商标。水星品牌的独特之处在于它是福特汽车公司唯一自创的品牌。20世纪30年代中期，福特汽车的管理层意识到在经济型的福特车和豪华的林肯车之间仍存在市场机会，于是在1935年开发出了水星品牌，进军中档车市场，1938年10月正式推出水星产品。1941~1945年，由于“二战”的影响，水星的生产被迫中断。1945年，福特汽车公司将林肯部和默寇利部合并为林肯·默寇利部，该部以生产总统座车和其他高级豪华轿车而闻名世界。水星一直是创新和富有个性的美国车的代表。

默寇利（Mercury）是罗马神话中的主管商业和道路之神的名字。默寇利商标（如图3-13所示）中3条道路分隔线表示天下道路为默寇利汽车修筑，也象征着该车将畅通无阻地飞驰在各种道路上。

图3-13 默寇利汽车商标

（4）野马·眼镜蛇品牌及商标。福特公司于1964年推出的“野马”（Mustang）跑车是美国最著名的跑车之一。野马跑车商标（如图3-14所示）中的奔马原产于墨西哥和美国加利福尼亚州的一种野马，它身强力壮，善于奔跑。福特野马商标采用了一只正在奔驰的野马，表示该车速度极快。

图3-14 福特野马汽车商标

眼镜蛇跑车是福特汽车公司1996年的杰作，眼镜蛇跑车由野马跑车改装而成，眼镜蛇跑车商标（如图3-15所示）是一个昂首逞凶的眼镜蛇图案，野马商标仍在车的前部，眼镜蛇商标则在车的两侧。商标的配合像是眼镜蛇追击野马，野马不得不急驰。

图 3–15　眼镜蛇汽车商标

## 三、克莱斯勒公司与品牌

1. 公司简介

克莱斯勒（CHRYSLER）汽车公司是美国第三大汽车公司，总部设在底特律市。公司创始人是沃尔特·克莱斯勒。克莱斯勒汽车公司的前身是 1907 年建立的马克斯威尔汽车公司。1925 年沃尔特·克莱斯勒买下了该公司，更名为克莱斯勒汽车公司。克莱斯勒汽车公司成立时，在美国的排名为第 27 位，但相继推出的克莱斯勒 4 号和亨利 5 号两种新车为克莱斯勒汽车公司的发展做出了贡献。至 1926 年年底，汽车产量在美国排名跃至第 5 位，1927 年又上升到第 4 位。1928 年，克莱斯勒汽车公司买下了道奇汽车公司和顺风汽车公司。1929 年克莱斯勒汽车公司产量上升到美国的第 3 位，跃升为美国第三大汽车公司。

克莱斯勒公司以经营汽车业务为主，主要生产克莱斯勒、道奇、顺风等品牌的汽车，它在美国的汽车装配工厂有 8 家，汽车制造厂及汽车零部件厂有 36 家以及国防及宇航业工厂 10 家。

克莱斯勒汽车公司于 1998 年 11 月与德国的戴姆勒—奔驰汽车公司合并为戴姆勒—克莱斯勒汽车公司（简称戴克汽车公司）。2007 年 5 月，戴姆勒—克莱斯勒集团证实，戴姆勒与克莱斯勒两集团再度分家。

克莱斯勒汽车公司于 2009 年 4 月发表声明宣布申请破产保护，与此同时，克莱斯勒汽车公司正式宣布与意大利汽车制造商菲亚特结盟。

2. 主要汽车品牌及商标介绍

克莱斯勒汽车公司拥有克莱斯勒、顺风、道奇、吉普、普利茅斯等汽车品牌。

（1）克莱斯勒品牌及商标。克莱斯勒商标有多种，早期的克莱斯勒商标是装在水箱盖上醒目的银色飞翔标志和刻在水箱罩上的金色克莱斯勒印章，标志着汽车工程与汽车设计从此进入了一个崭新的时代。一直到 20 世纪 50 年代后期，克莱斯勒公司都沿用这种安装在发动机罩上的飞翔装饰。但随着公众喜好的变化，1957 年以后，该公司不再使用此标志。1995 年，银色的飞翔标志和金色的徽章又重新被采用，两年之后，这两种图案被融合在一起，如图 3–16 所示。新的商标既包含了克莱斯勒品牌的内圆形商标，又增加了一对跃跃欲飞的翅膀，象征着克莱斯勒的欣欣向荣。

**图 3–16　克莱斯勒汽车商标**

（2）道奇品牌及商标。1914 年，由道奇兄弟（约翰·弗朗西斯·道奇和霍瑞斯·埃尔金·道奇）创建了道奇（DODGE）汽车公司。1928 年公司被克莱斯勒汽车公司收购，成为克莱斯勒汽车公司的一个分部。

道奇品牌的商标如图 3–17 所示，是在一个五边形中的公羊，象征道奇汽车强壮剽悍，善于决斗。

**图 3–17　道奇汽车商标**

（3）蝰蛇（Viper）品牌及商标。蝰蛇跑车是克莱斯勒汽车公司道奇部生产的名车。蝰蛇是美国最凶猛的蛇种，所用的图形商标是一条张着血盆大口的蝰蛇，象征蝰蛇跑车勇猛无比。蝰蛇的商标如图 3–18 所示，商标设计中特别突出了蝰蛇那双烁烁放光的眼睛和锐利的牙齿，即以藐视的目光盯着对手，露出毒牙以击退敌人。

图 3-18　蝰蛇品牌汽车商标

（4）吉普（JEEP）品牌及商标。吉普由于它具有传奇的历史和响亮易记的发音，很多人都知道它，甚至不少人将吉普视为越野车的代名词，以为所有的越野车都可称为吉普，这是对吉普这个名字的误解，其实吉普仅是一个越野车的品牌，属于克莱斯勒的吉普公司。世界上第一辆吉普越野车是 1941 年在“二战”中为满足美军军需生产的。吉普部是美国克莱斯勒汽车公司专门生产轻型越野汽车的部门，是美国克莱斯勒汽车公司接收美国汽车公司后，于 1980 年成立的子公司，是世界上最大的越野汽车制造厂。

吉普的商标如图 3-19 所示。

图 3-19　吉普汽车商标

【任务训练】

查阅相关资料，推荐一个您最喜欢的美国汽车企业，介绍企业的发展与企业文化，并对企业拥有的汽车品牌及车型进行评价。

# 任务二　欧洲六大汽车公司与品牌

【任务目标】

了解戴姆勒—奔驰汽车公司的发展，能识别该公司旗下品牌

了解宝马汽车公司的发展，能识别该公司旗下品牌

了解大众汽车集团的发展，能识别该集团旗下品牌

了解雷诺—日产汽车联盟的发展，能识别该联盟旗下品牌

了解标致—雪铁龙汽车公司的发展，能识别该公司旗下品牌

了解菲亚特汽车公司的发展，能识别该公司旗下品牌

能根据客户的特点有针对性地介绍和推荐欧洲的各种汽车

【相关知识】

欧洲是汽车和汽车工业的发源地，时至今日，欧洲汽车已失去了昔日的霸气与荣光。但是欧洲汽车百年精粹，非同小可，其独特魅力仍然值得全球共仰。今日的欧洲车坛，可说是百花齐放，德国车的刚劲沉稳，英国车之尊贵典雅，法国车超凡的操控性和意大利车在高性能方面的出色成就，一直为世人称道。

## 一、戴姆勒—奔驰汽车公司与品牌

1. 公司简介

戴姆勒—奔驰汽车公司创立于 1926 年，创始人是卡尔·本茨和戈特利布·戴姆勒。它的前身是 1886 年成立的奔驰汽车厂和戴姆勒汽车厂。1926 年 6 月，戴姆勒（DAIMLER）汽车公司与奔驰（BENZ）汽车公司合并，成立了戴姆勒—奔驰（DAIMLER-BENZ）汽车公司，成为强强联合的首创者，公司本部设在德国的斯图加特市。现在，奔驰汽车公司除以高质量、高性能豪华汽车闻名外，它也是世界上最著名的大客车和重型载重汽车的生产厂家。奔驰公司是世界上资格最老的汽车厂家，也是经营风格始终如一的汽车厂家。从 1926 年至今，公司不追

求汽车产量的扩大，而只追求生产出高质量、高性能的高级别汽车产品。

1998 年 5 月，戴姆勒—奔驰汽车公司与克莱斯勒汽车公司合并，组建了戴姆勒—克莱斯勒集团公司。由此戴姆勒—克莱斯勒公司成为全球第二大汽车生产商、世界第五大汽车公司。

2007 年，戴姆勒—奔驰汽车公司与克莱斯勒汽车公司分开各自独立经营。

2. 主要汽车品牌及商标介绍

戴姆勒—奔驰汽车公司轿车品牌主要有迈巴赫（Maybach）、梅赛德斯—奔驰（Mercedes-Benz）和精灵（Smart）。

（1）梅赛德斯—奔驰品牌及商标。戴姆勒—奔驰汽车公司合并前，奔驰汽车公司设计了一个用代表吉祥、胜利的月桂枝围绕着“BENZ”字样的圆形图徽作为公司和汽车的商标，奔驰商标就像一顶桂冠，喻示该公司在汽车领域独占鳌头，其产品独夺桂冠。奔驰汽车的商标如图 3-20 所示。戴姆勒汽车公司采用了将一颗大三叉星和四颗小三叉星及梅赛德斯（MERCEDES）置于圆环之中的商标，三叉星被喻为幸运吉祥之星，戴姆勒汽车的商标如图 3-21 所示。

**图 3-20 奔驰汽车商标**

**图 3-21 戴姆勒汽车商标**

戴姆勒—奔驰汽车公司成立后，所用商标是将原戴姆勒汽车公司商标和奔驰汽车公司商标进行了综合（如图 3-22 所示），在两个嵌套的圆中含有一颗三叉星，“MERCEDES”字样在上，“BENZ”字样在下，两者之间用月桂枝相连。

**图 3-22　戴姆勒—奔驰汽车商标**

现在戴姆勒—奔驰汽车公司和梅赛德斯—奔驰汽车的商标，是简化了的形似转向盘的一个环形圆包围着三叉星的商标，如图 3-23 所示。

Mercedes-Benz

**图 3-23　梅赛德斯—奔驰汽车商标**

（2）迈巴赫品牌及商标。迈巴赫品牌首创于 20 世纪 20 年代，现属于戴姆勒—奔驰的豪华品牌，创始人是被誉为“设计之王”的威廉·迈巴赫，威廉·迈巴赫不但是戴姆勒·奔驰公司的三位主要创始人之一，更是世界首辆梅赛德斯—奔驰汽车的发明者之一。具有传奇色彩的迈巴赫品牌标志（如图 3-24 所示）由两个交叉的 M 围绕在一个球面三角形里组成。品牌创建伊始的两个 M 代表的是“Maybach-Motorenbau”的缩写。

图 3-24　迈巴赫汽车商标

（3）精灵品牌及商标。精灵汽车有限公司作为戴姆勒—奔驰的全资子公司成立于 1994 年，管理中心设在德国斯图加特，作为汽车界巨擘戴姆勒—奔驰汽车公司和瑞士钟表集团斯沃琪（Swatch，瑞士著名手表品牌）合作的产物，似乎从一开始就决定了精灵与众不同的特性。“Smart”中的“s”代表斯沃琪，m 代表戴姆勒集团（Mercedes-Benz），而“art”则是英文艺术的意思，“Smart”合起来可以理解为这部车代表了斯沃琪和戴姆勒合作的艺术，而“Smart”车名本身在英文中也有聪明伶俐的意思，这也契合了精灵公司的设计。“精灵”汽车标志如图 3-25 所示。

图 3-25　Smart 汽车标志

## 二、宝马汽车公司与品牌

1. 公司简介

1916 年，卡尔·拉普和马克思·弗里茨在德国慕尼黑建立了巴依尔发动机公司（Bayerische Motoren Werkbag，BMW），1918 年更名为宝马汽车公司。20 世纪 50 年代，宝马汽车公司经营十分困难，险些被当时强大的奔驰汽车公司收购，好在德国匡特家族收购了宝马汽车公司 46%的股份成为最大股东，坚持自我发展的道路，避免了宝马品牌的沦落。此后宝马汽车公司相继收购了英国路虎、劳斯莱斯和迷你（MINI），成为一个后起的跨国大公司。2000 年 3 月，宝马汽车公司将旗下的路虎公司出售给了美国福特汽车公司。

2. 主要汽车品牌及商标介绍

目前宝马集团拥有宝马、迷你和劳斯莱斯 3 个品牌。

（1）宝马品牌及商标。宝马汽车的车身造型具有鲜明的特色，圆形灯具配以矩形水箱通风格栅形成与众不同的“双肾”风格，宝马轿车坚持自己的传动系统风格，所有的宝马轿车都采用后轮驱动，前轮主要负责转向，后轮主要负责驱动，以达到前后轮各 50%的载荷分配，在高速转弯、直行性能等行驶方面优于前轮驱动的汽车。

宝马汽车商标（如图 3-26 所示）是在双圆环的上方标有“BMW”字样，这是宝马汽车公司全称缩写。商标内圆中为蓝白两色相间的螺旋桨图案，代表在蓝天白云和广阔时空旅途中运转不停的螺旋桨，象征该公司过去在航空发动机技术方面的领先地位，又象征着公司在广阔时空旅途中，以创新科技、先进的观念来满足消费者的最大愿望，反映了宝马汽车公司蓬勃向上的气势和日新月异的面貌。

**图 3-26 宝马汽车商标**

（2）劳斯莱斯品牌及商标。劳斯莱斯（ROLLS-ROYCE）汽车公司建立于 1906 年，是由劳斯汽车销售公司和莱斯汽车制造公司联合而成，并以创始人查尔斯·劳斯和亨利·莱斯的姓氏命名。

劳斯莱斯轿车以外形独特、古色古香、性能优良闻名于世，是当今世界最尊贵、最豪华、最气派的轿车，被誉为“帝王之车”，在世界车坛上享有崇高的地位。

劳斯莱斯商标（如图 3–27 所示）采用“ROLLS”、“ROYCE”两个单词的开头字母 R 叠合而成，寓意团结奋进、精诚合作、共同创业的精神。劳斯莱斯立体商标采用一尊女神像，做飞翔姿态，意为速度之魂。

（a）汽车商标

（b）汽车立体商标

**图 3–27　劳斯莱斯汽车商标**

（3）迷你（MINI）品牌及商标。1956 年，石油危机笼罩英国，英国汽车公司（BMC）聘请了著名汽车设计师伊西戈尼斯（Issigonis），设计一种经济型轿车。1959 年秋天迷你终于面世了。人们看到只有 3.9 米长的车身里，容纳了 4 张合适的座椅，横置发动机机械都集中到两个前轮之间以及后座地板下面的人不需要用的地方。它的奥妙在于巧妙的重心分布及适当的轴距和轮距。从 1962 年起，迷你不断参加各种汽车比赛，这种汽车车轮才 25.4 厘米，使用技术落后的铁质发动机，功率又比别的汽车小得多，但在比赛中往往把保时捷、宝马、沃尔沃、福特等汽车甩在后面，多次获得冠军。

1994 年，宝马公司买下迷你，使其成为旗下的一个品牌之后，投入了大量的研发经费，给予这款迷你车型全新的定位，它不再是大批量生产的普通小型汽车，而是走高档路线的小型汽车。

迷你汽车商标（如图 3–28 所示）是在一个展开的翅膀里写着车名“MINI”，喻示着该车的小巧、高性能。

图 3-28　迷你汽车商标

## 三、大众汽车集团与品牌

1. 公司简介

德国大众汽车公司建于 1937 年 5 月，是德国最大的汽车生产集团，创始人是费迪南德·波尔舍。大众集团包括在德国本土的大众汽车公司和奥迪公司以及设在美国、墨西哥、巴西、阿根廷、南非等地的 7 个子公司。使大众公司扬名的产品是“甲壳虫”轿车（由保时捷汽车创始人——费迪南德·保时捷博士设计），该车在 20 世纪 80 年代初就已生产了 2000 万辆，启动了大众公司的第一班高速列车，紧随其后的波罗、高尔夫、帕萨特、捷达等也畅销全世界。公司总部设在沃尔夫斯堡。大众汽车集团 1964 年收购德国的奥迪汽车公司，1983 年收购西亚特的大部分股份，使西亚特成为大众汽车公司的子公司，1991 年收购斯柯达，1998 年收购了布加迪、兰博基尼、宾利、劳斯莱斯（2002 年 12 月 31 日后归宝马公司），2009 年大众并购了保时捷汽车公司，成为欧洲第一大汽车公司、世界四大汽车集团之一。

2. 主要汽车品牌及商标介绍

大众汽车集团目前拥有大众、奥迪、布加迪、宾利、斯柯达、兰博基尼、西亚特、保时捷等品牌。

（1）大众品牌及商标。大众汽车从 1984 年进入中国市场，是第一批在中国开展业务的国际汽车制造商之一。自进入中国市场以来，大众汽车就一直保持着在中国轿车市场中的领先地位。大众现有的主要车型有甲壳虫（Beetle）、帕萨特（Passat）、桑塔纳（Santana）、高尔夫（Golf）、捷达（Jetta）、波罗（Polo）、宝来（Bora）等。

大众汽车公司的德文是“Volkswagenwerk”，意为大众使用的汽车，图形商标(如图 3-29 所示）是德文单词中的两个字母 V 和 W 的叠合，并嵌套在一个圆内，也标志着由中指和食指做出的“V”组成，代表大众公司及其产品“必胜—必胜—必胜”。

**图 3-29　大众汽车商标**

（2）奥迪品牌及商标。1899 年，奥古斯特·霍希在科隆创建了霍希（HORCH）汽车公司。后来，由于企业管理阶层矛盾日益扩大，霍希在 1909 年 6 月不得不离开自己创办的汽车公司。1910 年，霍希又创建了第二家霍希汽车公司，但遭到原公司的控告，法院裁定新建的汽车公司必须更名。但霍希不甘心败诉，坚持让公司与自己同名，董事会对此一筹莫展。后来，有人将霍希译成拉丁文奥迪(Audi)，开始推出奥迪系列各款汽车。

1932 年，由奥迪、霍希、旺达尔、DKW 四家公司合并组成汽车联盟公司，商标（如图 3-30 所示）采用了 4 个连环图案。这 4 个相同紧扣着的圆环，象征公司成员平等、互利、协作的密切关系和奋发向上的创业精神。1958 年，汽车联盟公司被戴姆勒—奔驰汽车公司收购，1964 年又被转卖给大众汽车公司，1969 年，大众汽车公司买下德国的纳苏汽车公司，汽车联盟公司改称为奥迪纳苏汽车联合公司，1985 年又更名为奥迪汽车公司，商标未变。奥迪的主要量产车系有 A 系列（涵盖 AO 级别、A 级别、B 级别、C 级别、D 级别车型）、Q 系列、R 系列、TT 系列、S 系列、RS 系列以及由 A 系列衍生出的“Allroad”系列等。

图 3-30　奥迪汽车商标

（3）保时捷品牌及商标。保时捷（PORSCHE）汽车公司成立于 1930 年，创建人是费迪南德·波尔舍，总部设在斯图加特市。该公司生产的跑车和赛车在世界上很有名气。从 1923 年波尔舍出任戴姆勒汽车公司首席设计师起，他就一直想制造出属于自己的高性能跑车，但愿望一直未能实现。谁知一个不幸的机会促成了第一辆保时捷跑车的问世。1945 年波尔舍被捕，其子费利·波尔舍急需资金用以营救父亲，于是接受了意大利富商杜西欧的要求为其制造赛车。设计师卡尔拉比与费利联手，于 1947 年 7 月完成图纸设计，1948 年 6 月 8 日一辆带有保时捷标志的西斯塔利亚跑车终于问世了，当年又造出了保时捷 356 跑车，1963 年费利的长子亚历山大·费迪南德·波尔舍又推出保时捷 911 跑车。费迪南德·波尔舍以及他的儿子费利·波尔舍、孙子亚历山大·费迪南德·波尔舍都堪称是汽车设计大师，他们 3 代人推出的跑车和赛车风靡全世界。

保时捷商标（如图 3-31 所示）由文字商标“PORSCHE”和图形商标（斯图加特盾形市徽）两部分构成，“PORSCHE”字样在商标最上方，市徽中的“STUTTGART”说明保时捷汽车公司总部设在斯图加特市，商标中间是一匹骏马，表示斯图加特这个地方盛产一种名贵骏马，商标的左上方和右下方是鹿角的图案，表示斯图加特曾是皇家的狩猎地，商标的右上方和左下方有黑色、红色和金色的条纹，黑色代表肥沃的土地，红色象征着人们的智慧和热情，黄色代表成熟的麦子。该商标展现了波尔舍汽车公司美好的未来。

（4）宾利品牌及商标。宾利（BENTLEY）汽车公司于 1919 年 8 月成立，创始人是沃尔特·欧文·宾利，该公司主要生产运动车。1931 年，宾利汽车公司被劳斯莱斯汽车公司兼并，兼并后的宾利汽车公司也生产豪华轿车。1998 年，宾利被大众公司收购，一度有人担心宾利的形象会被改变，但德国人并没有改变宾

图 3–31　保时捷汽车商标

利，宾利的英国皇家血统仍然纯正。

宾利商标（如图 3–32 所示）是一只展翅翱翔的雄鹰，鹰的腹部注有公司名称“BENTLEY”第一个大写英文字母“B”。鹰形商标喻示着宾利汽车公司在全球范围内的发展能力。

图 3–32　宾利汽车商标

（5）兰博基尼品牌及商标。兰博基尼（LAMBORGHINI）汽车公司建于 1961 年，创始人是弗鲁西欧·兰博基尼，主要生产跑车和赛车。1987 年，兰博基尼汽车公司与美国克莱斯勒汽车公司合并。1993 年年底，克莱斯勒汽车公司又将兰博基尼汽车公司卖给了印度尼西亚的梅佳—泰克财团。1998 年，兰博基尼汽车公司又被奥迪汽车公司收购。

兰博基尼商标（如图 3–33 所示）是一头金色斗牛，全身充满力气，正准备冲击，寓意该公司生产的赛车功率大、速度快，战无不胜。

图 3–33　兰博基尼汽车商标

（6）斯柯达品牌及商标。捷克的斯柯达（SKODA）汽车制造厂建于 1895 年，当时是由商人克莱门特和机械师劳林合办的一家自行车厂。1905 年，制造出第一辆汽车，1925 年，该厂与皮尔森的斯柯达工厂合并，更名为斯柯达汽车厂。1945 年，该厂被收归国有，是世界 5 个最早的轿车生产厂之一。1991 年德国大众集团收购了斯柯达，生产的汽车仍使用“斯柯达”品牌。

斯柯达商标（如图 3–34 所示）像一只温文尔雅的小鸟，圆环象征该厂产品无可挑剔，鸟翼象征技术进步和产品畅销全球，翅膀上的小孔代表生产的精确度和技术的灵敏性，翅膀下方的箭头表示生产方式的进步，外环下方的月桂树枝叶象征着胜利。斯柯达商标体现了斯柯达轿车的创新精神和为达到目标而奋力拼搏的大无畏气概。

图 3–34　斯柯达汽车商标

（7）布加迪品牌及商标。布加迪（BUGATTI）是由意大利人埃多尔·布加迪在 1909 年创造的，专门生产运动跑车和高级豪华轿车。早期的布加迪品牌将艺术与技术相融合，并在赛场上战绩辉煌。布加迪的产品，做工精湛，性能卓越，它的每一辆轿车都可誉为世界名车，但在第二次世界大战后渐渐衰落并几经转手。1956 年停产，停产时布加迪总计生产汽车 7000 余辆。1990 年意大利工业家罗曼诺·阿蒂奥利买得布加迪商标所有权，在意大利重建布加迪汽车公司，生产了举世闻名的 EB110 系列超级跑车，但是由于经营不善，1995 年公司不幸破产。1998 年被德国大众集团收购，现归属大众旗下。

布加迪（Ettore Bugatti）以自己姓氏为名创办了布加迪汽车公司，并将自己的姓氏大大地写在汽车商标中，布加迪商标中的英文字母即布加迪，上部 EB 即为埃多尔·布加迪英文拼音的缩写，周围一圈小圆点象征滚珠轴承，底色为红色。用轴承滚珠包围起来，并以红色为底色，希望公司能永远不停转。布加迪商标如图 3–35 所示。

**图 3–35　布加迪汽车商标**

（8）西亚特品牌及商标。西亚特（Seat）是西班牙最大的汽车公司，1950 年成立于巴塞罗那。现在属于德国大众汽车公司。在西亚特汽车公司成立之初，以生产意大利菲亚特汽车公司的车型为主。当时在西班牙汽车市场的占有率达到了 60%之多，有西班牙国民车之趋势，然而到 20 世纪 70 年代，市场占有率竟然下滑到了 33%，亏损严重。

1983 年，德国大众汽车公司买下了西亚特的大部分股份，与西班牙政府合资共同经营西亚特汽车公司，因此西亚特就成了大众汽车公司的子公司，产品多以中、小型轿车为主。在西亚特归属大众麾下之后，他们得到了大众的资金和技术支持，产品开始采用大众的零部件，有些车型的底盘、转向及悬挂系统也都由大众设计，随后的经营状态日趋好转，到 20 世纪 90 年代初，西亚特汽车的年产量已到了 36 万辆以上，成为西班牙效益最好的汽车公司。

目前西亚特的商标（如图 3–36 所示）以西亚特单词字头“S”为主体结构，

图形简洁、明快，易于记忆。

图 3–36　西亚特汽车商标

## 四、雷诺—日产汽车联盟与品牌

1. 公司简介

雷诺（RENAULT）汽车公司由路易斯·雷诺与其兄菲尔南德·雷诺于 1898 年在法国比扬古创建的，并以创始人姓氏命名。它是世界上最悠久的汽车公司和世界十大汽车公司之一，法国第二大汽车公司。1945 年被收归国有，此后公司迅速恢复和发展，逐步实现了经营多样化。雷诺公司主要产品有雷诺牌轿车、公务用车及运动车等。雷诺汽车是出口德国最多的车种之一，它的质量及可靠性也被认为是一流的。

1999 年 3 月雷诺与日产签署了协议，法国雷诺汽车公司通过收购股份成为日产的第一大股东，又先后兼并韩国三星汽车公司和罗马尼亚达西亚汽车公司，日产汽车公司则购买雷诺公司部分股份，形成雷诺—日产汽车联盟。

2. 主要汽车品牌及商标介绍

（1）雷诺品牌及商标。雷诺汽车公司生产的主要车型有阿尔平（Alpine）、埃斯帕斯（Espace）、梅柑娜（Megane）、风景（Scene）等。

雷诺汽车商标（如图 3–37 所示）为菱形图案，象征雷诺三兄弟与汽车工业融为一体，表示雷诺汽车公司能在无限的空间中竞争、生存、发展。

（2）日产品牌及商标。1933 年，日本户畑铸造公司与日本产业公司合资建立汽车制造公司，于 1934 年更名为日产汽车公司。“日产”是日本产业的简称。2009 年 8 月，日产汽车公司宣布新总部将迁回公司的创始地——日本横滨市。

图 3-37　雷诺汽车商标

1999 年 3 月，日产汽车公司与法国雷诺汽车公司签订了一个全面的联盟协定，旨在加强日产汽车公司的财政地位，加强品牌知名度，使这些品牌具有明显的能力和特点。日产公司的汽车产品分为实用型、豪华型和普通型轿车。

日产的商标（如图 3-38 所示）是将日产（NISSAN）放在太阳（日本国旗图案）上，对公司名称和所在国家给予突出。

图 3-38　日产汽车商标

（3）英菲尼迪品牌及商标。1989 年 11 月 8 日，日产汽车公司的豪华品牌英菲尼迪（Infiniti）在北美首次面世。几年之内，英菲尼迪成为北美豪华车市场最重要的品牌之一。到 2005 年，英菲尼迪在美国的累计销量已经超过了 100 万辆。

英菲尼迪的椭圆形标志（如图 3-39 所示）表现的是一条无限延伸的道路。椭圆曲线代表无限扩张之意，也象征着“全世界”；两条直线代表通往巅峰的道路，象征无尽的发展。英菲尼迪的标志和名称象征着英菲尼迪人的一种永无止境的追求，那就是创造有全球竞争力的真正的豪华车用户体验和最高的客户满意度。

图 3-39　英菲尼迪汽车商标

## 五、标致—雪铁龙汽车公司与品牌

1. 公司简介

自德国人发明汽车后，法国汽车工业的先驱者迅速地制造汽车，完善汽车结构，创建汽车公司。1890 年，法国人勒内·本哈特、埃米尔·拉瓦索和阿尔芒·标致制造了法国第一辆汽车，开了法国汽车工业的先河。1896 年，标致在蒙贝利亚尔省创建了标致汽车公司。

1976 年，标致汽车公司与雪铁龙（CITROEN）汽车公司合作，成立了标致—雪铁龙汽车公司。1980 年，改为标致—雪铁龙集团（PSA），包括标致汽车公司、雪铁龙汽车公司和塔伯特汽车公司，从而成为世界上一家以生产汽车为主，兼营机械加工、运输、金融和服务业的跨国工业集团。公司的总部在法国巴黎。

2. 主要汽车品牌及商标介绍

（1）标致品牌及商标。标致（PEUGEOT）汽车公司主要车型有标致 106、标致 205 GT、标致 309 GR、标致 405、标致 505、标致 407 等，我国引进生产的车型是标致 307 和标致 206。

标致汽车的商标（如图 3-40 所示）是雄狮。雄狮图案是蒙贝利亚尔省创建

图 3-40　标致汽车商标

人标致家族的徽章。据说，标致的祖先曾到美洲探险，在那里见到了令人惊奇的动物——狮子，于是就用狮子作为家族的徽章，后来又成为蒙贝利亚尔省的省徽。雄狮商标最初只用于锯条，1880 年演变为标致公司的唯一商标，目前采用的是前爪伸出做拳击状的立狮图案。雄狮商标既突出了力量，又强调了节奏，富有时代感。喻示着标致汽车像雄狮一样威武、敏捷，永远保持旺盛的生命力。

（2）雪铁龙品牌及商标。1912 年，安德烈·雪铁龙创建了以自己姓氏命名的雪铁龙齿轮公司，1915 年更名为雪铁龙汽车公司。1976 年，并入标致汽车公司，成立了标致—雪铁龙汽车公司。

由于雪铁龙汽车公司的前身是雪铁龙齿轮公司，所以商标（如图 3–41 所示）是人字形齿轮的一对轮齿，象征人们密切合作、同心协力、步步高升。

**图 3–41　雪铁龙汽车商标**

## 六、菲亚特汽车公司与品牌

1. 公司简介

菲亚特汽车公司始建于 1899 年 7 月，公司总部在意大利都灵市，创始人是乔瓦尼·阿涅利。它是世界上第一个生产微型车的汽车厂家，公司全称是意大利都灵汽车制造厂（Fabbrica Italiana di Automobili Torino），菲亚特（FIAT）是该公司缩写的译音。经过一个多世纪的发展，菲亚特汽车公司已成为意大利规模最大的汽车公司，不仅汽车产量占意大利汽车总产量的 90%以上，而且还控制着阿尔法·罗密欧、蓝旗亚、玛莎拉蒂、法拉利等汽车公司。

2014 年 10 月 12 日，菲亚特与美国公司克莱斯勒合并的决议生效。菲亚特并购克莱斯勒 100%的股权。

2. 主要汽车品牌及商标介绍

（1）菲亚特品牌及商标。菲亚特轿车造型紧凑、线条简练、优雅精致、极富动感、充满活力，处处显现拉丁民族热情、浪漫、灵活的风格。所以菲亚特轿车的造型一直引导着世界汽车造型的潮流。

菲亚特的商标（如图 3–42 所示）是圆形图案环绕 FIAT，表示菲亚特汽车公司的成功、荣誉和辉煌。

图 3–42　菲亚特汽车商标

（2）法拉利品牌及商标。法拉利（FERRARI）汽车公司是意大利超级跑车和赛车制造公司，建于 1929 年（最早是赛车俱乐部，即法拉利车队的前身），创始人是恩佐·法拉利，公司总部设在摩德纳，现为菲亚特汽车公司的子公司。

法拉利汽车的标志（如图 3–43 所示）是一匹跃起的马。跃马作为吉祥物，印在车上，能给赛车手带来好运，商标上部的绿、白、红三色是意大利国旗的颜色，而标志底色为公司所在地摩德纳的一种著名金丝雀的颜色。

（3）阿尔法·罗密欧品牌及商标。阿尔法·罗密欧（ALFA ROMEO）汽车公司是意大利高级轿车、跑车和赛车制造商，建于 1910 年，总部设在意大利米兰。1910 年，阿尔法汽车公司在米兰成立，开始生产普通轿车。第一次世界大战中，工程师尼古拉·罗密欧买下了该公司，用于生产军火。战后改为阿尔法·罗密欧汽车公司，生产高级跑车和赛车。1987 年，阿尔法·罗密欧汽车公司并入菲亚特汽车公司之后，提高了技术水平，获得了较快的发展。

图 3–43 法拉利汽车商标

阿尔法·罗密欧汽车公司采用了将“ALFA ROMEO”置于米兰市的圆形市徽(原是维斯康泰家族的徽章)外圈上半部的商标(如图 3–44 所示)，是为了纪念米兰市的创始人维斯康泰公爵及其家族。商标中的十字部分来源于十字军从米兰向外远征的故事，右部分原来是米兰大公的徽章，后来正式成为维斯康泰公爵家徽的一部分，它是一条恶龙正在吞食撒拉逊人的图案。关于该图案有许多传说，其中之一是它象征维斯康泰公爵的祖先曾击退了使该城人民受难的“恶龙”。

图 3–44 阿尔法·罗密欧汽车商标

(4) 玛莎拉蒂品牌及商标。1914 年，玛莎拉蒂（MASERATI）家族的四兄弟创建了玛莎拉蒂汽车公司，主要生产赛车和跑车。目前为菲亚特汽车公司的子公司。

玛莎拉蒂汽车商标（如图 3–45 所示）是一个三叉戟兵器，相传这个兵器是罗马神话中海神纳普丘（在希腊神话中则称为波塞顿）手中的武器，它显示海神巨大无比的威力。该商标表示玛莎拉蒂汽车公司及其汽车，像浩渺无垠的大海咆哮澎湃，隐喻了玛莎拉蒂汽车快速奔驰的潜力。

**图 3–45 玛莎拉蒂汽车商标**

（5）蓝旗亚品牌及商标。蓝旗亚也译成蓝西亚（LANCIA），是菲亚特集团旗下的品牌之一，公司建于 1906 年，创始人是文森佐·蓝旗亚，总部设在意大利工业城市都灵。1969 年菲亚特公司买下了蓝旗亚公司后，专注于高档轿、跑车的生产，其产品在欧美各国受到欢迎。虽然目前蓝旗亚汽车在中国并不多见，但作为意大利一个历史悠久的著名品牌，它在世界豪华车市场仍占有一席之地。

蓝旗亚汽车商标（如图 3–46 所示）具有双重意义，一是取自公司创始人文森佐·蓝旗亚的姓氏；二是“蓝旗亚”在意大利语中解释为“长矛”。骑着高头大马，手持挂旗子的长矛者，便是中世纪意大利骑士的主要特征。最早的商标是在

**图 3–46 蓝旗亚汽车商标**

旗子的后面加上车轮形状的图案，20 世纪 50 年代才把图案置于盾形框架之中。商标以长矛画面为主题，代表了企业不畏艰难的拼搏精神，加上旗帜上的“LANCIA”，简洁地体现了“蓝旗亚”的全部意义。

【任务训练】

查阅相关资料，推荐一个您最喜欢的欧洲汽车企业，介绍企业的发展与企业文化，并对企业拥有的汽车品牌及车型进行评价。

# 任务三　亚洲著名汽车公司与品牌

【任务目标】

了解丰田汽车公司的发展，能识别该公司旗下品牌

了解本田汽车公司的发展，能识别该公司旗下品牌

了解现代汽车集团的发展，能识别该集团旗下品牌

了解上海汽车工业（集团）总公司的发展，能识别该公司旗下品牌

了解中国第一汽车集团公司的发展，能识别该公司旗下品牌

了解东风汽车集团公司的发展，能识别该公司旗下品牌

了解中国长安、北汽、广汽、奇瑞、比亚迪、吉利、长城等汽车公司的发展，能识别各公司旗下品牌

了解印度塔塔汽车公司的发展，能识别该公司旗下品牌

能根据客户的特点有针对性地介绍和推荐亚洲的各种汽车

【相关知识】

亚洲汽车主要以日本、韩国的汽车为代表，其以良好的使用经济性和超高的性价比赢得了广大消费者的喜爱，其中日本的汽车工业起步于 20 世纪 50 年代，1980 年日本汽车工业总产量首次突破 1000 万辆大关，成为继美国之后的世界汽车业霸主。到了 90 年代，随着世界经济重心向亚洲转移，韩国、印度等其他亚

洲国家的汽车工业也进入了迅猛发展的时期。

## 一、丰田汽车公司与品牌

1. 公司简介

丰田（TOYOTA）汽车公司的前身是1933年在丰田自动织布机制作所设立的汽车部，创始人是丰田喜一郎。1937年8月28日，正式独立为丰田汽车工业公司。1982年7月1日，丰田汽车工业公司和丰田汽车销售公司合并为丰田汽车公司，总部设在丰田市。2012年汽车产量为974.8万辆，世界排名第一。

2. 主要汽车品牌及商标介绍

（1）丰田品牌及商标。丰田汽车公司主要生产皇冠（Crown）、卡罗拉（Corolla）、陆地巡洋舰（Land Cruiser）、威驰（Vios）、雷克萨斯（Lexus）等轿车。

20世纪80年代后期，丰田汽车公司图案商标改成3个椭圆（如图3-47所示）。外边的大椭圆表示地球，大椭圆内的一个横向椭圆和一个纵向椭圆构成一个“T”字，是“TOYOTA”的第一个字母，代表丰田汽车公司。商标富有动感，表示丰田汽车公司在世界上永远发展。其内涵正如该公司所解释的：它象征着丰田立足于未来，对未来的信心和雄心；它象征着丰田置身于顾客，对顾客的保证；它象征着丰田技术之高和革新的潜力。

图3-47 丰田汽车商标

（2）皇冠品牌及商标。皇冠是丰田汽车公司生产的一款外形美观、线条流畅、性能优越的中级轿车，该车型于1955年1月销售，畅销世界各地。皇冠是丰田汽车公司的代表车型之一，被称为丰田汽车的旗舰。皇冠汽车的商标（如

图 3-48 所示）是王位的皇冠，它象征着该车型是日本国产车的王者。

图 3-48 皇冠汽车商标

（3）雷克萨斯品牌及商标。雷克萨斯车名是丰田汽车公司花费 3.5 万美元请美国一家起名公司起的，因为雷克萨斯（Lexus）的读音与英文豪华（Luxe）一词相近，使人们联想到该车是豪华轿车。雷克萨斯轿车商标（如图 3-49 所示）采用车名“Lexus”第一个字母 L 的大写，L 的外面用一个椭圆包围着的图案，椭圆代表地球。

图 3-49 雷克萨斯汽车商标

## 二、本田汽车公司与品牌

1. 公司简介

本田（HONDA）汽车公司是世界上最大的摩托车生产厂家，汽车产量和规模也跻身世界十大汽车厂家之列。其前身是本田技术研究所，1948 年由本田宗一郎创建，以姓氏为公司命名。公司总部设在东京，雇员总数达 18 万人左右。现在，本田公司已是一个跨国汽车、摩托车生产销售集团。它的产品除汽车、摩托车外，还有发电机、农机等动力机械产品。

2. 主要汽车品牌及商标介绍

（1）本田品牌及商标。本田商标（如图 3–50 所示）采用“HONDA”的第一个字母 H，周围用方框围着，体现了技术创新、团结向上、经营有力。

图 3–50 本田汽车商标

（2）讴歌品牌及商标。讴歌（Acura）创立于 1986 年，作为本田汽车公司的一款豪华和准豪华车型在美国、加拿大和墨西哥市场销售。讴歌是拼构出来的，“acu”意味着“精确”，体现了该事业部追求“精确”的精神。“Acura”标识中的“A”转化为一个传统的卡钳样式（专门用于精确测量），中间的横杆是为了保持“A”字形，也可以看成是本田商标的一种变形形式（如图 3–51 所示）。

图 3–51 讴歌汽车商标

## 三、现代汽车集团与品牌

1. 公司简介

1967 年 12 月，韩国历史上最富传奇色彩的商业巨子郑周永先生一手创办了现代汽车公司（Hyundai Motor Company），总部位于汉城。建厂初期只是组装美国福特汽车公司的轿车，到 1974 年才开始生产自己的轿车。与全球其他领先的汽车公司相比，现代汽车历史虽短，却浓缩了汽车产业的发展史。它从建立工厂到能够独立自主开发车型仅用了 18 年（1967~1985 年），跻身全球汽车公司 20 强。1998 年收购韩国起亚（KIA）汽车公司，组成现代汽车集团，成为韩国最大的汽车公司，2006 年现代汽车集团在全球汽车公司销售排名第 6 位。

2. 主要汽车品牌及商标介绍

（1）现代品牌及商标。现代汽车公司英文拼写“HYUNDAI”的第一个字母为 H，现代汽车商标（如图 3–52 所示）与日本本田商标区别在于它用的 H 为斜花体，且 H 外边用椭圆包围着，象征现代汽车遍及全球。

**图 3–52　现代汽车商标**

（2）起亚汽车品牌及商标。起亚汽车公司成立于 1944 年，是韩国最早的汽车制造商，现在隶属于现代汽车集团。起亚作为韩国汽车工业的驱动力，为使韩国跻身世界五大汽车生产国家发挥了积极的作用。

起亚的名字，源自汉语，“起”代表起来，“亚”代表在亚洲。因此，起亚的意思就是“起于东方”或“起于亚洲”。源自汉语的名字，代表亚洲崛起的含义。起亚汽车的商标是由白色的椭圆、红色的背景和黑体的“KIA”3 个字母构成，而更改后的商标为亮红的椭圆、白色的背景和红色的“KIA”字样，给人以更加新鲜、更具活力的感觉。

图 3-53 起亚汽车商标

## 四、上海汽车工业（集团）总公司与品牌

1. 公司简介

上海汽车工业（集团）总公司简称“上汽集团”，是中国三大汽车集团之一，20 世纪 50 年代从汽车修配和制造拖拉机起步的上汽集团，主要从事乘用车、商用车和汽车零部件的生产、销售、开发、投资及相关的汽车服务贸易和金融业务。2009 年，上汽集团整车销售超过 270 万辆，成为世界第八大汽车集团。在国内汽车集团排名中继续保持第一位。

上汽集团坚持自主开发与对外合作并举。通过加强与德国大众、美国通用等全球著名汽车公司的战略合作，形成上海通用、上海大众、上汽双龙、上海通用五菱、上海申沃等系列产品。推进自主品牌建设，推出了荣威品牌，逐步形成了合资品牌和自主品牌共同发展的格局。

2. 主要汽车品牌及商标介绍

（1）荣威品牌及商标。荣威（Roewe）是上汽集团于 2006 年 10 月推出的一款汽车品牌，上汽集团以“世界为我所用”的旷世气魄和“创新传承经典”的百年宏愿，基于罗孚（ROVER）75 技术核心，全新演绎英伦品质基因，融入欧洲豪华车技术，自主设计并进行重新命名的中国汽车工业的第一个国际化品牌。可以说，荣威的诞生，既是对百年传奇经典的传承，更是对经典现在和未来的重塑。

荣威的商标（如图 3-54 所示）延续了罗孚的盾形，不过构成元素却已大相径庭。由红、黑、金 3 种中国传统色彩、东方雄狮、华表和“RW”组合，代替了原来维京人的大海船的船首和帆。“荣威”，取意“创新殊荣、威仪四海”。整体结构是一个稳固而坚定的盾形，暗喻其产品可信赖的尊崇品质及上海汽车自主创新、国际化发展的坚强决心与意志。两只站立的东方雄狮，气宇轩昂、凛然而不可冒犯，代表着吉祥、威严、庄重。图案的中间是双狮护卫着的华表。华表是中华文化中的经典图腾符号，不仅蕴含了民族的威仪，同时具有高瞻远瞩，祈福社稷繁荣、和谐发展的寓意。图案下方用现代手法绘成的符号是字母“RW”的融合，是品牌名称的缩写，同时“RW”在古埃及语中亦代表狮子。此外，图案的底部为对称分割的四个红黑色块，暗含着阴阳变化的玄机，代表了求新求变、不断创新与超越的企业意志。

荣威的商标充分体现了经典、尊贵、内蕴的气质，并突出体现了中国传统元素与现代构图形式相融合的创意思路。这与其即将向公众亮相的首款产品风格保持了高度的一致性。

**图 3-54　荣威商标**

（2）名爵（MG）品牌及商标。南京汽车公司的历史始于 1947 年。1958 年 3 月 10 日，南京汽车公司成功地制造出我国第一辆轻型载货汽车，国家命名为跃进牌汽车，同时批准成立南京汽车制造厂。

2005 年 7 月 22 日，南京汽车集团有限公司成功收购了英国名爵罗孚汽车公司及其发动机生产分部，开了中国企业收购国外著名汽车企业的先例。

2007 年 12 月 26 日，上海汽车与南京汽车成功签约合作，资产整合后的新南京汽车成为上海汽车的全资子公司。

名爵全称是“Morris Garages”，是一个源自英国的汽车品牌，公司以生产著名的名爵系列敞篷跑车而闻名。名爵跑车向来以独特的设计、做工精细和性能优良而著称。诞生于1924年，以双门敞篷跑车闻名于汽车界，名爵跑车自诞生以来，就不停地参加各种汽车比赛。可以说，追逐速度、创造纪录的基因深深植根于名爵的血统里，并世代相传，为名爵赢得了数不胜数的辉煌荣耀。名爵一直坚持使用八角形汽车商标（如图3–55所示），并不断地丰富它，让车标本身变得更富内涵、更具热情和忠诚。秉承“愉悦、释放、自由、心跳”的个性。

**图3–55　名爵汽车商标**

名爵汽车商标按照中文字面含义理解，“名”则象征着名扬四海、成就巨大；而爵象征着高贵，同时昭示出一种由岁月积淀而来的深沉与荣耀，代表着产品卓尔不群的品质。两者结合，彰显出一种大气，成功而又高贵，从容而又进取。这样一种精神境界正是当今时代中、高档轿车用户的理想与追求。

（3）五菱品牌及商标。上汽通用五菱汽车股份有限公司（SGMW）是由上海汽车工业（集团）总公司、美国通用汽车公司、柳州五菱汽车有限责任公司三方合作重组的大型企业，其前身为柳州五菱汽车股份有限公司，占地面积79万平方米，拥有员工4000多人。

上汽通用五菱公司在上汽集团、美国通用汽车公司和柳州五菱汽车有限责任公司三方联盟的领导下，充分利用联盟的各方优势资源，引进世界上先进的经营理念和管理系统，全面推进企业业务流程重组和企业内外资源集成整合，坚持简单化、低成本制造方式，打造最广泛的百姓喜爱的微型汽车。产品主要包括微型商务用车、微型厢式客车、微型双排货车、微型单排货车、微型乘用车等五大系列共200多个品种车型。

五菱汽车品牌商标（如图3-56所示）由5个鲜红的菱形组成，形似鲲鹏展翅、雄鹰翱翔。有上升、腾举之势，象征着五菱的事业不断发展。

**图3-56 五菱汽车商标**

## 五、中国第一汽车集团公司与品牌

1. 公司简介

中国第一汽车集团公司简称“中国一汽”或“一汽”，总部位于吉林省长春市，前身是第一汽车制造厂，是新中国汽车工业的摇篮。1953年一汽奠基兴建，1956年建成并投产，1956年7月15日第一批载货汽车下线，毛主席给其命名为“解放”，还亲自书写了“解放”两字，1958年制造出新中国第一辆东风牌小轿车和第一辆红旗牌高级轿车。一汽的建成，开创了中国汽车工业新的历史。

经过50多年的发展，一汽已经成为国内最大的汽车企业集团之一，从生产单一的中型载货汽车，发展成为中、重、轻、微、轿、客多品种、宽系列、全方位的产品系列格局。

2. 主要汽车品牌及商标介绍

（1）一汽品牌及商标。一汽汽车的商标（如图3-57所示）是由阿拉伯数字“1”和汉字“汽”两个字艺术化的组合，构成一只展翅飞翔的雄鹰，商标既表示不断进取、展翅高飞的中国一汽精神，又表示中国汽车工业冲出国门、走向世界的决心。出口的一汽载货汽车在其前面标有“FAW”字样，意为第一汽车制造厂。

图 3–57　一汽汽车商标

（2）红旗品牌及商标。红旗牌轿车在中国是个家喻户晓的名字，“红旗”二字已经远远超出了一个轿车品牌的含义，在国人心里，它有其他品牌所不能替代的位置。红旗轿车是我国领导人的主要用车，红旗品牌的价值就在于它不仅是民族的，更是世界的。

红旗轿车自 20 世纪 60 年代起就成为我国的礼宾用车，堪称中国第一车。一汽最早生产的 CA72 轿车在翼子板一侧标有并排五面小红旗，代表工农商学兵。1958 年，五面红旗的侧标改为三面红旗，代表总路线、“大跃进”、“人民公社”这“三面红旗”。1966 年又将三面红旗改为一面红旗。寓意毛泽东思想的伟大旗帜。后在“文革”中取消，恢复三面小红旗。

现在红旗轿车车头都采用红旗立体车标，如图 3–58 所示，立在发动机盖的前端；红旗汽车的另一平面商标，如图 3–59 所示，是在椭圆中有一带羽毛的“1”，表示“中国第一汽车集团”，该商标镶嵌在散热器的正中，红旗新商标以“第一”的“1”字形为依托，将代表全球的椭圆与“1”字形有机结合起来，构成简洁、流畅、活泼的造型，强调了“第一”的品牌名称及其意义；文字“红

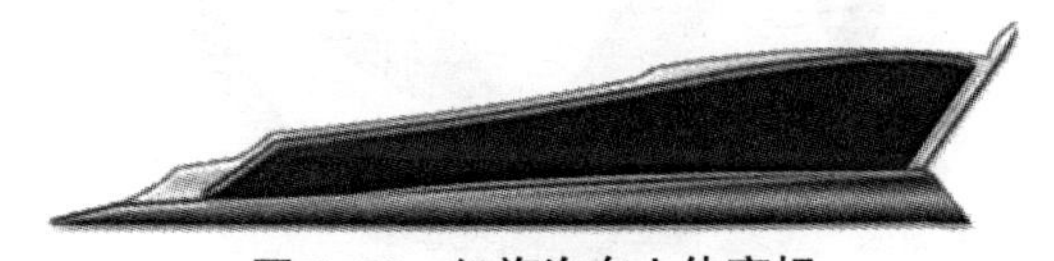

图 3–58　红旗汽车立体商标

图 3–59　红旗汽车平面商标

旗”商标则标注在车尾。

## 六、东风汽车集团公司与品牌

1. 公司简介

东风汽车集团公司（简称东风汽车）总部位于湖北省武汉市，前身是第二汽车制造厂，建于1969年，经过30多年的建设，主营业务涵盖全系列商用车、乘用车、发动机及汽车零部件。在国内汽车细分市场，中重卡、SUV、中客排名第1位，轻卡、轻客排名第2位，轿车排名第3位。2008年公司居中国企业500强第20位，中国制造企业500强第5位。

2. 主要汽车品牌及商标介绍

东风汽车商标如图3–60所示，以艺术变形手法，取燕子凌空飞翔时的剪形尾羽作为图案基础，采用了含蓄的表现手法，主要含义是双燕舞东风。它格调新颖，寓意深远，使人自然联想到东风送暖，春光明媚，神州大地生机盎然的景象，给人以启迪，给人以力量，寓意于双燕之中。戏跃翻飞的春燕，还象征着东风牌汽车车轮不停地旋转，奔驰在祖国大地，冲出亚洲，奔向世界。

图3–60 东风汽车商标

## 七、中国其他汽车公司与品牌

1. 长安汽车集团股份有限公司与品牌

(1) 公司简介。中国长安汽车集团股份有限公司（简称中国长安），其前身可追溯到1862年李鸿章在上海淞江创建的上海洋炮局，先后经上海、苏州、南京再迁移至重庆，距今已有140多年的历史，是中国近代史上第一家工业企业，也是中国最早的兵工厂。20世纪70年代末80年代初，公司积极响应国家军转民的号召，正式进入汽车产业领域，逐步发展壮大。1984年，中国第一辆微车在长安下线。1996年脱离母公司独立，成立了重庆长安汽车股份有限公司。

（2）主要汽车品牌及商标介绍。在整车领域，中国长安汽车集团拥有长安、哈飞、松花江等中国驰名商标。

全新发布的主流乘用车长安汽车商标（如图3–61所示），以“V”为核心创意表现，雄浑刚健的V形，好似飞龙在天，龙首傲立于蓝色地球之上，同时又是成功（Victory）和价值（Value）的首字母，代表着长安汽车致力于打造世界一流企业的战略愿景和为消费者与股东创造价值的企业责任感。刚柔并济的V形，也恰似举起的双手，传递出长安汽车科技创新、关爱永恒的价值追求。

**图3–61　长安乘用车商标**

2. 北京汽车集团有限公司与品牌

（1）公司简介。北京汽车集团有限公司（简称北汽集团），成立于1958年，是中国主要的汽车集团之一，系北京市属大型国有企业集团，总部位于中国首都北京市。

1965年北京汽车制造厂生产了第一辆井冈山牌小轿车，1965年生产了我国第一代轻型军用越野汽车——北京牌BJ212汽车，满足了我军的装备需要。

北汽集团主要从事汽车整车及零部件研发、制造、服务贸易及相关产业投融资等业务，是北京汽车工业的发展规划中心、资本运营中心、产品开发中心和人才培育中心。

（2）主要汽车品牌及商标介绍。北汽集团拥有“北京奔驰”、“北京现代”等合资品牌，及“北京”、“绅宝”、“福田”等自主汽车品牌。

北汽集团新发布的品牌商标（如图 3–62 所示）将 “北”字作为设计的出发点，“北”既象征了中国北京，又代表了北汽集团，体现出企业的地域属性与身份象征。同时，“北”字好似一个欢呼雀跃的人形，表明了“以人为本”是北汽集团永远不变的核心。它传承与发展了北汽集团原有形象，呈现出一种新的活力，表达了北汽集团立足北京、放眼全球的远大目标。标识中的“北”字，犹如两扇打开的大门，它是北京之门、北汽之门、开放之门、未来之门，标志着北汽集团更加市场化、集团化、国际化，与集团全新的品牌口号 “融世界　创未来”相辅相成，表示北汽将以全新的、开放包容的姿态启动新的品牌战略。北汽汽车商标如图 3–63 所示。

**图 3–62　北汽集团商标**

**图 3–63　北汽汽车商标**

3. 广州汽车集团股份有限公司与品牌

（1）公司简介。广州汽车集团股份有限公司（简称广汽集团）是一家大型国有控股股份制企业集团，其前身为于 1997 年 6 月成立的广州汽车集团有限公司。

是中国汽车行业首家在集团层面引入多家合资伙伴，进行改制设立股份公司的企业。广汽集团的主要业务有汽车整车及零部件设计与制造、汽车销售与物流、汽车金融、保险及相关服务，具有独立完整的产、供、销及研发体系。目前集团旗下拥有广汽乘用车、广汽本田、广汽丰田、广汽菲克、广汽三菱、广汽吉奥、广汽中兴、本田（中国）、广汽日野、广汽客车、五羊本田、广汽部件、广汽丰田发动机、上海日野发动机、广汽商贸等数十家知名企业与研发机构。

（2）主要汽车品牌及商标介绍。2010 年，由国内知名品牌咨询与设计公司正邦设计的广汽集团全新标识正式启用。新标识的启用不仅仅是一个视觉符号的诞生，也是对“至精·志广”的全新演绎，更是一个全新世代的开启——“G”时代。全新企业品牌标识“G”，是广汽集团英文缩写“GAC”的首字母，同时新企业品牌标识“G”作为广汽乘用车的产品标识。

2010 年 12 月，首款传祺轿车成功推出市场，广汽传祺是广汽集团的首款自主车型，定位中高端市场。传祺汽车商标与广汽集团标识一致，如图 3-64 所示，变体英文“G”字，外圆象征路路畅通，内延指广汽努力攀登高峰。

**图 3-64　传祺汽车商标**

4. 奇瑞汽车股份有限公司与品牌

（1）公司简介。奇瑞汽车股份有限公司（Chery Automobile Co., Ltd.，简称奇瑞汽车）是一家从事汽车生产的国有控股企业，1997 年 1 月 8 日注册成立，总部位于安徽省芜湖市。公司于 1997 年 3 月 18 日动工建设，1999 年 12 月 18 日第一辆奇瑞轿车下线；以 2010 年 3 月 26 日第 200 万辆汽车下线为标志，奇瑞进入打造国际名牌的新时期。

奇瑞汽车经过十几年的创新发展，始终坚持自主创新，逐步建立了完整的技术和产品研发体系，并打造了艾瑞泽、瑞虎、风云、QQ 和东方之子等一系列在国内家喻户晓的知名产品品牌，而且产品出口到海外 80 余个国家和地区，在全球范围内具备了一定的品牌知名度。现已成为国内最大的集汽车整车、动力总成和关键零部件的研发、试制、生产和销售于一体的自主品牌汽车制造企业以及中国最大的乘用车出口企业。

目前，公司在国内建成了芜湖、大连和鄂尔多斯三大乘用车生产基地，具备年产 90 万辆整车、90 万台发动机及 80 万台变速箱的生产能力。

（2）主要汽车品牌及商标介绍。奇瑞汽车旗下现有奇瑞、瑞麒、威麟和开瑞 4 个子品牌，产品覆盖乘用车、商用车、微型车领域。2012 年，奇瑞汽车战略结构调整，宣布逐渐停用瑞麒和威麟两个子品牌。

奇瑞新商标（如图 3-65 所示）以一个循环椭圆为主体，由 C、A、C 三个字母组成，是奇瑞汽车英文厂名的首字母，中间镶有钻石状立体三角形，主色调的银色代表着质感、科技和未来；钻石形构图，代表了奇瑞汽车对品质的苛求，并以打造钻石般的品质为企业坚持的目标；蓬勃向上的人字形支撑，则代表了奇瑞汽车执着创新、积极乐观、乐于分享的向上能量，支撑起品质、技术、国际化的奇瑞汽车不断前行，同时人字形代表字母 A，喻示奇瑞汽车追求卓越和领先的决心和激情。

**图 3-65　奇瑞汽车商标**

5. 比亚迪股份有限公司与品牌

（1）公司简介。比亚迪股份有限公司（下称比亚迪）创立于 1995 年，公司总部位于中国广东深圳，是一家拥有 IT、汽车及新能源三大产业群的高新技术民营企业。它由 20 多人的规模起步，2003 年成长为全球第二大充电电池生产商，同年组建比亚迪汽车。

比亚迪在广东、北京、陕西、上海等地建有多个生产基地，总面积将近 700 万平方米，并在美国、欧洲、日本、韩国、印度等和中国台湾、中国香港设有分公司或办事处，现员工总数将近 20 万人。汽车产品包括各种高、中、低端系列燃油轿车以及汽车模具、汽车零部件、双模电动汽车及纯电动汽车等。代表车型包括 F3、F3R、F6、F0、G3、G3R、L3/G6、速锐等传统高品质燃油汽车，S8 运动型硬顶敞篷跑车、高端 SUV 车型 S6 和 MPV 车型 M6，以及领先全球的 F3DM、F6DM 双模电动汽车和纯电动汽车 E6 等。

（2）主要汽车品牌及商标介绍。比亚迪在 2007 年已由蓝天白云的老商标换成了只用 3 个字母和 1 个椭圆组成的新商标（如图 3-66 所示），“BYD” 的意思是 “Build Your Dream”，即为成就你的梦想。

图 3-66　比亚迪汽车商标

6. 华晨汽车集团控股有限公司与品牌

（1）公司简介。华晨汽车集团控股有限公司（下称华晨汽车）是 2002 年根据中央决定，经辽宁省政府批准设立的国有独资公司，总部坐落于辽宁省沈阳市，是辽宁汽车工业的龙头企业、中国汽车工业自主品牌的主力军。

华晨汽车旗下拥有 3 个上市公司（华晨中国汽车控股有限公司、上海申华控股股份有限公司、金杯汽车股份有限公司），在国内建成南北两大产销基地、5 个整车生产企业、4 个发动机生产企业和多家零部件生产企业，具备国内少有的整车造型、设计能力、样车制造、整车匹配开发及发动机等核心汽车零部件的设计、开发能力。

（2）主要汽车品牌及商标介绍。企业通过高起点自主创新，打造了 “中华”、“金杯” 两大自主整车品牌以及 “华晨宝马” 合资整车品牌。

1）中华品牌及商标。中华汽车商标（如图 3-67 所示）是由一个 “中” 字和外面围着的一个圆环组成，中字的外形又像一个金杯的形状，这个设计说明现在金杯和中华轿车有着密不可分的联系。

**图 3–67　中华汽车商标**

2）金杯品牌及商标。金杯是华晨汽车所属的金杯汽车股份有限公司控股的国内主要卡车生产厂之一，于 1958 年建厂，具有悠久的发展历史，2002 年由沈阳汽车制造厂重组为沈阳金杯车辆制造有限公司。金杯汽车商标如图 3–68 所示，金杯秉承“汇融天下，精铸金杯，卓越品质，回报社会”的经营理念，为用户提供性能先进、质量可靠、造型美观、经济实用的产品和一流的服务。

**图 3–68　金杯汽车商标**

7. 浙江吉利控股集团有限公司与品牌

（1）公司简介。浙江吉利控股集团有限公司（下称吉利汽车）是一家以汽车及汽车零部件生产经营为主要产业的大型民营企业集团，始建于 1986 年，1997 年进入汽车制造领域，凭借灵活的经营机制和不断的观念创新，快速成长为中国经济型轿车的主力品牌。

浙江吉利控股集团有限公司总部设在浙江省省会杭州市，在临海、宁波、台州、上海建有 4 个专门从事汽车整车和汽车零部件生产的制造基地，现已拥有年产 50 万辆整车、30 万台发动机和 20 万台变速箱的生产能力。

（2）主要汽车品牌及商标介绍。吉利汽车现有的四大子品牌，其分别是上海华普、英伦汽车、帝豪、全球鹰。吉利汽车还控股著名汽车品牌沃尔沃（只是沃尔沃轿车不是沃尔沃集团）。

1）吉利品牌及商标。2014 年 4 月，吉利汽车宣布将帝豪、全球鹰、英伦 3 个子品牌汇聚为统一的吉利品牌，吉利汽车发布了新的品牌 LOGO，在统一的品牌架构下完善产品谱系，增强产品差异化特性，优化渠道资源，加强同消费者的品牌沟通和互动。

吉利品牌新商标（如图 3-69 所示）以帝豪商标为基础，融入了原有吉利商标的蓝色，寓意着吉利品牌集聚既往精华，在演进中获得新生。同时渠道也将相应优化整合，以统一形象和产品组合为消费者提供优质服务。

**图 3-69　吉利汽车商标**

2）华普品牌及商标。上海华普汽车有限公司是吉利控股集团下属企业，专业生产中高档家用轿车。公司始建于 1999 年 8 月，占地面积 630 亩，拥有完整的冲压、焊装、涂装、总装四大工艺生产流水线，具有独立的物流库房、试车跑道及齐备的整车检测线，目前单班年生产各类轿车 25000 辆，在职员工 900 余人。

华普（SMA）是上海华普汽车有限公司“Shanghai Maple Automobile”的英文缩写。华普的商标（如图 3-70 所示）形似枫叶，寓意深远。标徽中心是一片向上的枫叶，象征华普的事业根植于上海枫泾，从这里出发，走向全国，走向世界；中间最高的主叶，象征华普人用户至上的至高理念，左右两片辅叶代表华普汽车以品质为本、以服务为先的经营理念，并以人本务实、诚信共赢理念为支撑，大力弘扬海派文化；蓝色边底，象征华普人海一般的胸怀，吸纳国内外的贤人志士与先进科技，以发达华普、光大华普；双圆像车轮，象征华普人励精图治、创新拼搏，不断追求完美，不断创造新的不朽业绩。

图 3–70　华普汽车商标

3）沃尔沃品牌及商标。1927 年，阿瑟·加布里尔森和古斯塔夫·拉尔森在瑞典哥德堡创建了沃尔沃（VOLVO）汽车公司，也译为富豪汽车公司。1999 年 1 月，福特汽车公司收购了沃尔沃汽车公司的轿车部。2010 年 8 月，中国浙江吉利控股集团有限公司正式完成对沃尔沃品牌 100%的收购，收购内容包括沃尔沃轿车的 9 个系列产品、3 个最新平台、2000 多个全球网络以及相关的人才和重要的供应商体系。沃尔沃净资产超过 15 亿美元，品牌价值接近百亿美元。

沃尔沃商标（如图 3–71 所示）为车轮，并有指向右上方的箭头。“VOLVO”是滚滚向前的意思，寓意沃尔沃汽车的车轮滚滚向前和公司兴旺发达，前途无量。

图 3–71　沃尔沃汽车商标

8. 长城汽车股份有限公司与品牌

（1）公司简介。长城汽车股份有限公司（简称长城汽车）是中国首家在香港H股上市的整车汽车企业、国内规模最大的皮卡SUV专业厂、跨国公司。长城汽车的前身是长城工业公司，是一家集体所有制企业，成立于1984年，公司总部位于河北省保定市。

长城汽车下属控股子公司30余家，产品涵盖SUV、轿车、皮卡三大品类，拥有4个整车生产基地，具备发动机、变速器等核心零部件的自主配套能力。

（2）主要汽车品牌及商标介绍。长城汽车股份有限公司目前旗下拥有哈弗、长城两个品牌。长城汽车新商标（如图3–72所示）的基础造型保持了原长城老商标的椭圆形整体结构，由对放的字母“G”组成“W”造型，“GW”是长城汽车的英文缩写。椭圆是地球的形状，象征着长城汽车不仅要立足于中国，铸造牢不可破的汽车长城的企业目标，更蕴含着长城汽车走向世界，屹立于全球的产业梦想。新商标中间凸起的造型是古老烽火台的仰视象形，烽火台的造型元素更好地保有了“长城”的基因，而挺立的姿态酷似“强有力的剑锋和箭头”，象征着长城汽车蒸蒸日上的活力，寓意长城汽车敢于亮剑、无坚不摧、抢占制高点、永远争第一的企业精神。烽火台呈90度夹角的交接部分微微凸起，硬朗的线条更具立体感，亚光的材料质感细腻而风格内敛，符合长城汽车多年来的企业风格。传承中华五千年文明历程、积淀长城汽车17年心血精华的长城新商标的启用，喻示着长城汽车在国际化之路上迈出了坚实的一大步。

**图3–72　长城汽车商标**

除了上述我们介绍的这些中国汽车企业及品牌外，我国还拥有许多汽车公司及自主汽车品牌，大家可以通过收集相关书籍、查阅相关企业网站等方式进行学习和了解。

## 八、印度塔塔汽车公司与品牌

1. 公司简介

塔塔汽车公司（Tata Motors）是印度塔塔集团下属的子公司，塔塔集团是印度最大的集团公司，创立于 1868 年，总部位于印度孟买。塔塔集团的商业运营涉及 7 个领域：通信和信息技术、工程、材料、服务、能源、消费产品及化工产品。

塔塔汽车公司是印度最大的综合性汽车公司、商用车生产商，成立于 1945 年，全球商用汽车制造商中排名 10 甲之内，年营业额高达 20 亿美元，占有印度市场 59%的份额。其在 1954 年与德国戴姆勒—奔驰进行合作，1969 年能够独立设计出自己的产品。1999 年，塔塔进入乘用车领域，在这一市场的占有率在 20 世纪达到 16%左右。从 20 世纪 60 年代起汽车已出口到欧洲、非洲和亚洲等一些国家和地区。2008 年 3 月 26 日，印度塔塔汽车公司以 23 亿美元现金收购福特汽车旗下捷豹、路虎两大品牌，此次收购内容包含捷豹、路虎两大品牌的组装工厂及所有车型的知识产权。塔塔主要产品包括小型汽车、四驱越野车、公共汽车、中型及重型货车等。

2. 主要汽车品牌及商标介绍

（1）塔塔品牌及商标。塔塔商标（如图 3–73 所示）象征着地球的椭圆形正中耸立着的一把铁锤，它既是“TATA”的第一个大写字母，又象征着塔塔集团在印度工业中举足轻重的地位。

**图 3–73　塔塔汽车商标**

（2）捷豹品牌及商标。捷豹（JAGUAR）汽车公司也称美洲虎汽车公司，建于1935年，创始人是威廉·莱昂斯，总部设在英国的考文垂。该公司曾是美国福特汽车公司的子公司，现属于印度塔塔集团。捷豹跑车是该公司的名牌产品。富有动感和勇猛无比的新美洲虎跑车，在造型上继承了原美洲虎的特点，使新美洲虎更加焕发出新的时代光彩。美洲虎跑车以其雄姿而倾倒众多车迷，受到车迷们的特殊宠爱和垂青。

捷豹目前采用美洲虎雕塑和头像商标（如图3–74所示）。美洲虎是世界最稀有名贵的动物，这也体现了美洲虎汽车公司生产的汽车名贵和其勃勃雄心。

（a）平面商标

（b）立体商标

**图3–74　捷豹汽车商标**

（3）路虎品牌及商标。路虎（Land Rover）是世界著名的英国越野车品牌，自创始以来就始终致力于为其驾驶者提供不断完善的四驱车驾驶体验。在四驱车领域，路虎公司不仅拥有先进的核心技术，而且充满了对四驱车的热情：它是举世公认的权威四驱车革新者。尽管路虎在不断改进产品，但它始终秉承其优良传统就是将公司价值与精益设计完美结合。

路虎曾属于英国罗孚汽车公司，前身是建于1884年的自行车制造厂，1904年开始生产汽车。1966年并入利兰德汽车公司，组成新的路虎汽车公司。1994年被德国宝马公司接管。2000年，又被福特汽车公司收购。2008年，由于金融危机的影响，福特公司急于寻求资金就把其子品牌路虎和捷豹卖给了印度的塔塔集团，不过现在路虎越野车仍然在英国原厂生产。

罗孚是北欧的一个民族，他们勇敢善战，多从事海盗的活动，被誉为海上猛虎。用路虎作为车名表示该公司所生产的汽车像罗孚民族一样勇猛顽强。路虎汽车商标如图3–75所示，就是英文LAND–ROVER。

图 3–75　路虎汽车商标

【任务训练】

查阅相关资料，推荐一个您最喜欢的亚洲汽车企业，介绍企业的发展与企业文化，并对企业拥有的汽车品牌及车型进行评价。

## 【项目小结】

本项目主要介绍世界著名汽车公司及品牌。世界著名的汽车公司有百余家。美国被誉为“车轮上的国家”，有三大汽车公司，即通用、福特、克莱斯勒，它们都是世界著名的汽车公司。通用汽车公司旗下拥有凯迪拉克、别克、雪佛兰、GMC 等著名汽车品牌；福特汽车公司旗下拥有福特、林肯、马自达等著名汽车品牌；克莱斯勒汽车公司拥有克莱斯勒、道奇、吉普等著名汽车品牌。

欧洲是汽车和汽车工业的发源地，欧洲汽车百年精粹，其独特魅力让全球共仰。戴姆勒—奔驰汽车公司旗下拥有迈巴赫、梅赛德斯—奔驰、精灵等著名汽车品牌；宝马汽车公司拥有宝马、迷你和劳斯莱斯等著名汽车品牌；大众汽车集团旗下拥有大众、奥迪、布加迪、宾利、斯柯达、兰博基尼、西亚特、保时捷等著名汽车品牌；雷诺—日产汽车联盟旗下拥有雷诺、日产、英菲尼迪等著名汽车品牌；标致—雪铁龙汽车公司旗下拥有标致、雪铁龙等著名汽车品牌；菲亚特汽车公司旗下拥有菲亚特、法拉利、阿尔法·罗密欧、玛莎拉蒂、蓝旗亚等著名汽车品牌。

亚洲汽车主要以日本、韩国为代表，其以良好的使用经济性和超高的性价比赢得了广大消费者的喜爱。丰田汽车公司是日本最大的汽车公司，2012 年汽车产量世界排名第一，丰田汽车公司旗下拥有丰田、皇冠、雷克萨斯等著名汽车品牌；本田汽车公司旗下拥有本田、讴歌等著名汽车品牌。现代汽车集团是韩国最大的汽车公司，现代汽车旗下拥有现代、起亚等著名汽车品牌。塔塔汽车公司是印度最大的综合性汽车公司、商用车生产商，塔塔汽车公司旗下除拥有塔塔自主品牌外，还收购了世界著名的捷豹、路虎两大汽车品牌。

上汽集团、中国一汽和东风汽车是我国三大汽车集团，是国家重点扶持的汽车企业。上汽集团是国内最大的汽车集团，上汽集团旗下拥有荣威、名爵、五菱等著名汽车品牌；中国一汽是中国汽车工业的摇篮，一汽的建立开创了中国汽车工业新的历史，一汽旗下拥有一汽、红旗等著名汽车品牌；东风汽车旗下拥有东风等著名汽车品牌。另外，中国还有中国长安、北汽集团、广汽集团、奇瑞汽车、比亚迪汽车、华晨汽车、吉利汽车、长城汽车等汽车公司，拥有长安、哈飞、松花江、北京、福田、传祺、奇瑞、比亚迪、中华、金杯、吉利、沃尔沃等著名汽车品牌。

## 【复习与思考】

1. 简述美国三大汽车公司的名称，主要生产的车型。
2. 简述凯迪拉克商标的含义。
3. 1927 年的雪佛兰汽车对通用汽车公司的发展有什么意义？
4. 简述别克商标的含义。
5. 简述福特商标的含义。
6. 简述林肯商标的含义。
7. 简述戴姆勒—奔驰汽车商标的演变过程。
8. 画图说明大众商标的含义。
9. 简述奥迪车名和四连环商标的含义。
10. 奔驰汽车公司主要生产的车型有哪些？

11. 大众汽车公司主要生产的车型有哪些？
12. 宝马汽车公司主要生产了哪些名车？
13. 简述劳斯莱斯汽车商标的含义。
14. 简述宾利汽车商标的含义。
15. 简述标致商标的演变和含义。
16. 简述雪铁龙汽车商标的含义。
17. 简述雷诺汽车商标的含义。
18. 菲亚特汽车公司于何时创建？创始人是谁？
19. 简述阿尔法·罗密欧汽车商标的含义。
20. 简述玛莎拉蒂汽车商标的含义。
21. 简述兰博基尼汽车商标的含义。
22. 简述法拉利跃马商标的故事。
23. 画图说明丰田商标的含义。
24. 写出日本三大汽车公司的名称。
25. 丰田汽车公司主要生产的车型有哪些？
26. 本田汽车公司主要生产的车型有哪些？
27. 现代汽车公司是何时何人创建的？
28. 简述现代汽车商标的含义。
29. 中国的三大汽车集团是什么？
30. 第一汽车集团主要生产哪些汽车品牌？
31. 画出东风汽车商标，并说明含义。
32. 目前东风汽车集团主要生产哪些轿车？
33. 目前上海汽车集团主要生产哪些轿车？
34. 解释我国三大汽车集团的发展历史沿革。
35. 从世界各主要汽车公司的发展历史，您得到什么启示？
36. 上网检索一家汽车公司的企业文化，然后与大家交流。
37. 在以下外文车名后的括号中填上中文车名。

Chevrlet（　　）；　Buick Regal（　　）；　Corvette（　　）；

Lincoln Contineta1（　　）；　Airflow（　　）；　Caravan（　　）；

Cherokee Jeep（　　）；　Mercedes Benz（　　）；

Volkswagen Beetle（　　）；　Polo（　　）；　Bora（　　）；

Peugeot307（　　）；　Xsara（　　）；　Elysee（　　）；

Jaguar（　　）；　Bentler（　　）；　Siena（　　）；

Palio（　　）；　Ferrari2004（　　）；　Vlos（　　）；

Corolia（　　）；　Bluebird（　　）；　Mazda M6（　　）；

Lexus430（　　）；　Pajero（　　）；　Accord（　　）；

Sonata（　　）

# 项目四　汽车与社会

## 学习目标

了解汽车工业对国民经济的影响

知道汽车尾气的成分以及对环境的影响

知道如何控制汽车对环境的污染

了解发生交通事故与交通堵塞的主要原因

能够向客户讲解汽车交通安全技术

了解汽车能源问题

知道汽车节能技术与节能措施

## 学习内容

任务一　汽车与经济发展：汽车工业影响国民经济发展—汽车工业波及范围广—汽车推动科技与社会进步。

任务二　汽车与环境污染：汽车的社会公害—汽车与环境污染—环保技术。

任务三　汽车与交通安全：汽车与交通—汽车安全技术。

任务四　汽车与能源节约：汽车与能源—节能技术。

# 任务一 汽车与经济发展

【任务目标】

了解汽车工业对国民经济的影响

了解汽车涉及的相关产业

【相关知识】

汽车诞生至今100多年，发展迅速，影响深远。汽车工业在世界经济发展中的地位也越来越重要，汽车对社会经济的影响也越来越大。

汽车是一种综合性强、技术含量高、生产批量大的产品，它在国民经济、国防建设、交通环境和人民生活等方面有着十分重要的作用。汽车对人类文明的进步也有着重要的影响，汽车改变着社会形态和人们的生活，影响着人们的学习、工作乃至生活观念、生活方式。汽车工业是资金密集、技术密集、人才密集、综合性强、经济效益高的产业。汽车的制造和应用是衡量一个国家发达水平的重要标志，世界许多国家包括一些工业发达国家都将汽车工业作为国民经济的支柱产业，汽车的研制、生产、销售、营运，与国民经济许多部门息息相关，对社会经济建设和科学技术发展起着重要的推动作用。

## 一、汽车工业影响国民经济发展

汽车产业的产业关联度强，可以带动上、下游许多产业部门的发展，并从整体上展示一个国家和民族在科学技术方面的综合实力，因此它的健康发展关系国民经济的良性循环。

在经济起飞时期，汽车产业往往成为许多国家的领头产业。美国、德国、日本和韩国都曾经历过这个过程。汽车产业为这些国家的经济增长和社会发展起过关键性的作用。发达国家的经验表明，在其工业化过程中，都伴随着汽车工业的高速发展，汽车工业的增长速度远远超过国民经济和其他行业的增长速度。日本在 1955~1970 年，国民经济增长 6 倍，汽车工业产值则增长 57 倍。20 世纪五六十年代，欧洲经济尤其是德国经济强有力的复苏，20 世纪 70 年代日本的崛起，20 世纪 80 年代韩国的成长都在很大程度上得益于汽车产业的发展。

汽车产业作为许多发达国家的支柱产业，联动众多相关产业的发展，并容纳大量的劳动力就业。正是由于作为加速器的汽车产业的强力推进，这些发达国家和发展中国家才得以迅速完成工业化，为进入后工业社会奠定了坚实的物质基础和工业力量。

我国正处在加速工业化进程中，汽车工业对国民经济的发展具有举足轻重的作用。随着我国成为世界汽车产销第一大国，自主品牌汽车能力大幅提高，出口明显加快。汽车产业已经成为我国国民经济重要的支柱产业。

未来，我国汽车行业发展的着力点不在于追求更高的增速，而在于正确处理好增长速度与结构、质量、效益、环境保护等的重大关系，改善和提升产业整体素质，着力提高技术创新能力、国际竞争力和可持续发展能力。

1. 汽车工业创造了巨大产值

汽车既是高价值的产品，又是批量大的产品，因而它能创造很高的产值。早在 20 世纪 30 年代，美国汽车工业就创造了很高的产值，在制造业中名列前茅，占制造业的比重达 10%以上。近年来美国汽车工业年产值达 4000 亿美元以上，德、法、英、意汽车年产值合计约为 4000 亿美元。2010 年，中国汽车工业产生约 1500 亿美元的总产值，其中原配件市场占 790 亿元，国内汽车修理用零配件收入占 210 亿元，汽车出口占 500 亿元。目前，世界汽车工业年总产值达 15000 亿美元以上。这些数字表明，汽车工业为社会经济创造了巨大产值，而且这种贡献是不可替代的。

2. 汽车工业增加了税收

汽车不仅在生产过程中创造巨额税收，在销售、使用过程中也创造巨额税收，而且后者大大高于前者。随着汽车工业的发展，汽车税收在国家总税收中占有越来越大的比重。

根据德国资料显示，历年来汽车生产、销售、使用的税收之和占国家总税收的比重达 23%。如 1995 年汽车产量为 466.7 万辆，销售量为 357 万辆，保有量约 4000 万辆，各种税收包括所得税、销售税、汽车税、保险税、关税、燃油税以及其他税收合计为 1900 亿马克（相当于 1300 亿美元），占国家总税收的 23.4%。

税收是与汽车购买和使用情况挂钩的，税收占整个国民经济总产值的比重非常高。例如，欧盟成员国汽车工业税收总收入在其生产总值（GDP）中占有一定的比例。

根据工信部统计，2010 年我国汽车产业实现工业总产值 4.34 万亿元，占国民经济总产值的 6.13%。汽车行业税收 500 亿元，占全国税收的 13%。

汽车整车产品从生产到使用环节主要经历生产、销售、购买、保有和使用等阶段。我国汽车生产主要涉及的税收有增值税、消费税和关税，销售阶段主要涉及增值税，购买阶段主要涉及车辆购置税，保有和使用阶段主要涉及车船税和燃油税。

假设排量为 2.0L 的一辆新车价格为 10 万元，则整个环节中所要缴纳的税收有：增值税 1.7 万元，消费税 0.5 万元，车辆购置税 1 万元，总计 3.2 万元。另外，每年还要负担车船税 360~660 元不等，这样看来，仅购买环节的税负就达到了 32%，比例还是比较高的。

具体到各个汽车制造企业而言，其缴纳的税费包括企业所得税、增值税、消费税、城市维护建设税、教育费附加和其他小税种以及代扣代缴企业员工的个人所得税。

3. 汽车工业是强大的出口产业

由于汽车生产过程需要强大的资金、技术和人才支持，不是任何国家都有条件发展汽车工业的，其主要集中在少数有条件的国家。但是，世界上所有国家和地区都需要大量的汽车，这就决定了汽车工业必将成为强大的出口产业，是世界制造业中出口创汇最高的产业之一。

从汽车工业诞生之日起，汽车工业就成为出口产业。随着汽车工业的发展，其出口规模越来越大。

20 世纪 40 年代以前，美国汽车工业在世界汽车市场居垄断地位，所生产的汽车销往世界各地，其汽车出口量占世界汽车总出口量比重最高达 90%以上。

20 世纪 50 年代以来，德、英、法、意等国汽车工业得到较大发展，并迅速成为世界上的主要汽车出口国，出口量占产量的比重达到 40%~50%，除大量向欧洲各国出口外，也向欧洲以外的各国出口。

从 20 世纪 60 年代起，日本汽车工业高速发展，出口量也大幅度增长。1980 年日本的汽车出口量近 600 万辆，一跃成为世界上出口汽车最多的国家。

2002 年，世界汽车出口量为 2210 万辆，占汽车总产量的 37%以上。出口量超过百万辆的国家有日本、德国、法国、西班牙、韩国、墨西哥和美国。2004 年，中国汽车出口量为 7.8 万辆。2006 年，中国汽车出口量为 34.3 万辆。2007 年，中国汽车出口量为 61.5 万辆。2009 年，我国汽车出口量为 36.96 万辆。

据中国汽车工业协会发布的数据，虽然 2010 年我国汽车总产量已达 1826.47 万辆，蝉联全球第一，但出口量仅有 54.49 万辆，尚未恢复至 2008 年的水平。出口量仅占总产量的 2.98%，这个比重在全球主要汽车生产国中处于最低水平，不仅无法达到欧洲、日韩等汽车出口大国的水平，甚至不及作为国际车企出口基地的泰国、墨西哥等，也不及印度、巴西等当地市场蓬勃发展的国家。

4. 汽车工业提供了大量的就业机会

汽车工业不仅提供了大量的就业机会，也给众多关联产业提供了大量的就业机会。不仅在汽车生产和使用过程中提供大量的就业机会，且给相关产业带来的就业机会，远比给汽车产业带来的就业机会多。汽车使用过程中提供的就业机会，也远比汽车生产中提供的就业机会多。

汽车制造业对劳动就业的带动效应显著。例如，在美国，汽车主机厂的一个就业机会关联到上下游 11 个就业机会；在我国，汽车主机厂的一个就业机会关联到上下游 24 个就业机会。

在汽车开发、制造、应用直到报废的整个生命周期中，汽车开发制造所占的比例较小，但后市场所占比例约 70%。这就说明，在汽车的终身消费过程中，汽车服务所占有的比例相当大，其所提供的就业机会也是非常多的。

随着我国汽车工业的发展，汽车产量及保有量快速增长，极大地推动了以汽车销售、保险、使用维护、信息、管理等为核心的汽车后市场的发展。汽车的现代化技术及汽车尤其是轿车的普及化，迫切需要越来越多的人才去开发、管理汽车后市场。汽车服务行业可分为汽车销售服务、汽车使用服务、汽车设施服务、汽车专业服务和汽车延伸服务，每项服务又可分为若干环节，如图 4-1 所示。汽车服务系统中的每个环节都可安排多个就业岗位。

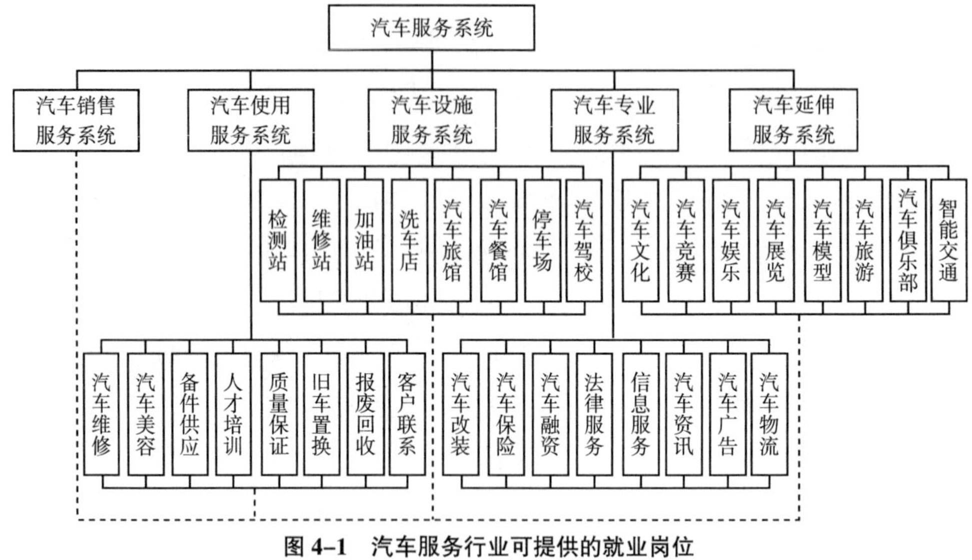


**图 4-1　汽车服务行业可提供的就业岗位**

## 二、汽车工业波及范围广

社会对汽车不断增长的要求，促使汽车工业日益繁荣。一辆汽车有上万个零件，由钢铁、有色金属、塑料、玻璃、橡胶、纺织品、木材、涂料等多种材料制成；应用冶炼、锻压、铸造、机械加工、焊接、装配、涂装等许多工艺技术制成；涉及冶金、机械制造、化工、电子、电力、石油、轻工等部门；汽车的销售和营运还涉及金融、商业、运输、旅游、服务等第三产业。可以断言，没有哪个行业与汽车完全无关，汽车行业是一个关联度非常大的产业。汽车产业自身发展的同时，还可以带动 150 多个上下游产业，从而促进城市经济的发展。

汽车工业的发展无疑会促进多个行业的繁荣兴旺，带动整个国民经济的发展。汽车工业一直是经济利益很高的产业。在发达国家，许多著名的汽车企业举足轻重，在世界 500 强企业的排行榜中均名列前茅，这些国家汽车工业的产值占国民经济总产值的 7%~8%，占机械工业总产值的 30%，其实力足以左右国民经济的动向。因此，世界各个发达国家几乎无一例外地把汽车工业作为国民经济的支柱产业。

汽车工业具有很强的产业关联性。从上游带动效应看，大致包括林业、金属采选业、仪器仪表业、毛皮羽绒及其制品业、普通机械与电气机械制造业。其中，汽车工业直接需求最大的主要是机械制造业、黑色金属冶炼加工业、橡胶制品业、化学原料与制品制造业 4 个行业。我国 20 世纪 90 年代中期关于工业产品投入产出的一项研究表明，汽车行业所需机床约占全国机床销售额的 15%，交通运输耗油占全国汽油消耗量的 80%~90%，柴油约为 20%，并且国内钢材的 3%、橡胶的 30%、轮胎的 40%、钢化玻璃的 45%、工程塑料的 11%、油漆的 10%均被用于汽车产业。随着汽车在我国的快速发展，相关产业的市场空间也越来越大。

从产业的下游推动效应看，汽车产业对公路建设、运输业、金融信贷等服务业具有很大的推动作用。汽车对服务业也有重要的带动作用。在欧美发达国家，购买一辆汽车的价格中，大概有 40%要支付给金融、保险、法律咨询、产业服务、科研设计、广告公司等各种服务业。而随着汽车保有量的增加，汽车工业对下游的带动作用将逐步大于上游。对我国来说，受体制和政策等方面的影响，汽车产业与公路建设、运输业和加油站的关系比较密切，而以汽车消费信贷为代表的汽车金融服务则滞后于汽车产业的发展。以开办汽车信贷最早的工商银行为例，信贷规模增长极为迅速，增长潜力十分大。

有人计算，中国私人汽车每增加 1 万辆，会拉动国民生产总值增长 88.82 亿元，钢产量将增加 14.1 万吨，生铁产量增加 12.3 万吨，原油产量增加 2.03 万吨，玻璃产量将增加 16.7 万重量箱，合成橡胶产量增加 0.1 万吨，轮胎外胎产量增加 13.4 万条，公路里程增加 428.8 千米（如图 4–2 所示）。

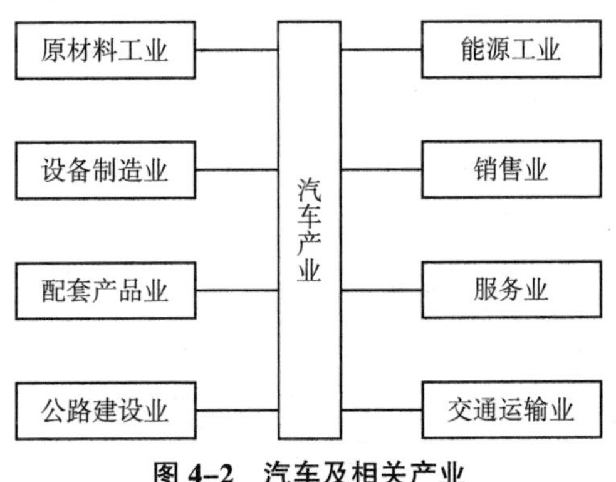


**图 4–2　汽车及相关产业**

此外，汽车工业还具有间接的带动作用，由于汽车使人的出行半径加大，导致城市周边地区房租、房价增加很快，这对经济也具有极大的带动作用。

## 三、汽车推动科技与社会进步

一部汽车的生产，涉及许多行业的产品，汽车的不断发展，也是各行业技术不断发展的结果，回顾历史我们不难发现，汽车的发展史其实就是人类科学技术的进步史。现代汽车上采用了大量的新材料和新结构，特别是应用现代电子技术进行控制操纵，大大提高了汽车的性能。汽车是唯一一种零件以万计，产量以千万计，保有量以亿计的高科技新产品，其巨大的市场潜力，不断产生科技进步的动力。开发汽车的过程，需要集中一大批优秀的科技人才，开展上千项研究工作，应用最先进的理论、最精确的计算技术、最现代化的设计方法和最完善的测试手段。制造汽车的过程，应用了冶炼、铸造、锻压、机械加工、焊接、装配、涂装等领域许多最新工艺技术成果，在工厂中采用数以百计的自动化生产线并且应用了科学的生产管理手段。毫无疑问，汽车是一种高科技产品，足以体现一个社会科学技术的水平。汽车工业的发展，促进了科学技术的繁荣。

汽车是改造世界的机器，它既改变了生产，也改变了生活。汽车作为交通工具，为现代社会提供了便利，缩短了人们交往和运输过程在路上的相对时间。开阔了人们的视野，增加了人们对不同地域的了解，促进了信息交流。汽车的广泛应用，不仅扩大了人们的活动范围，还改变了人们传统的时空观念，且在汽车社会化的进程中，更是直接冲击和改变着人们的行为方式、居住方式、生活方式、休闲方式。汽车的发明使人类的交通方式发生了革命性的变化，促进了城市发展，改变了城市交通落后的面貌，缩小了城乡差距，实现了城市交通现代化。汽车的发展也明显地改变了人们的生活方式，人们的生活空间更加广阔，交流便利，生活半径增大，使人民生活水平不断提高。

总之，汽车进入家庭，正在改变城市乡村结构和经济社会结构，形成一整套新的经济、文化、生活体系，改善人们的生活质量。汽车被称为改变世界的机器、推动社会进步的车轮。

【任务训练】

社会调查：汽车工业对国民经济发展产生的影响。

# 任务二　汽车与环境污染

【任务目标】

知道汽车对环境有哪些危害

知道汽车尾气的成分及对环境的影响

了解汽车噪声的危害

知道如何控制汽车对环境的污染

【相关知识】

汽车，作为现代文明的标志性产物之一，逐渐进入大众消费领域，成为人们的日常交通工具。然而，随着汽车数量越来越多、使用越来越广，当人类享受着汽车带来便利的同时，也伴随着对地球环境的污染和破坏、对能源的无休止利用和开采。汽车污染已经成为一个世界性问题：全球 1/4 以上的城市大气污染源于汽车尾气，引发人类呼吸系统疾病，造成地表空气臭氧含量过高，地球气候恶化，雾霾天气，城市噪声等困扰。这些问题已成为这个时代每个人所必须面临的痛苦，人们将不得不在便捷和环保之间寻求一种恰当的平衡。

## 一、汽车的社会公害

一辆汽车从生产到报废的全过程中，每一个环节都涉及环境问题，至少包括以下几方面：①汽油、柴油或其他汽车燃料涉及的原油开采、原油运输、油品加工、成品油运输等过程涉及的有害气体排放、水污染、土壤污染、空气污染等。②汽车使用材料，如钢铁、塑料、玻璃、橡胶等在开采、制造过程中涉及的有害气体排放、污水排放、土壤污染等。③汽车生产过程中，如零部件制造加工、汽车组装、汽车表面涂装等过程涉及的有害气体排放、水污染、土壤污染等。④汽车在使用过程中产生的有害气体排放、噪声污染等。⑤报废汽车处理及回收过程中涉及的有害气体排放、水污染、土壤污染等。

## 二、汽车与环境污染

随着汽车保有量的快速增长，汽车尾气已成为许多城市大气污染的祸首。汽车对环境的危害主要有 4 个方面：汽车排放（尾气）对大气的污染；噪声对环境的危害；汽车电器设备对无线电通信及电视广播等的电波干扰；汽车废弃物对大气的污染。

### 1. 汽车排放对环境的影响

汽车排放是指从汽车尾气中排出的一氧化碳（CO）、碳氢化合物和氮氧化物（$HC+NO_X$）、二氧化硫（$SO_2$）、微粒和碳烟（PM）等有害气体。它们都是发动机在燃烧做功过程中产生的有害气体。汽车发动机的尾气排放是城市大气污染的主要原因。

据美国环保协会近年统计，燃油汽车排放的一氧化碳占大气中一氧化碳总量的 63%，氮氧化物占大气中氮氧化物总量的 38%，铅化物占大气中铅化物总量的 31%，易挥发的有机化合物占大气中易挥发有机化合物总量的 34%，微粒物占大气中微粒物总量的 20%。

一氧化碳是燃料中的碳在不完全燃烧下所生成的一种无色、无味的气体。一氧化碳被吸入人体后，非常容易和血液中的血红蛋白结合，致使人体缺氧，引起头痛、头晕、呕吐等中毒症状，严重时可能导致死亡。

碳氢化合物是由碳和氢形成的化合物的总称，一般来源于未燃烧燃料、润滑油蒸发，其对人的鼻、眼和呼吸道黏膜有刺激作用，可引起结膜炎、鼻炎、支气管炎等疾病。

$NO_X$（氮氧化物）是汽车发动机汽缸内的氮在高温下被氧化生成的气体，主要成分是一氧化氮（NO）、二氧化氮（$NO_2$）、多氧化氮（$NO_X$）。这些氮氧化物，进入肺泡后能形成亚硝酸和硝酸，对肺组织产生剧烈的刺激作用。亚硝酸盐则能与人体内的血红蛋白结合，形成变性血红蛋白，可在一定程度上导致组织缺氧。

氮氧化物与碳氢化物受阳光中紫外线照射后发生化学反应，形成有毒的光化学烟雾。当光化学烟雾中的光化学氧化剂超过一定浓度时，具有明显的刺激性，能引起急性喘息症，可使人呼吸困难、眼红喉痛、头脑昏沉，造成中毒。

微粒和碳烟是柴油发动机燃料燃烧不完全时的产物，含有大量直径为 0.5~1μm 的黑色碳颗粒，其孔系中往往吸附许多有害物质。

2. 汽车噪声污染

汽车噪声是指人们不需要听到，并希望用一定措施加以控制和消除的声音总称。

(1) 噪声的来源。汽车是一个高速运动的复杂组合式噪声源。汽车发动机和传动系工作时产生的振动、高速行驶中汽车轮胎在地面上的滚动、车身与空气的作用是产生汽车噪声的根本原因。这些噪声有些是被动产生的，有些是主动发生的（如人为按动喇叭）。但是主要来源有两个：一个是发动机，另一个是轮胎，它们都是被动发生的，只要汽车行驶就会产生的噪声。

根据汽车噪声对环境的影响，可将汽车噪声分为车外噪声和车内噪声。车外噪声是指辐射到车外空间的那部分噪声，主要包括发动机噪声、排气系统噪声、风扇噪声、传动系统噪声、轮胎噪声、制动噪声和气动噪声等。车内噪声是指车厢外的汽车各部分噪声通过各种途径传入车内的那部分噪声以及汽车各部分震动传递路径激发车身各部件的结构震动向车厢内辐射的噪声，这些噪声声波在车内空间声学特性的制约下，生成较为复杂的混响声场，从而形成车内噪声（如图 4-3 所示）。汽车隔音的研发人员通过实验发现抑制车辆内部噪声，改善混响声场最有效的方式就是选择性能优异的隔音材料并利用异型吸音槽来缓冲并吸收汽车噪声，从而在止震和隔音的基础上达到最佳的吸音降噪效果。

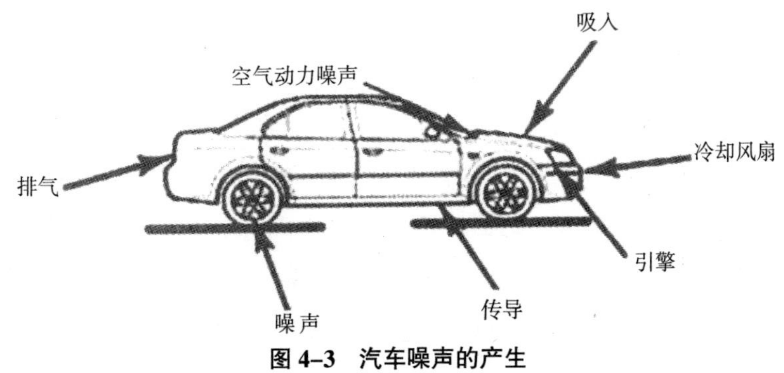


**图 4-3　汽车噪声的产生**

在发动机各种噪声中，发动机表面辐射噪声是主要的。发动机表面辐射噪声由燃烧噪声和机械噪声两大类构成。燃烧噪声是指汽缸燃烧压力通过活塞、连杆、曲轴、缸体等途径向外辐射产生的噪声。机械噪声是指活塞、齿轮、配气机构等运动件之间机械撞击产生的振动噪声。一般情况下，低转速时燃烧噪声占主导地位，高转速时机械噪声占主导地位。两者密切相关，相互影响。

轮胎在路面滚动产生的噪声也是很大的。有关研究表明，不同类型路面对轮胎噪声的影响是不同的，在干燥路面上，当汽车时速达到 100 千米/小时，轮胎噪声成为整车噪声的重要噪声源。而在湿路面上，即使车速低，轮胎噪声也会盖过其他噪声成为最主要的噪声源。

轮胎噪声是由轮胎与路面摩擦所引起的，是构成底盘噪声的主要原因。一般的轮胎噪声主要由三部分组成：一是轮胎花纹间隙的空气流动和轮胎四周空气扰动构成的空气噪声；二是胎体和花纹部分振动引起的轮胎振动噪声；三是路面不平造成的路面噪声。特殊行驶环境下，轮胎还会发出震鸣声和溅水声。轮罩下部的凹凸导致气流分离，也会产生较强的噪声，轮罩内车轮回转的诱起风以及引擎室排出的风噪是轮罩下部噪声的主要来源（如图 4-4 所示）。

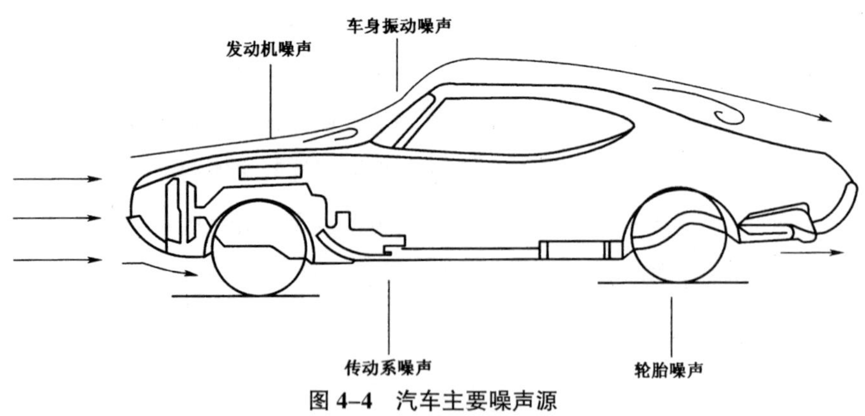

**图 4-4 汽车主要噪声源**

（2）噪声的危害。汽车噪声是汽车的第二公害，它随着汽车发动机功率、速度及汽车流量的增加而增大，约占城市噪声的 75%。噪声污染与大气污染、水源污染不同，噪声污染是局部的、多发性的，其特点是噪声源到受害者的距离很近。以汽车噪声污染范围来看，城市街道和公路干线两侧最为严重。

早在17世纪人们就开始研究噪声，其结果表明噪声确实会危害人类的健康，噪声级别越高，危害性越大。在20世纪50年代后，噪声被公认为是一种严重的公害污染。噪声用分贝（dB）来表示，人耳刚刚能听到的声音是0~10分贝。一般认为40分贝是正常的环境声音，在此以上就是有害的噪声，即便噪声级别较低，如小于80分贝的噪声，虽然不至于直接危害人体的健康，但也会影响和干扰人们的正常活动。

当噪声超过85分贝时，人就会觉得吵闹，无法专心地工作，结果导致工作效率降低，甚至干扰人们的休息。噪声是一种恶性刺激物，会使人血液中的肾上腺素增加，因而引起心率改变和血压升高，同时还刺激脑下垂体和副肾皮质产生内分泌失调。此外，长时间处于噪声环境的人，还会导致胃病和神经官能症。汽车的高噪声不仅会影响周围环境，试验结果也表明：在88分贝时，驾驶员的注意力会下降10%；在90分贝时，下降20%。因此，汽车噪声会使驾驶员工作效率下降，反应时间加长，导致交通事故发生。

3. 温室效应

大气中的主要温室效应气体是二氧化碳和水蒸气，它们能吸收地球表面的红外辐射，并以波长辐射的形式将一部分能量返回，使地面实际损失的能量比其长波辐射放出的能量要少。科研工作者发现，汽车尾气排放物产生的化学反应造成了近地臭氧水平过高。无数行驶在大街小巷的汽车在大量排放有害尾气的同时，也是惊人的活动散热器，它们和空调、冰箱等制冷电器一起不停地“吞能吐热”，使城市的“体温”不断升高。如果大气中二氧化碳的浓度增加一倍，温室效应将造成地球气温上升1.5℃~4.5℃，飓风的能量将增加5%。地球温度的升高还将导致两极冰川的融化及海水的膨胀，海平面随之升高，许多地区将会被淹没，生态环境将遭到严重破坏。国家环保总局的一项报告说，在中国的大雾天气中，汽油造成的污染占79%。全世界空气污染最严重的20个城市中，就有16个在中国。

4. 其他污染

在汽车从生产、使用到废弃的全过程中还会对人和环境造成其他一些危害。摩擦衬片中的石棉是致癌物质，磨损后形成石棉尘浮游在空气中，是城市肺癌增加的主要原因之一。汽油中的苯和芳香烃具有较强的挥发性，长期接触会造成皮肤化脓、呼吸道感染和败血症。空调器中的氟利昂会使大气臭氧层产生“空洞”，一方面会加剧温室效应；另一方面使紫外线辐射增加，不仅破坏地球生态环境，也增加了皮肤癌的发病率。汽车的铅蓄电池平均质量为 11 公斤，其中含铅 6.2 公斤，仅汽车蓄电池用铅就占世界铅需求量的 54.8%，而铅的生产过程和废弃均会对环境造成严重污染。汽车电器设备对无线电通信及电视广播产生电波干扰。废旧汽车的随意处理也会给环境带来很大的危害。

## 三、环保技术

### 1. 汽车尾气排放的控制措施

汽车尾气排放对大气造成的污染，使人们越来越意识到需要对汽车尾气排放的有害物质加以限制。世界各国已相应地制定了汽车尾气污染控制的法规标准，限制汽车排放物。而且随着节能和环保意识的增强，对汽车排放控制的法规标准也将日趋严格。为了适应这些变化，人们研制出许多控制汽车排放的新技术和新装置，这已成为现代汽车生产不可缺少的一部分。

排放控制与汽车的其他各个系统是相互依赖的，其主要有机内控制法和机外控制法。机内控制法是根据有害排放物的生成机理，对发动机及控制系统的原理、结构、材料、工艺、技术进行改造创新，提高燃烧效率，减少有害气体的排放；机外控制法是将汽车有害排放物进行过滤，使其重新进入汽缸燃烧或在排放过程中被氧化、还原，变成无害物质排出，减少排放污染物。以下介绍几种汽车排放控制新技术和新装置。

（1）稀燃技术。稀燃技术就是通过改进燃烧室结构或采用燃料喷射技术与混合气浓度传感技术来稀释混合燃料，从而减少有害物质的排放。

（2）废气再循环装置。废气再循环装置就是根据发动机的不同工况，将废气中的一部分（3%~5%）引入燃烧室，用以降低汽缸的燃烧速度和温度，从而进一步减少多氧氮化物的排放量。

（3）二次空气供给装置。二次空气供给装置是在排气管的上段设置一个反应器，通过空气泵、控制阀、单向阀和喷射管等引入适量的新鲜空气（如图 4–5 所示）。在高温下，使汽车排放的一氧化碳和碳氢化合物在热反应器内继续燃烧

（生成 $H_2O$ 和 $CO_2$），从而进一步减少一氧化碳和碳氢化合物的排放量。有些发动机则向三元催化器提供二次新鲜空气，以使一氧化碳和碳氢化合物在催化器内获得更充分的氧化反应。

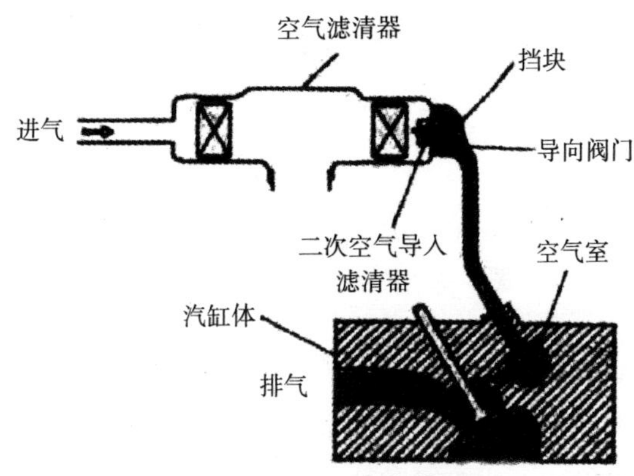


**图 4–5　二次空气供给装置**

（4）三元催化器转换装置。三元催化器转换装置是通过三元催化净化器中的铂、钯等氧化剂，使一氧化碳和碳氢化合物发生氧化反应，生成二氧化碳和水；通过铑等还原剂，使多氧氮化物脱氧，还原成氮气并释放出氧气（如图 4–6 所示）。

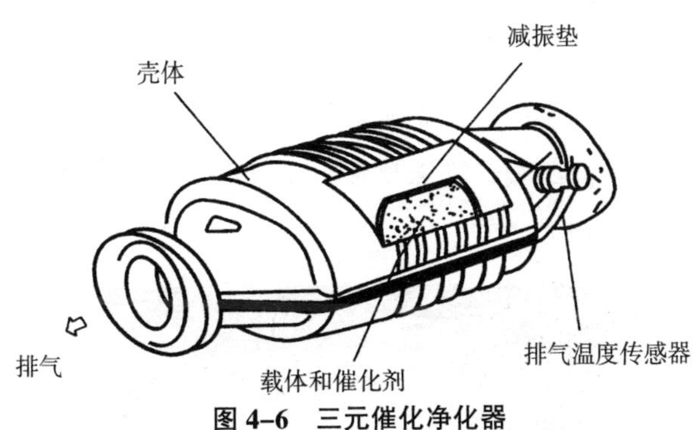


**图 4–6　三元催化净化器**

（5）燃料蒸发排除控制系统。燃料蒸发排除控制系统主要由活性炭罐储存装置、燃油蒸发净化控制装置和燃油箱燃油蒸发控制装置组成（如图 4–7 所示）。

汽油是一种易挥发的液体，在常温下燃油箱经常充满蒸气，燃料蒸发控制系统的作用是将蒸气引入燃烧室并防止其挥发到大气中。当汽车运行或熄火时，燃

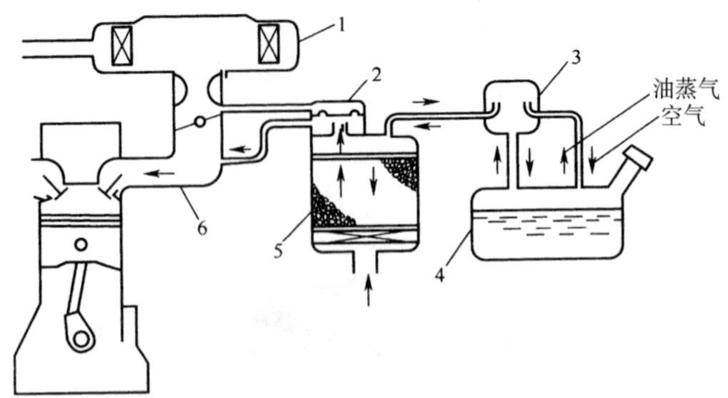


1—空气滤清器；2—控制器；3—储气罐；4—油箱；5—活性炭罐；6—进气管。

**图 4–7　燃料蒸发排除控制系统**

油箱的汽油蒸气通过管路进入活性炭罐的上部，新鲜空气则从活性炭罐下部进入活性炭罐。发动机熄火后，因为活性炭有吸附功能，汽油蒸气与新鲜空气在罐内混合并储存在活性炭罐中，当发动机启动后，装在活性炭罐与进气管之间的燃油蒸发净化装置的电磁阀打开，活性炭罐内的汽油蒸气被吸入进气管参加燃烧。

此外，柴油机上还采用涡轮增压中冷技术、炭粒净化装置等净化排放物。

2. 噪声的控制

(1) 改进汽车技术，降低汽车噪声。在汽车技术方面，首先是对发动机、轮胎和排气消声器等部件进行技术改进，使其能达到降低汽车噪声的目的。其次是对现有的汽车进行专业的吸音、隔音处理。汽车隔音工程主要通过减震、降噪、密封 3 个步骤来完成，在车门、行李舱、汽车底盘、发动机罩和车顶等容易产生噪声的地方，粘贴一种高级吸音泡沫材料，来降低汽车噪声，还可采用降噪轮胎来降低噪声，如图 4–8 所示。

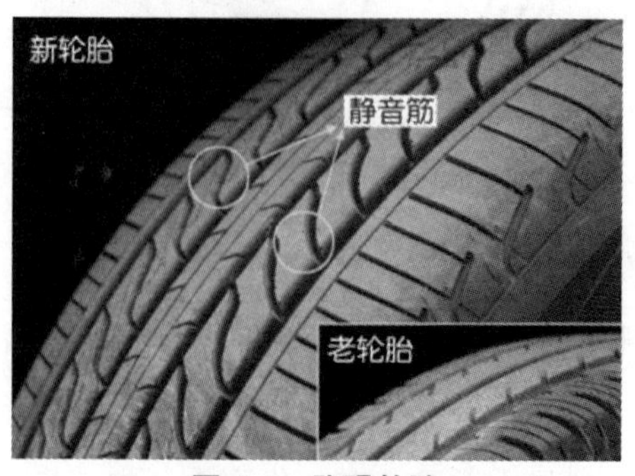


**图 4–8　降噪轮胎**

实际上，汽车噪声的大小能够反映出整车的质量和技术性能的高低。汽车噪声的大小是衡量汽车质量水平的重要指标，因此，降低汽车噪声也是世界汽车工业的一个重要课题。

（2）从道路规划和建设方面控制汽车噪声。可采用构筑声屏障的方式来降低公路交通噪声，声屏障降噪主要是通过声屏障材料对声波进行吸收、反射等一系列物理反应来降低噪声，在屏障的后面形成一个声影区，从而使噪声降低。使用树木及绿化植物形成的绿带，也能有效降低噪声。

另外，采用多空隙沥青路面，又称降噪路面（如图 4–9 所示），可降低噪声。降噪路面是在普通的沥青路面或水泥混凝土路面结构层上铺筑一层具有很高空隙率的沥青混合料，其空隙率通常在 15%至 25%之间，此种路面可降低交通噪声 3~8 分贝。

**图 4–9　降噪路面**

3. 提高汽车尾气排放标准

目前，国外执行的汽车排放标准主要有欧、美、日三大体系，其中欧洲标准测试要求相对而言比较宽泛，是发展中国家大都沿用的汽车尾气排放体系，由于我国的轿车车型大多是从欧洲引进生产技术，所以中国大体上采用欧洲标准体系。

为遏制交通污染，欧盟于 1992 年推行了“欧Ⅰ”汽车尾气排放标准；1996 年实施了“欧Ⅱ”汽车尾气排放限值；2000 年出台了“欧Ⅲ”标准，逐步加大了限制二氧化碳气体排放量的力度。2005 年 1 月，欧盟启用“欧Ⅳ”汽车尾气排放标准，要求各成员国修改相关立法，以税收政策惩罚尾气超标的汽车。根据“欧Ⅳ”标准，柴油发动机汽车尾气排放的颗粒物必须在 25 毫克/千米以内。现在，欧盟已提出更为严格的“欧Ⅴ”标准。

我国根据国情，制定和完善汽车排放法规时广泛参考和借鉴了联合国欧洲经济委员会（ECE）的排放标准。环保总局 2007 年 4 月 27 日公布了相当于“欧Ⅲ”和“欧Ⅳ”的“国Ⅲ”、“国Ⅳ”汽车排放标准，并于 2007 年 7 月 1 日起在全国开始实施。

实际上减少汽车使用量是控制汽车尾气污染的途径之一。因此，应鼓励大力发展公共汽车、地铁、城际铁路等公共交通，以减少汽车的使用量。

**【任务训练】**

通过资料查询和网络搜索，收集汽车公害对环境造成的影响，制作宣传海报。

## 任务三　汽车与交通安全

**【任务目标】**

了解发生交通事故的主要原因

了解引起交通堵塞的原因

能够向客户讲解汽车交通安全技术

**【相关知识】**

汽车从诞生之日起，就一直伴随着交通安全问题。今天，当人类社会充分享受汽车带来的诸多好处的同时，也为此付出了沉重的生命及财产代价。由于汽车车速的不断提高，交通事故、交通堵塞等问题日益严重，交通安全已经成为广泛关注的社会问题。

## 一、汽车与交通

1. 交通事故

交通事故是指车辆在道路上因过错或者意外造成人身伤亡或者财产损失的事件。车辆包括机动车和非机动车，机动车中有各类汽车、摩托车和拖拉机等，是用发动机或电动马达驱动的车辆，非机动车中有畜力车和自行车等；道路是指公路、街道、胡同、里巷、广场、停车场等供公众通行的地方。其中供车辆行驶的为车行道，供人通行的为人行道。与道路成为一体的桥梁、隧道、轮渡设施以及作业道路用的电梯等都包括在“道路”中，作为道路附属设施。

据官方统计，2008 年全球交通事故死亡人数达到 40 多万。我国是人口大国，也是汽车消费大国，交通事故死亡人数一直居全球首位，平均每天有上百人丧生于车祸。目前，各国都在努力降低交通事故的伤亡率，并且已经取得了显著效果。为解决汽车交通安全问题，在 21 世纪许多先进技术将被引入汽车的安全设计。

（1）交通事故的原因分析。汽车是一种高速行驶的交通工具，本身又具有较大的质量，行驶中如果控制不当，很容易造成包括驾驶员在内的人员伤亡和财产损失。具体有以下一些原因：

1）违章驾驶。违章驾驶是引起交通事故的核心因素，违章驾驶的种类多种多样，超速、超载、不按交通规则行车等都是交通事故的起因。

2）驾驶员思想麻痹。酒后驾驶、疲劳驾驶、无证驾驶或者在驾驶途中注意力分散等往往会引起严重的交通事故。

3）行人违章、行人不遵守交通法规也是引起交通事故的主要原因之一。

4）机动车机械失灵。机动车机械失灵是指车况老旧致使操纵不灵活、刹车片老化导致制动失灵等因素引起的交通事故。

5）道路、环境因素。在雨雪道路、环境恶劣的路面或者能见度低，机动车难以操纵，容易引起交通事故。

（2）道路交通事故等级划分。道路交通事故等级划分标准是事故处理和统计工作中要涉及的一个重要问题。国务院发布的《道路交通事故处理办法》第 6 条规定："根据人身伤亡或者财产损失的程度和数额，交通事故分为轻微事故、一般事故、重大事故和特大事故。具体标准由公安部制定。"道路交通事故分为以下4类：

1）轻微事故。轻微事故是指一次造成轻伤1~2人，或者财产损失机动车事故不足1000元，非机动车事故不足200元的事故。

2）一般事故。一般事故是指一次造成重伤1~2人，或者轻伤3人以上，或者财产损失不足3万元的事故。

3）重大事故。重大事故是指一次造成死亡1~2人，或者重伤3人以上10人以下，或者财产损失3万元以上不足6万元的事故。

4）特大事故。特大事故是指一次造成死亡3人以上，或者重伤11人以上，或者死亡1人，同时重伤8人以上，或者死亡2人，同时重伤5人以上，或者财产损失6万元以上的事故。

（3）交通事故的预防。从交通事故的起因分析，为避免交通事故的发生，安全工作的重点应以预防为主。应采取有效的预防措施，把交通事故率降到最低。

1）提高机动车驾驶员的素质。根据科学统计，在道路交通事故中，驾驶员的因素占70%以上，而超载、无证驾驶、酒后驾驶、疲劳驾驶、超速是我国的五大交通杀手。由此可见，要想减少交通事故的发生，首先要加强驾驶员的安全意识。提高机动车驾驶员自身的素质。

2）加大道路交通安全法的全民教育力度。要加强对行人的安全素质教育，只有提高全民素质，人人遵守交通规则，才能够真正预防交通事故。

3）强化道路交通工作的科学管理。

4）大力发展其他运输形式。

5）提高汽车的安全性。

2. 交通堵塞

汽车的诞生开辟了人类交通发展的新纪元。汽车改变了人们的生活方式，极大地扩展了人们的活动空间，加快了人们的生活节奏，提高了人们的生活品质，汽车已经成为当代文明与经济社会发展的重要标志。但是随着汽车保有量的急剧增加，导致道路交通堵塞，道路交通状况日益恶化。在全国范围内，保守的估计交通堵塞造成的经济损失每年至少有1000亿元人民币。

目前，造成我国城市道路拥挤、堵塞的原因主要有：交通参与者的交通观念和安全意识不强，导致交通违法现象频繁出现；城市布局和基础建设不完善，如违章建筑杂乱无章、街道摆摊设点和建筑设计错误等；交通模式和管理手段以及交通结构发展失衡也对道路交通产生了不利的影响。

为了有效地解决交通拥堵问题，人们进行了大量的研究工作。人们将计算机技术、信息技术、通信技术和电子控制技术与车辆、道路和使用者紧密地结合起来，建立智能运输系统，对有效解决交通拥堵，交通事故的应急处理、环境保护和节约能源等都有显著效果。

智能运输系统（Intelligent Transportation System，ITS），是将先进的信息技术、计算机技术、数据通信技术、传感器技术、电子控制技术、自动控制技术、运筹学、人工智能等学科综合运用于交通运输、服务控制和车辆制造，加强了车辆、道路和使用者之间的联系，从而形成一种定时、准确、高效的综合运输系统。智能运输系统主要由5个子系统构成：先进的交通信息系统、先进的交通管理系统、先进的车辆系统、先进的公共运输系统、商业车辆运营系统。智能运输系统的研究已走过30多年的历程，美国、欧洲和日本已成为世界智能运输系统的三大基地。

## 二、汽车安全技术

为了保障汽车的安全性能，减少交通事故的发生，世界各国除制定相关的交通安全法规、加强公路设计与交通管理外，各种汽车安全技术也在汽车上得到广泛应用。同时交通拥堵、交通事故、人们的安全意识的提高也促进了这些技术的进一步发展，从而不断提高汽车的安全性能。

汽车的安全性可分为主动安全性和被动安全性两个方面。主动安全性措施可提高汽车回避事故的能力，例如改善驾驶员的视认性和操作条件，改善灯光照明，提高轮胎性能、制动性能和操纵稳定性，采用车载微波雷达（或激光雷达）和计算机对汽车自动操纵等；被动安全性措施可减轻事故的后果，例如改善保险杠和车身防撞结构，采用安全带、安全气囊、安全玻璃、吸能转向系统等防护装置。常见的汽车安全防护装置及安全技术如下：

1. 主动安全技术

（1）防抱死制动系统。防抱死制动系统（Anti-lock Braking System，ABS）是汽车上的一种主动安全装置，其作用是在汽车制动时，自动调节制动力的大小，避免车轮完全抱死在路面上产生滑拖，使车轮处于边滚边滑的状态，以保证车轮与地面间有最好的附着状态，从而缩短制动距离，提高汽车制动过程中的方向稳定性及转向操纵能力，使汽车制动更为安全有效。

（2）电子制动力分配系统。电子制动力分配系统（Electronic Braking Distribution，EBD）能够根据汽车制动时产生轴荷转移不同，而自动调节前、后轴的制动力分配比例，提高制动效能（在一定程度上可以缩短制动距离），并配合防抱死制动系统提高制动稳定性。汽车制动时，如果 4 只轮胎附着地面的条件不同，比如，左侧轮附着在湿滑路面，而右侧轮附着于干燥路面，4 个轮子与地面的摩擦力不同，在制动时（4 个轮子的制动力相同）就容易产生打滑、倾斜和侧翻等现象。电子制动力分配系统实际上是防抱死制动系统的辅助功能，就是在汽车制动的瞬间，高速计算出 4 个轮胎由于附着不同而导致的摩擦力数值，然后调整制动装置，使其按照设定的程序在运动中高速调整，平衡每一个车轮的有效地面抓地力，达到制动力与摩擦力（牵引力）的匹配，可以防止出现甩尾和侧移，以保证车辆的平稳和安全。

（3）驱动防滑转电子控制系统。汽车驱动防滑转电子控制（Acceleration Slip Regulation，ASR）系统又称为牵引力控制（Traction Regulation Control，TRC）系统，其作用是防止汽车在起步、加速过程中驱动轮打滑，特别是防止汽车在非对称路面或转弯时驱动轮空转。它是继汽车防抱死制动系统之后应用于车轮防滑控制的电子控制系统。汽车行驶时，驱动力主要取决于发动机的转矩，同时又受到驱动轮附着力的限制，而附着力的大小又取决于路面的附着系数。对于雨雪、湿滑的路面，发动机过大的输出转矩将会引起驱动轮打滑，使车辆行驶稳定性和操控性受影响。同样，汽车在起步、加速时也容易出现驱动轮打滑的现象，发动机转矩再大也发挥不了作用。而配备了加速防滑系统就可有效地避免这些问题的出现（如图 4-10 所示）。

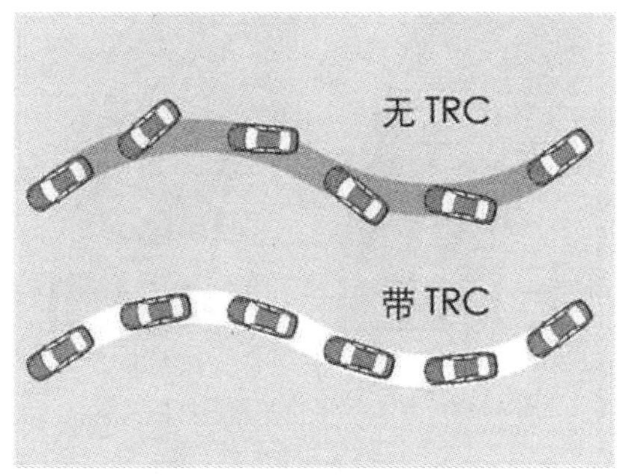


**图 4–10 TRC 原理示意图**

驱动防滑转电子控制系统是防抱死制动系统的升级版，通常将驱动防滑转电子控制系统与防抱死制动系统组合成一体，构成具有制动防抱死和驱动防滑转功能的防滑控制（ABS/ASR）系统。

有的高档车还特别配备了车辆稳定控制系统（VSC）/牵引力控制系统（TRC），当车辆急转弯或在易滑路面转弯时，传感器能立即检测到车辆侧滑。此时，车辆稳定控制系统将确保车辆稳定性，而牵引力控制系统则有助于在起步和加速时，保持操纵稳定性，让你能轻易地面对特殊路况，安全驾驶。

（4）电子稳定程序。电子稳定程序（Electronic Stability Program，ESP）是在防抱死制动系统及驱动防滑转电子控制系统这两种系统功能上延伸的安全技术。电子稳定程序一般需要安装转向传感器、车轮传感器、侧滑传感器、横向加速度传感器等。电子稳定程序是一种能识别汽车的非稳定行驶状态，并进行自动修正的安全系统。这一组系统通常用来支援防抱死制动系统及驱动防滑转电子控制系统的功能。它通过分析各传感器传来的车辆行驶状态信息，向防抱死制动系统、驱动防滑转电子控制系统发出纠偏指令，来帮助车辆维持动态平衡。电子稳定程序可以监控汽车行驶状态，并自动向一个或多个车轮施加制动力，以保持车子在正常的车道上运行，甚至在某些情况下可以进行每秒 150 次的制动。电子稳定程序可以使车辆在各种状况下保持最佳的稳定性，在转向过度或转向不足的情形下效果更加明显（如图 4–11 所示）。

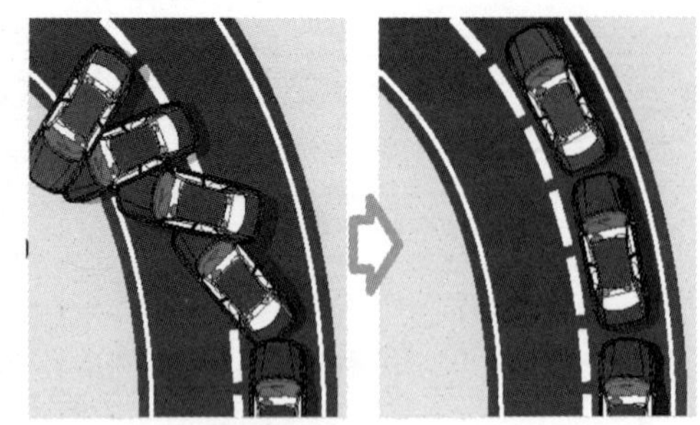

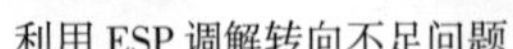

利用 ESP 调解转向不足问题　　　　利用 ESP 调解转向过度问题

**图 4–11　有无 ESP 汽车转向时的比较**

（5）防碰撞系统。防碰撞系统在车辆车距过小，甚至有可能发生碰撞时，将自动通过增加制动力度等方式降低车速，防止发生碰撞。

（6）盲点预警系统。由汽车前挡风玻璃左右侧两柱造成的视觉盲点很容易引起交通事故。配备盲点预警系统（配备简单的天线、计算机芯片和全球定位系统等车载通信设备）的汽车可以敏锐感知几百米范围内其他车辆的位置，从而有效降低交通事故发生的概率。

（7）轮胎压力监控预警系统。轮胎的使用状况直接影响汽车安全性，轻者导致爆胎，重者导致车辆失控，造成重大交通事故。当轮胎压力过低时，轮胎压力监控预警系统能发出警示，提醒司机及时充气。

（8）防侧翻安全系统。汽车侧翻造成的车内人员伤亡率很高。防侧翻安全系统利用先进的侧面气囊和传感器来防止乘员在翻倾事故中被甩出。这些侧面气囊将从顶棚展开，覆盖侧窗玻璃的大部分。当监测汽车侧倾率和加速度的传感器确认马上就要侧翻时，便触发此气囊。新的气囊技术使气囊可保持充气 6 秒，以便在较长时间的翻倾中提供连续的覆盖保护。

（9）自动刹车碰撞警示系统。如果与前车距离太近，意识到追尾危险时，汽车会发出警报，提醒你采取行动，如果你开小差，碰撞事故即将发生时，汽车会自动启动制动系统，帮你刹车，减少或避免交通事故的发生，这就是自动刹车碰撞警示系统（Collision Warning with Auto Brake，CWAB）技术。

（10）自适应巡航控制系统。自适应巡航控制系统（Adaptive Cruise Control System，ACCS）可大大降低驾驶者的驾车强度和提高驾车安全性，特别适合在那些交通流量不稳定的道路上使用。ACCS通过雷达反馈回来的信息，及时自动调整车速来保证与前车足够的安全距离。驾驶者只需简单地设定一下最高巡航速度和与前车的间隔时间，即可安心享受安全的旅程。当雷达发现前车的速度减慢时，会自动调整车速以保持相应的安全车距。

(11) 驾驶员警示控制系统。无论黑夜还是白天，当车辆进入容易使司机进入放松状态的笔直、平坦的道路以及容易使司机分神和打盹的环境时，驾驶员警示控制系统（Driver Alert Control System，DAC）通过监测车辆在行驶中出现的种种信息，适时向注意力分散的驾驶者发出警示，提醒驾驶者谨慎驾驶，避免或减少疲劳驾驶事故的发生。

2. 被动安全技术

(1) 汽车座椅安全带。三点式安全带（如图4-12所示）至今仍然是主要的被动安全措施。无论是在正面、侧面、追尾碰撞及翻滚中所起的作用都很大。一旦发生紧急情况，三点式安全带会迅速拉紧锁死，保证司乘人员的安全。

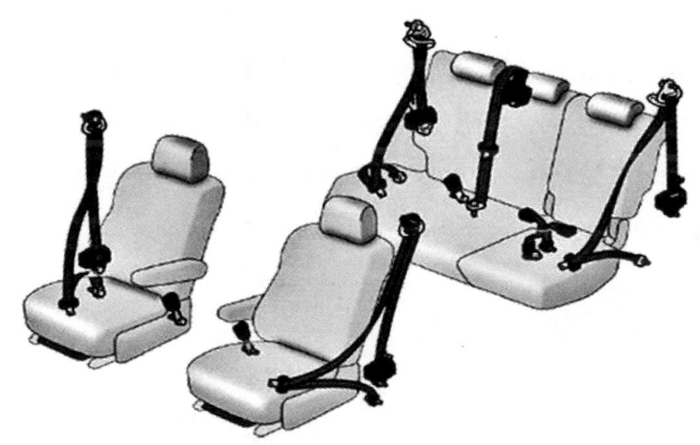

**图4-12　三点式安全带**

(2) 安全气囊。在碰撞发生的瞬间，安装在汽车前端的碰撞传感器就会检测到汽车的急减速信号，并将此信号传递到汽车的电脑上。电脑预先设置的程序经过数学计算机逻辑判断后，立即向气囊组件内的点火器发出点火指令，引爆电雷管。点火剂受热爆炸后，迅速产生大量热量。充气剂受热分解释放出大量氮气充入气囊，从而对相关人员起到安全保护作用。当前，安全气囊已成为汽车被动安全的有效手段，其分为内、外部安全气囊两类。

（3）吸能转向柱。在转向柱上设置能量吸收装置，当汽车紧急制动或发生撞车事故时，吸收冲击能量，减轻或防止冲击对驾驶员的伤害。一些汽车装设了可调节式转向柱，使驾驶员可以在一定的范围内调节转向盘的位置。调节的形式包括倾斜角度调节和轴向位置调节两种，以适应驾车者的不同身高。2005 年，福特汽车公司制造出一种新的转向柱，它可以依据一些标准来变换吸附的等级，如是否使用了安全带、乘员重量和撞击严重程度等。

（4）保险杠。保险杠是安装在汽车前部或后部，用以在碰撞发生时吸收能量、减轻车身损伤的部件。保险杠最初以钢材制成，后来逐渐采用橡胶、塑料或其他轻质金属材料。除保险杠外，一些汽车，如货车、越野车还在前后方加装防护架以进一步避免碰撞损伤。

一些国家的交通安全法要求汽车必须装有保险杠，并对保险杠高度进行明确规定。这是为了保证车身高度各不相同的汽车在碰撞时的安全性，使小型车不至于冲入大型车下方。

（5）“GOA”安全车身。为了在汽车发生碰撞时更好地保护车内乘员，轿车车身的前后均设有变形区，以便在发生碰撞时，轿车车身的变形能够按照预先设计的方向逐渐变形（如图 4–13 所示），从而减小传递到乘员室及对乘员身体的冲击，减小乘员室的变形，保障车内乘员安全。

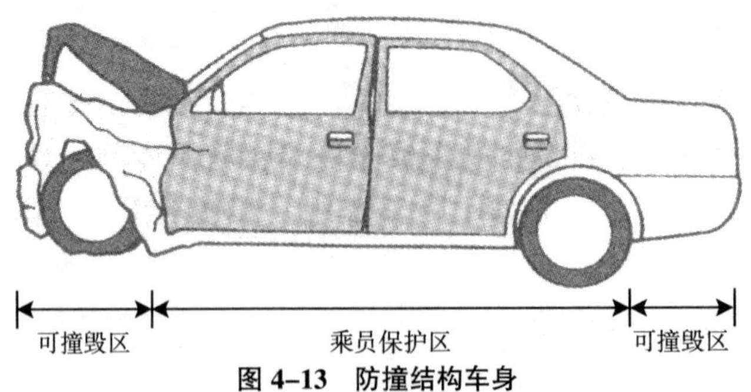


**图 4–13 防撞结构车身**

GOA 是世界顶级水平安全设计（Global Outstanding Assessment）的缩写，是丰田公司的设计专利。位于车前后的可伸缩车体，不仅能应对撞击事故，还能全方位加强对乘员室的防护，缓和二次撞击，利于驾驶员逃生或被救。世界顶级水平安全设计车身安全性高的另一个原因是在撞击时能有效将撞击力分散至全车各部位，并以能量吸收材质与多处强化钢梁保护乘员室空间，再搭配防抱死制动系统、安全气囊等多项防护措施，充分体现了对生命的尊重。

（6）乘员头颈保护系统。乘员头颈保护系统（Whiplash Protection System，WHIPS）一般设于前排座椅。当轿车受到后部的撞击时，头颈保护系统会迅速充气膨胀起来，乘坐者的整个背部和靠背安稳地贴在一起，座椅的椅背和头枕会向后水平移动，使身体的上部和头部得到轻柔、均衡的支撑与保护，以减小脊椎以及颈部所承受的冲击力，并防止头部向后甩所带来的伤害，同时整个靠背会随乘坐者一起后倾，最大限度地降低头部向前甩的力量。

（7）汽车安全玻璃。汽车玻璃必须满足以下安全因素：良好的视线、足够的强度、意外事故时对乘员起到保护作用。常见的汽车玻璃有：调质玻璃、局部调质玻璃、层压玻璃。调质玻璃是将普通玻璃加热、淬火而成，使其内部存有内应力，这种内应力使玻璃具有很高的抵抗物理冲击的能力，这种抵抗力比普通玻璃高出 4 倍，当受到强大冲击时，将碎成粒状，不致对人体产生伤害。由于经过了热处理，玻璃的耐温度变化能力增强，一块 5 毫米厚的普通玻璃，当温差大于 70℃时就会破裂，而一块调质玻璃则约能承受 170℃的温差。局部调质玻璃是调质玻璃的一种，与调质玻璃一样坚固，是开发用来制造风窗玻璃的，当它破裂时，会形成特殊形状和大小的碎片，给驾驶员提供一些能见度和额外的安全。层压玻璃是由两块普通玻璃胶合而成的，中间夹有一层薄膜，经强力胶压制而成。在破裂时中间夹薄膜可以防止石块或其他飞掷物件穿透到另一面，也能防止碎玻璃飞溅。层压玻璃可以保证驾驶所需的最小能见度。

3. 行人安全保护

行人安全这一概念在 20 世纪 60 年代由美国提出，到了 20 世纪 90 年代末开始在欧洲大幅度推广，但根据交通安全 3E 理论（工程、教育、法规），创造行人保护具备的客观条件是先决因素之一，于是关于行人保护的工程就成为了厂商不得不面对的问题。

在一起标准的汽车与行人碰撞事故（如图 4-14 所示）中，行人的小腿、膝盖、骨盆、胸部和头部，是最常见的受伤区域。目前流行的降低受伤的方法是降低保险杠高度，降低保险杠硬度（尤其是左右边缘），减缓发动机罩前沿坡度，降低发动机罩强度，减少行人与翼子板区域的接触，尽量避免行人头部与风窗玻璃边缘接触，同时尽量保证头部与风窗玻璃中部接触。

**图 4–14　汽车与行人碰撞事故**

行人安全保护的车辆装置可分为三大类：一是发动机罩机械系统；二是行人安全气囊系统；三是智能行人安全保护系统。

(1) 发动机罩机械系统。发动机罩机械系统能够在汽车发生碰撞时迅速鼓起，使得撞击而来的人体不是硬碰硬，而是碰撞在柔性与圆滑的表面上，减少了被撞者受伤的可能。研究表明，如果发动机、电池和其他部件有宽裕的空间，发动机罩在碰撞过程中能开启，这时对行人造成的伤害就会明显减少；若发动机罩的前端可以向后移动，那么撞击造成的损伤就可大大降低；在保险杠硬度降低1/3、下钝边尽可能低的情况下，还可减缓对膝部造成的损伤。

(2) 行人安全气囊系统。行人保护安全气囊能进一步避免人体在猛烈撞击前风窗玻璃时行人与车内乘员受到更大伤害。福特汽车公司的行人安全车采用了两种可在碰撞中对行人进行保护的新颖安全气囊：一是发动机罩气囊，二是前围安全气囊，两者配合使用可减少行人伤亡事故。

发动机罩气囊在保险杠上方紧靠保险杠处开始展开，碰撞前由一个碰撞预警传感器激发，50~75 微秒内完成充气，保持充气状态时间可达数秒钟。充气后的安全气囊在前照灯之间的部位展开，由保险杠顶面向上伸展到发动机罩表面以上。

前围气囊系统的作用是提供二次碰撞保护，防止行人被甩到发动机罩后再被前窗底部碰伤。该系统包括两个气囊，各由汽车中心线向一侧的 A 柱延伸，气囊由传感器探测到行人与保险杠发生初始碰撞后触发。在行人翻到发动机罩上滚向前窗的这段时间，气囊完成充气，两个气囊沿前窗底部将左右 A 柱之间的汽车宽度完全覆盖，不仅能盖住前窗玻璃底部，还可盖住刮水器摆轴与发动机罩支座等致命“硬点”，但不会完全封住驾驶员视线。

（3）智能行人保护系统。智能行人保护系统（Intelligent Pedestrian Protection System，IPPS），首先由传感器检测乘用车与行人发生碰撞，然后由执行器引发保护措施，如抬高发动机罩，使发动机盖与坚硬的发动机体之间有更大的空间，形成更大的变形缓冲区，以有效保护行人（如图 4–15 所示）。

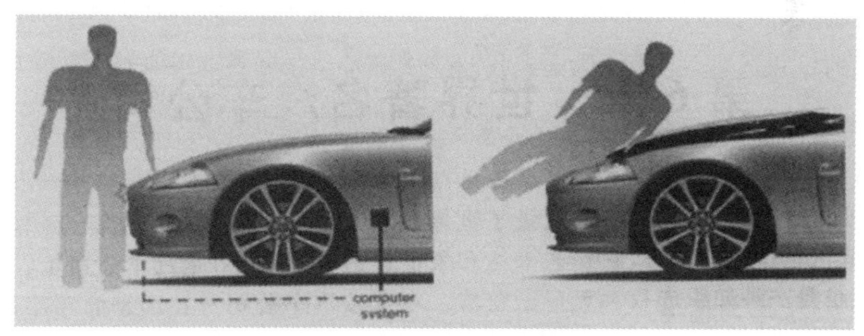


**图 4–15　智能行人保护系统**

汽车的主动、被动与行人安全防护技术的使用，在一定程度上保障了汽车的行驶安全。

## 【任务训练】

组织一次关于“交通安全”方面的知识竞赛，通过竞赛，提高学生的交通安全意识。

# 任务四　汽车与能源节约

【任务目标】

了解汽车能源问题

知道汽车节能技术与节能措施

【相关知识】

能源消耗的迅速增加，是社会生产力发展和人类物质生活水平不断提高的标志，但同时也使我们面临着能源枯竭的困境。在地下经历数百万年甚至数千万年才形成的煤和石油，总有一天会被我们采尽掘光。在世界常规能源中，除煤炭因储量较多尚可维持较长时间外，目前已探明的石油储量仅够开采 40 年，天然气仅够开采 50 年。节约能源已成为人们的一种共识，也成为汽车技术发展的永恒课题。

## 一、汽车与能源

在目前及今后相当长的一段时间里，绝大部分汽车都是靠燃烧各种矿物燃料驱动的。随着汽车保有量的快速增加、燃油消耗的快速增长，世界原油储备不断下降。现代社会对石油的依赖，一半是由于技术的局限，无法大规模应用新能源；一半由于人类的惰性，石油开采、冶炼技术已经十分成熟，影响到新能源研发的积极性。由于使用新能源汽车成本居高不下，即使国家在政策上给予了优惠，也无法完全同传统动力汽车竞争。

据不完全统计，全球每天消耗石油量已达 7100 万桶，中国为 750 万桶。按照已经开发的油田数量估计，到 2050 年全世界的石油就将遭遇枯竭危机，距离现在不过 40 年。即使把已勘探到还没有开发的油田数量一并计算在内，到 2100 年地球石油资源也将被消耗殆尽，这为我们敲响了警钟。在中国，汽车的石油消耗量占石油总消耗量的 40%，而美国占到 67%，以此看出，汽车的石油消耗比例非常高。中国目前是第二大石油消耗国，也是世界第二大石油净进口国，我国石油已经大量依赖进口。汽车在为我们带来了方便的同时，也的确为能源造成了巨大的压力。

车辆的能源消耗包括直接能源消耗和间接能源消耗。

1. 直接能源消耗

直接能源消耗主要是用于驱动车辆的石油消耗。影响其使用效率的因素包括车辆的特性（如车型、载重量、车龄、发动机排量）以及公路几何特性与状况（如坡度、曲率、路面维护状况、交通状况等）。车辆燃料消耗与车速的关系呈曲线形，即在低速和高速时，油耗都较高，对于大多数车型而言，最低油耗率对应于一定的行驶速度。根据单位出行消耗、交通构成以及交通总量，可以计算出交通运输系统的能源消耗总量。

2. 间接能源消耗

间接能源消耗主要包括建设、维护运营交通运输系统所需要的能源，其中最主要的是制造与维修运输车辆的能源消耗及修筑与养护道路的能源消耗两部分。前者指在制造与维修车辆过程中消耗的能源；后者则依照道路等级与铺面类型而定。一般来说，高等级公路年度能耗量比低等级公路要高，沥青混凝土路面年度能耗比水泥混凝土路面要高，城市道路比公路年度能耗要高。道路维护指修补、填补裂纹等日常维护。

在能源危机面前，人类越来越意识到节能的重要性。各国政府和汽车企业也纷纷采取各种措施或制定相关政策，积极减少能源消耗，并不断探索寻求、研制开发替代能源和新能源，如生物燃料、氢燃料、合成燃料、液化石油气、压缩天然气、燃料电池、太阳能等已在汽车上逐步得到应用和发展。

## 二、节能技术

从汽车本身来讲，未来节能方向包括提高现有内燃机效率、推广小排量车、导入新轻型材料（质量越轻，所消耗的能源就越少）。此外，优化动力传输系统（比如，开发纯电动车、混合动力车、燃料电池车）、开发替代燃料（比如，醇类、氢燃料、生化柴油、天然气、液化石油气）也能减少汽车的能源消耗。在理想的状态下，到 2020 年，使用替代燃料以及先进动力系统的新车会在所有新注册的汽车中占 60%的份额。

在寻找替代能源和新能源的同时，在汽车上采用一些新技术，也不失为有效的节能措施。目前，节能技术在汽车设计、制造以及使用方面已得到了广泛的应用，并朝着多元化的趋势发展。从技术层面上讲，提高汽车的燃油经济性，应该从提高发动机的燃油经济性、降低整车运行阻力和完善发动机与汽车传动系统的匹配三方面着手。

1. 轻化设计

减轻汽车重量，从材料、工艺和结构上采取轻量化设计，降低发动机负载，可减少燃油消耗。一般而言，车重减轻 10%，可降低燃油消耗 8%。通过开发和应用铝合金、镁合金、高强度钢、车用塑料等新型材料，减轻车体自重。减轻汽车自重是降低燃油消耗及减少排放的有效措施之一。

2. 汽车外形设计

汽车行驶时，发动机克服空气阻力所消耗的功率与车速的 3 次方成正比。通过减小空气阻力来降低汽车燃料消耗是一种行之有效的措施。汽车车身的形状是影响空气阻力的主要因素，在厢式货车上安装导流罩、阻风板等能大幅度降低货车的空气阻力，降低大客车空气阻力的关键是其前部车身造型的设计。

3. 双离合变速技术

双离合变速就是通过双离合变速箱（DCT）快速的齿轮转换迅速产生牵引力，缩短加速时间，降低动力传输中的损耗，提供无间断的动力输出，提高工作效率。从理论上讲，双离合变速箱比传统的 4 速自动挡变速箱的油耗低 10%~15%。

4. 变速器多挡化和无级化

变速器采用更多的挡位，可使驾驶员针对具体道路条件选择更合适的传动比。挡位愈高，传动比就愈小，导致汽车行驶每公里的发动机曲轴转数愈少，从而可以节约燃料。一些汽车的变速器配备了超速挡，这是一种节油措施。

无级变速与双离合变速一样，都是通过降低动力传输中的损耗达到节能目的的变速器技术。无级变速箱（CVT）具有重量轻、体积小、零件少的特点，加上这种传动形式的功率损耗小，可有效节油。国外权威机构曾做过实验证明，配置无级变速箱的车型甚至比同排量手动挡车型油耗还低。

5. 中低度混合动力技术

中低度混合动力技术能够在车辆怠速或低速行驶状态下使用电能，减少低速行驶时燃油消耗，同时减少污染物排放。但是，高成本导致的高价格一直让这项技术难以接近普通消费者。

6. 燃油直喷技术

燃油直喷技术可将燃料直接喷入燃烧室，从而实现精确燃烧，减少废气排放，大幅提升扭矩和功率输出，并可降低油耗 15%~20%。目前这项技术已广泛应用于各种汽车。

7. 低滚动阻力轮胎技术

发动机输出功率的 30%~40%用于克服轮胎的滚动阻力。改变轮胎橡胶的化学成分和胎面花纹，可有效降低其滚动阻力，提高车辆的燃油经济性。

目前广泛采用的子午线轮胎，其滚动阻力系数要比一般斜交线轮胎低 25%~30%，且弹性好，运动阻力小，在使用中节油效果明显。车速越高，节油效果越显著，大约比普通轮胎节油 7%。为了更大程度地减小滚动阻力，轮胎正朝着高气压比、无内胎化方向发展，并取得了一些积极的进展。

8. 车身优化设计

通常汽车速度越快，空气阻力也越大，从而消耗在克服空气阻力上的功率也就越多。汽车的空气阻力与车速的平方成正比。在一般车速行驶时，发动机功率的 20%~30%消耗于空气阻力。在汽车高速行驶时，空气阻力更是相当可观，此时用于克服空气阻力的燃料占总消耗的 50%以上。因此，改善汽车的形状具有较好的节能效果。对车身进行空气动力学优化设计或加装导流板、导风罩等，可有效减小空气阻力。

9. 燃烧系统优化设计

对燃烧室形状、燃烧室布置以及喷射系统进行优化设计，更有利于燃料的燃烧，以达到节油的效果。

10. 电子点火技术

汽油机采用优化的电子点火系统代替传统的分电器，可以根据发动机工作范围及一些附加要求（如排放、爆燃界限或驾驶性能等）计算出最佳提前点火角，从而最大限度地提高燃油经济性和汽油机动力性。

11. 增压技术

内燃机增压技术不仅能提高发动机功率，还能降低燃油消耗和有害排放物。

12. 减摩技术

汽车的机械损失主要包括运动部件摩擦损失和驱动功率损失，这两大类损失约占总机械损失的 90%。汽车可从设计上采取一些有效降低运动部件摩擦系数和提高传动效率的措施。另外，在润滑油中添加各种减摩剂与摩擦改进剂，也可使各运动部件摩擦系数降低，以降低机械损失。

13. 汽车柴油机化

通常柴油机的热效率要比汽油机高许多，如能广泛地使用柴油机，将会节约大量燃料。柴油机的优点还在于它可以使用纯度比较低、价格比汽油便宜的柴油作燃料。据统计，将汽油机转换为柴油机，每升燃料的行驶里程平均可增加 35%，同样质量和功率相同的柴油机与汽油机相比，油耗下降 15%~25%。因此，各汽车制造商都积极地增加柴油车的比重。可以预测，将来会有越来越多的柴油机在载货汽车、小客车和小轿车上采用。

14. 及时诊断与定期检测

现代技术特别是微电子技术极大地促进了汽车诊断与检测技术的发展。实践证明，及时地借助诊断设备对汽车状态进行诊断，使汽车技术状况经常保持良好，对于能源节约、环境保护和交通安全都具有重要意义。资料表明，如能定期检测汽车尾气，并及时对汽车排放加以限制，可使被查汽车油耗降低 5%左右；相反，点火系如在有故障的情况下工作，则油耗最大可超过标准的 80%。

15. 提高驾驶技术

提高驾驶员的技术水平也是降低汽车燃油消耗量的重要途径之一。据测定，驾驶技术高的驾驶员比一般水平的驾驶员可平均节油 8%~10%。应主要在以下几个方面注意：保持合理的行车速度；冷车启动时避免延长发动机升温时间；避免不必要的怠速运转；行驶中应尽量避免突然加速和减速；正确掌握换挡时机；正确使用空调制冷系统等。

汽车制造商在对发动机和底盘零部件等进行综合优化设计研究的同时，也在积极地研制各种新型的发动机。我们相信，随着新材料、新技术的发展，并通过广大汽车设计、制造人员的不懈努力，汽车节能技术必将有一个更大的发展和提高。

**【任务训练】**

讨论汽车节能话题，每位学生提出一条各自认为可行的建议和措施。

# 【项目小结】

汽车诞生至今100多年，其发展迅速，对社会经济的影响也越来越大，汽车工业是资金密集、技术密集、人才密集、综合性强、经济效益高的产业。汽车工业影响着国民经济的发展，汽车工业可以创造巨大产值，是强大的出口产业，汽车不仅在生产过程中创造巨额税收，在销售、使用过程中也创造巨额税收。

汽车工业涉及冶金、机械制造、化工、电子、电力、石油、轻工等行业，汽车的销售和营运还涉及金融、商业、运输、旅游、服务等第三产业。汽车工业不仅为本行业提供了大量的就业机会，也给众多关联产业提供了大量的就业机会。

汽车推动科技与社会进步，汽车进入家庭，正在改变城市乡村结构和经济社会结构，其被称为改变世界的机器、推动社会进步的车轮。

随着汽车数量越来越多，当人类享受着汽车带来的便利的同时，也伴随着对地球环境的污染和破坏、对能源的无休止利用和开采。汽车尾气已成为许多城市大气污染的祸首，汽车噪声是汽车的第二公害。

人们根据汽车尾气有害排放物的生成机理，对发动机及控制系统的原理、结构、材料、工艺、技术进行改造创新，提高燃烧效率，减少有害气体的排放。

随着汽车车速的提高，交通事故、交通堵塞等问题日益严重。交通事故主要是由于违章驾驶、酒后驾驶、疲劳驾驶、无证驾驶、行人不遵守交通法规、机动车机械失灵等因素引起。为了保障汽车的安全性能，减少交通事故的发生，各种汽车安全技术在汽车上得到了广泛应用。

汽车的安全性可分为主动安全性和被动安全性两方面。主动安全性措施可提高汽车回避事故的能力，例如改善驾驶员的操作条件，改善灯光照明，提高轮胎性能、制动性能和操纵稳定性，采用车载微波雷达和计算机对汽车自动操纵等；被动安全性措施可减轻事故的后果，例如改善保险杠和车身防撞结构，采用安全带、安全气囊、安全玻璃、吸能转向系统等防护装置。

目前绝大部分汽车都是靠燃烧各种矿物燃料驱动的。在能源危机面前，人类越来越意识到节能的重要性，并不断探索寻求、研制开发替代能源和新能源，如生物燃料、氢燃料、合成燃料、液化石油气、压缩天然气、燃料电池、太阳能等已在汽车上逐步得到应用和发展。

## 【复习与思考】

1. 汽车对社会经济、技术进步有哪些影响？

2. 简述汽车对环境的危害。

3. 汽车尾气中的主要成分有哪些？能引起什么环境问题？如何减少有害成分对环境的危害？

4. 汽车噪声的主要来源是什么？如何控制汽车噪声的危害？

5. 引起交通事故的主要原因有哪些？如何减少交通事故？

6. 引起交通堵塞的主要原因和缓解堵塞的措施有哪些？

7. 什么是汽车的主动安全性？什么是汽车的被动安全性？

8. 汽车的主动安全技术有哪些？被动安全技术有哪些？

9. 简述汽车对能源消耗的影响。

10. 汽车节能措施有哪些？

11. 汽车的替代能源有哪些？

12. 从环保、节能、安全三方面，谈谈你对汽车工业及其发展的想法。

# 项目五　汽车与生活

## 学习目标

知道世界著名汽车城及城市汽车工业状况

了解世界汽车名人对汽车发展所做的贡献

会讲汽车名人的故事

熟悉世界上著名的汽车赛事

学会欣赏与评价汽车运动

了解汽车展览、汽车博物馆、汽车俱乐部、汽车模特、汽车影院和汽车媒体等汽车时尚活动

学会欣赏与评价汽车时尚活动

## 学习内容

任务一　汽车名城：世界著名汽车城—中国汽车城。

任务二　汽车名人：德国汽车名人—美国汽车名人—法国汽车名人—意大利汽车名人—日本汽车名人—中国汽车名人。

任务三　汽车运动：汽车运动的起源—汽车运动联合会—汽车运动的种类—方程式汽车锦标赛—汽车耐力锦标赛—汽车拉力赛—卡丁车赛—赛车运动的魅力。

任务四　汽车时尚：世界著名汽车展览—汽车博物馆—汽车俱乐部—汽车影院—汽车媒体—汽车模特。

# 任务一　汽车名城

【任务目标】

知道世界著名汽车城及城市汽车工业状况

知道中国汽车城及城市汽车工业状况

【相关知识】

全球汽车工业的发展主要是以产业集群为特征，综观世界汽车强国，均有其汽车城。汽车城的设立，不仅培育与提升了汽车产业竞争优势、促进了企业和产业的整体发展，还可以提高城市和国家的综合竞争力。

## 一、世界著名汽车城

1. 美国底特律

美国的底特律（Detroit）位于密歇根州东南部的底特律河畔，与加拿大安大略省的温莎隔河相望，是世界最大的汽车工业中心，号称“世界汽车之都”，如图 5-1 所示。底特律河穿过闹市区，河畔耸立着一座 72 层的建筑物，即“复兴

图 5-1　鸟瞰美国汽车城底特律

中心”。它是汽车城底特律的象征。美国通用汽车公司、福特汽车公司和克莱斯勒汽车公司总部都在此地，全美 1/4 的汽车产于这里，全城 442 万人口中约有 91%的人靠汽车工业为生。

2. 日本丰田市

日本的丰田市原名爱知县，因丰田公司建于此而闻名，有“东洋底特律”之称，如图 5–2 所示。全城从业人员均服务于丰田公司，年满 20 岁的职工即可分到 1 辆丰田汽车。丰田市的出口港是名古屋，建有世界第一的最高容量为 5 万辆的丰田汽车专用码头。丰田市总人口 695.5 万，其中丰田汽车公司及其子公司的人员、家属占 62%。丰田公司有 10 座汽车厂，生产几十个系列的轻重型汽车。此外，它还有 1240 家协作厂。全公司每个职工平均年产值 13 万美元，居世界之首。

**图 5–2　丰田市丰田公司总部**

3. 德国斯图加特

斯图加特是德国西南重镇，它位于内卡河中游河谷地带，是巴符州首府，面积 207 平方公里，全城人口 60 万，斯图加特每年要接待 14 万来自世界各地的汽车用户和汽车商以及参观旅游的人，誉满全球的“奔驰”和“保时捷”汽车就是在这里走下生产线。著名的奔驰和保时捷公司的总部都设在这里，如图 5–3 所示。奔驰汽车制造业是斯图加特的主体工业，在斯图加特几乎家家都有奔驰车。

参观奔驰、保时捷博物馆和奔驰汽车制造厂是游客游览斯图加特的重要内容。现在斯图加特市已成为德国人均收入最高、失业率最低的城市之一。

图 5–3 德国斯图加特市

4. 意大利都灵

都灵是意大利最大的汽车集团菲亚特公司总部所在地，全城有 120 万人口，其中 30 多万人从事汽车工业，每年生产的汽车占意大利总产量的 75%。1899 年，菲亚特公司在都灵创立，成为意大利第一个汽车公司，现发展为世界第七、欧洲第二大汽车厂商，年产量达到 200 多万辆，如图 5–4 所示。菲亚特汽车的特

图 5–4 意大利都灵市中心广场

点是技术先进，造型美观，装备齐全。不仅如此，它和通用公司还有一个共同的特点，就是大量从事汽车相关产业，分担了风险，以至于在汽车历史低迷时不至于破产。

5. 德国沃尔夫斯堡

大众汽车公司所在地沃尔夫斯堡市也称狼堡，如图 5–5 所示，位于德国下沙克森州，总面积 310 平方公里，人口约 13 万。欧洲最大的汽车制造厂商——大众集团总部就坐落于此。自大众集团 1934 年成立以来，带动了城市的发展，1938 年，该市作为现代化的汽车城而兴建起来，开始逐步成为德国北部的工业重镇和欧洲最大的汽车制造中心。现在狼堡市民中的 40%在大众汽车厂上班，大众集团在狼堡的员工达 5 万人。

**图 5–5　沃尔夫斯堡市大众汽车总部**

6. 日本东京

东京是日本的首都，也是世界最大的城市之一。著名的汽车公司日产、本田、三菱、五十铃公司总部均设在此地，如图 5–6 所示。日产公司在东京的雇员总数近 13 万，公司可年产汽车 320 万辆。本田公司雇员总数达 11 万左右，汽车产量已高达约 300 万辆。

图 5-6 日本东京街景

7. 法国巴黎

法国巴黎除了它举世瞩目的浪漫及时尚奢侈品外，也以总部设在此的法国最大汽车集团公司标致—雪铁龙公司而闻名，如图 5-7 所示。标致汽车公司创立于 1890 年，创始人是阿尔芒·标致。1976 年标致公司吞并了法国历史悠久的雪铁龙公司，从而成为世界上一家以生产汽车为主，兼营机械加工、运输、金融和服务业的跨国工业集团。标致汽车公司总部在法国巴黎，汽车厂多在弗南修·昆蒂省，雇员总数为 11 万左右，年产汽车 220 万辆。

图 5-7 法国巴黎

8. 韩国蔚山市

韩国蔚山市位于朝鲜半岛东南沿海，与日本隔海相望，海上距离仅 160 千米，是距日本最近的韩国城市。1962 年蔚山市被指定为韩国第一个特定工业区后，产业经济得到了飞速发展。20 世纪 80 年代开始，造船业、汽车产业发展迅速，韩国主要大企业纷纷投资建厂，蔚山市已经发展成为产业设施齐全的大工业城市。这里有年生产 140 万辆汽车的现代汽车工厂，有世界最大的造船厂——现代重工业工厂，还有国内最大的石化企业——SK 株式会社。如图 5–8 所示。

**图 5–8　韩国蔚山市**

9. 法国比扬古

法国比扬古是雷诺汽车公司所在地。比扬古（如图 5–9 所示）地处塞纳河河曲的布洛涅森林之南，人口约 10.3 万人。第二次世界大战期间，雷诺为德国法西斯生产武器和军火，1944 年 9 月被法国政府接管，路易斯·雷诺被惩处，1945 年公司收归国有。从 1970 年起，公司允许雇员购买公司股票，但最高不能超过 25%，此后，公司迅速恢复和发展，逐步实现了经营多样化。

图 5-9　法国比扬古

## 二、中国汽车城

1. 中国长春

中国的长春市是吉林省省会，位于吉林省中部，地处长图、长白与京哈线铁路的交点，以汽车制造业闻名中外。中国汽车工业的摇篮——第一汽车制造厂（中国第一汽车集团公司）就设在这里，故有汽车城之称。如图 5-10 所示。

图 5-10　中国长春

长春是中国汽车工业的摇篮，是全国瞩目的汽车城，在中国汽车工业的发展历史上树起了不朽的丰碑。中国的第一座汽车厂在长春孟家屯车站西北侧地区兴建，1953 年 7 月 15 日举行第一汽车制造厂奠基典礼；1956 年 7 月 13 日，在长春一汽崭新的总装线上，装配出了第一辆解放牌汽车；1956 年 7 月 14 日，装配出第一批总共 12 辆解放牌汽车。

1991 年，一汽与德国大众汽车公司合资建立了一汽—大众汽车有限公司。长春市拥有大规模汽车工业企业近百家，形成了以“一汽集团”为主体，以汽车研究所、吉林大学等科研机构为依托，以多家为第一汽车集团配套的零部件企业为支撑的汽车工业体系，形成了一大批与汽车工业发展相关的企业群。

2. 中国十堰

十堰位于湖北省西北，汉江南岸，原为山村小镇，现已发展成为新兴的工业城市。十堰是中国规模最大的汽车工业基地之一，是中国第二汽车制造厂，原东风汽车集团公司总部所在地，现东风商用车公司总部所在地。1965 年，二汽建设正式拉开帷幕；1967 年，国家为建设第二汽车制造厂，设立了郧县十堰办事处；1969 年 12 月经国务院批准成立十堰市（县级市）；1973 年升格为省辖市；1994 年 10 月，原十堰市和郧阳地区合并成立了新的十堰市。从发展历程来看，十堰市是“企”、“市”同建，同步发展，“市”、“企”均随国家政策的实施、各种生产资源的涌入、优秀人才的到来等因素的共同作用而成长起来。如图 5-11 所示。

**图 5-11　十堰东风汽车集团**

十堰拥有众多实力雄厚的大型汽配企业，拥有全国最具实力的汽车技术研究院和中国最大汽车配件交易市场。全市汽车及零部件企业达 200 多家，汽车工业资产 450 多亿元，从业人员近 20 万。

3. 中国上海

上海是中国最大的经济中心城市，也是国际著名的港口城市。上海同时也是中国最大的汽车生产基地之一，作为中国汽车工业三大集团之一的上汽集团便坐落于此。

上海安亭国际汽车城由上汽集团、上海嘉安投资发展公司等共同出资建设，占地面积 333 万平方米，建筑面积 90 万平方米，是目前国内生产规模最大的现代化轿车生产基地之一，年生产能力超过 45 万辆，产品包括桑塔纳、桑塔纳 3000 型、帕萨特、波罗、高尔、途安五大平台六大系列几十个品种。如图 5–12 所示。

**图 5–12　上海大众汽车**

经过多年发展，近 150 家汽车零部件企业纷纷在安亭设厂。目前安亭汽车城已建成核心区、整车和零部件配套制造区、国际赛车场、教育园区和安亭新镇区 5 个区域，并有上海汽车技术中心、机动车检测中心、二手车交易市场、汽车展示贸易街等一批功能性项目投入运营，使安亭形成庞大的汽车产业集群。

**【任务训练】**

利用网络和书籍，查找国内、国外因汽车而著名的城市，选择您喜欢的一座汽车城市，与大家分享。

# 任务二　汽车名人

【任务目标】

了解汽车名人对汽车发展所做的贡献

会讲汽车名人的故事

【相关知识】

在汽车百余年的发展历程中，有许多汽车名人各领风骚，他们不屈不挠、勇于创新，为汽车事业奉献了一生，也正是这些英雄为我们创造了一个神奇的汽车世界。

## 一、德国汽车名人

1. 卡尔·本茨

卡尔·本茨（Karl Benz，1844~1929 年，如图 5-13 所示）发明了世界上第一辆三轮汽车，人称“汽车之父”。

图 5-13　卡尔·本茨

卡尔·本茨出生于德国，父亲是火车司机。从中学时期，本茨就对自然科学产生了浓厚的兴趣，1860 年进入一所综合科技学校学习发动机制造等课程，

1872 年组建了“奔驰铁器铸造公司”，1879 年 12 月制造出第一台单缸煤气发动机，1883 年创建奔驰公司和莱茵煤气发动机厂，研制成单缸汽油发动机，安装在自己设计的三轮车架上，于 1886 年 1 月 29 日取得了世界上第一个“汽车制造专利”。

1893 年，本茨研制出性能先进的“维克托得亚”牌汽车，但由于价格过高，成为滞销品。后来听从商人的建议，于 1894 年开发生产“自行车”，销路很好，给奔驰公司带来了较高的利润。之后又对前期生产的“维克托得亚”牌汽车进行了改进，将车厢座位设计成面对面的 18 个，成为了世界上第一辆内燃机公共汽车。1926 年与戴姆勒公司合并改名为戴姆勒—奔驰汽车公司。

2. 戈特利布·戴姆勒

戈特利布·戴姆勒（Gottlieb Daimler，1834~1900 年，如图 5–14 所示）发明了高速内燃机、摩托车和世界上第一辆四轮汽车，与卡尔·本茨同称现代“汽车之父”。

**图 5–14 戈特利布·戴姆勒纪念邮票**

戴姆勒出身于一个面包师的家庭，毕业于斯图加特技术学校。曾就职于奥托建立的道依茨发动机公司，改进了奥托四冲程发动机，1884 年 5 月制造出一台立式发动机，取名“立钟”，并于 1885 年 4 月 3 日取得德国专利，成为世界上第一台立式发动机。1885 年 8 月 29 日，戴姆勒将它安装在一辆木制双轮车上，从而发明了世界上第一辆摩托车。1886 年，为了庆祝妻子埃玛 43 岁生日，戴姆勒将该发动机装在一辆四轮马车上，成为世界上第一辆四轮汽车。1890 年建立了戴姆勒汽车公司，主要生产发动机，并在英国和奥地利开设分公司。

3. 费迪南德·波尔舍

费迪南德·波尔舍（Ferdinand Porsche，1875~1951 年，如图 5–15 所示）是世界汽车史上的传奇人物，设计了甲壳虫形汽车，是世界著名的豪华跑车保时捷公司的创始人，被称为“本世纪最伟大的汽车技术天才”。

图 5–15　费迪南德·波尔舍

费迪南德·波尔舍出生于奥匈帝国波西米亚北部的玛弗斯多夫（现属捷克）的一个铁匠世家。15 岁时进入夜大学习，后来，一边在维也纳工学院学习，一边在火电厂工作。22 岁获得汽车混合传动系统专利，1905 年任戴姆勒汽车分公司技术部经理。

1930 年，创建保时捷汽车设计所，设计出 16 缸增压发动机的赛车，打破了 8 项世界纪录，被民众誉为“银箭”车，他后期设计的“保时捷 356”型跑车，先后进行过 356 次设计变动，在一次重大比赛中战胜了许多欧美名车，成为妇孺皆知的英雄。1938 年开发出高性能大众化的“甲壳虫”汽车，减少风阻和车尾气体涡流，受到国内外的好评，由大众公司制造生产，1936~l973 年共生产汽车 2150 万辆，创单产世界纪录。

由于“二战”期间波尔舍参与过德军坦克的研制工作，战后被盟军指控为战犯关进法国监狱，1948 年获释，重操旧业。1951 年 1 月 30 日，从沃尔夫斯堡返回斯图加特的途中因中风逝世，享年 76 岁。

4. 尼古拉斯·奥托

尼古拉斯·奥托（Nicolais August Otto，1832~1891 年，如图 5-16 所示），德国工程师。22 岁时弃商，开始从事煤气发动机的试验工作。

图 5-16　尼古拉斯·奥托纪念邮票

1866 年，奥托研制出具有划时代意义的立式活塞式四冲程奥托内燃机，转速达到 80~100 转/分钟，第二年荣获巴黎博览会金质奖章。1876 年，奥托对四冲程内燃机又作了改进，试制出第一台实用活塞式四冲程内燃机，转速提高到 250 转/分钟。1877 年 8 月 4 日取得专利，并成批投入生产。

奥托还提出了内燃机的工作原理，即“奥托循环”，可燃气体先在汽缸中压缩，在点燃压缩可燃气体时产生较强的爆发力，提高了内燃机的热效率和输出功率。同时，他利用活塞的四个冲程，把进气、压缩、做功及排气融为一体，使内燃机的结构紧凑和简化，从而推动了小型内燃机的实用化。奥托创建的内燃机工作原理，在现代汽车发动机上沿用至今。所以后人仍然一直把四冲程循环称为奥托循环，把四冲程汽油机称为奥托机。

5. 鲁道夫·狄塞尔

鲁道夫·狄塞尔（Rudolf Dlsesel，1858~1913 年，如图 5-17 所示），德国工程师，柴油机发明人。

**图 5-17　鲁道夫·狄塞尔纪念邮票**

鲁道夫·狄塞尔出生于巴黎，在伦敦读了职业学校。1875 年，他进入慕尼黑科技大学读机械制造专业。

1879 年，21 岁的狄塞尔毕业，在瑞士温特图尔一家机械厂任零件设计员，两年后转巴黎任林德冷藏企业热机工程师、安装工和推销员。在工作中，他深感蒸汽机的效率低下，于是萌发了设计新型发动机的念头。1885 年，他辞去制冷工程师职务，在巴黎设立了自己的发动机实验室。

1892 年，狄塞尔经过多年潜心研究，第一个提出了压燃式柴油机的理论。在 1892 年 1 月 28 日向柏林皇家专利局申请了发明专利，并于 2 月 27 日取得了柴油机的专利权。1897 年，狄塞尔制成了完全依靠压缩点火燃烧、以柴油为燃料的四冲程柴油机，功率为 18.5 千瓦，热效率高达 24%。这是一项震惊世界的卓越发明，1898 年投入商业性生产。

遗憾的是狄塞尔晚年穷困潦倒，债务重重。1913 年 9 月 27 日狄塞尔去伦敦旅行，两天后在船上突然失踪，谜一般地死去了。人们为了纪念他，将柴油机称为“狄塞尔发动机”。

## 二、美国汽车名人

### 1. 亨利·福特

亨利·福特（Henry Ford，1863~1947 年，如图 5-18 所示）是福特汽车公司的创始人。他推出了经济的福特 T 型车，创造了用流水线装配汽车的生产方式，是世界汽车工业史上具有划时代意义的伟大创举，促进了汽车在美国和世界的普及，福特被誉为“汽车大王”。

图 5-18 《时代周刊》封面人物亨利·福特

1893 年，福特研制的汽油机试验成功，1896 年造出了汽车。1903 年 6 月 16 日，福特和 11 名合伙人建立了福特汽车公司。

1908 年，福特生产出 T 型车；1913 年，创造了用流水线装配汽车的方式。福特 T 型车生产了 20 年，共生产了 1500 多万辆。大批量流水线生产方式的成功，不仅使 T 型车成为有史以来最普通的车种，更使汽车由少数富人的奢侈品成为大众的消费品。至此，福特汽车公司发展成为世界上最大的汽车公司。

福特晚年时已不能跟上汽车时代的前进步伐，没能适应消费者需求的变化及时推出新车型。1927 年，福特汽车公司世界第一的位置被通用汽车公司占据，1936 年，还一度被克莱斯勒汽车公司超过。1945 年，福特辞去公司总经理的职务。1947 年 4 月 7 日，福特因脑溢血死于底特律市。后人对福特有这样的评价：“当他来到人世时，这个世界还是马车时代；当他离开人间时，这个世界已经成了汽车的世界。”这句话形象地概括了福特对人类文明的发展做出的突出贡献。

2. 威廉·杜兰特

威廉·杜兰特（William Darant，1861~1947 年，如图 5-19 所示）是世界汽车

发展史上一位传奇人物。当他看到了汽车的发展前景时，果断地利用自己手中掌握的巨额资金，创建了今天名震全球的通用汽车公司。他是一个超级的推销员、一个白手起家的百万富翁。可惜由于过分扩张，杜兰特让通用多次陷入困境，他也两次被迫离开亲手建造的汽车公司，不过他还是给后人留下了一家大汽车公司的雏形。

图 5–19　威廉·杜兰特

1886 年，杜兰特在底特律市附近的弗林特开设了马车厂，该厂很快成为全美最大的马车制造商。

1904 年，别克汽车公司经济陷入困境，杜兰特预感到这是一个涉足汽车制造业的天赐良机，他果断地拿出巨款买下了别克汽车公司，他被选为别克汽车公司的董事长，别克汽车公司是杜兰特在世界汽车工业成名的起点。

1908 年，杜兰特以别克汽车公司为核心创建了通用汽车公司。仅过两年，通用汽车公司就出现了严重的资金困难。董事会接受了通用汽车公司举债的请求，也提出杜兰特必须辞职的要求，于是他被迫离开了通用汽车公司。

1911 年，他和路易斯·雪佛兰创建了雪佛兰汽车公司，获得了巨额利润。1916 年，杜兰特秘密买下了通用汽车公司的大部分股权，重新控制了通用汽车公司。1916 年 6 月，杜兰特再次出任通用汽车公司的总经理。在重新获得了通用汽车公司领导权后，由于忽视公司的管理和生产水平的提高，分公司各自为政，导致 1920 年通用汽车公司再次出现严重危机，杜兰特又被迫离开了通用汽车公司，并彻底离开了汽车界。后来，杜兰特在默默无闻中度过了晚年。

3. 阿尔弗雷德·斯隆

阿尔弗雷德·斯隆（Alfred Sloan，1875~1966 年，如图 5-20 所示）出生在康涅狄格州一个富裕的家庭，1895 年毕业于麻省理工学院。于 1919 年任通用汽车公司副总经理，1923 年受命于危难之际，担任通用汽车公司总经理，一直到 1966 年 91 岁高龄离开人世，始终担任着通用汽车公司的总经理、董事长、名誉董事长等职，为通用的振兴、发展和壮大立下了汗马功劳。

**图 5-20 《时代周刊》封面人物阿尔弗雷德·斯隆**

面对濒临倒闭的通用汽车公司，斯隆进行了一系列的整顿与改革。提出了“集中政策、分散经营、财务独立”的经营管理体制；对产品生产进行专业化分工，标准化生产，协作价结算；根据市场需求，生产不同档次价格的汽车，最大限度满足市场竞争的需要；建立了公司计划制度和报表制度，形成了公司完整的管理体系。改革使各分公司的经营积极性充分地调动起来，汽车产量逐年上升，自 1928 年超过“福特”之后，一直稳居世界首位，其国内市场占有率也由 1921 年的 12%增加到 1941 年的 44%。斯隆所建立的管理体制，被后人称为“企业管理上的一场革命”，有极强的生命力，至今仍没有太大变化。

4. 沃尔特·克莱斯勒

沃尔特·克莱斯勒（Walter Chrysler，1875~1940 年，如图 5-21 所示）生于美国艾奥瓦州一个铁路技师的家庭，是克莱斯勒汽车公司的创始人。

图 5-21　沃尔特·克莱斯勒

克莱斯勒 20 岁时被一家工厂聘为机械师，33 岁那年，他受聘担任了芝加哥西部铁路的动力负责人。但是，克莱斯勒对任何事情都十分好奇，总想寻找其他的发展机会。1910 年，克莱斯勒辞掉了公司的职务，受聘担任通用汽车公司别克分部中一家工厂的技术经理。由于他精通机械、技术超群，在通用公司的作用越来越重要。通用公司一心一意想留下他为公司效力，但克莱斯勒却产生了离开通用公司独自去干一番事业的想法。

这之后，克莱斯勒受聘担任了经营困难的威利斯—奥夫兰多（Willys Overland）汽车公司和麦克斯韦尔（Maxwell）公司的顾问，同时参与经营这两家公司。1921 年，当麦克斯韦尔行将倒闭时，他正式接管了公司的经营大权。1924 年，由克莱斯勒主持开发的第一个车型终于问世了，这种采用高压缩比发动机的汽车在市场销售中很受欢迎，问世当年就销出了 3.2 万辆。1925 年克莱斯勒接收、改组了麦克斯韦尔公司，正式宣布成立克莱斯勒汽车公司，自己就任总经理。

克莱斯勒汽车公司成立以后，发展极其迅速，相继推出的克莱斯勒 4 号和亨利 5 号两种新车，公司在 1925 年的国内排名只有 27 位，1926 年末升至第 5 位，1927 年又上升至第 4 位。克莱斯勒公司在 1929 年跃升为美国三大汽车公司之一，后来还曾有过超过福特公司居第 2 位的辉煌。

1935 年 7 月 22 日，克莱斯勒在过完 60 周岁生日后，辞去了公司总经理职务改任董事长，直至1940年7月22日去世，享年65岁。

## 三、法国汽车名人

### 1. 阿尔芒·标致

阿尔芒·标致（Armand Peageot，1849~1915年，如图5-22所示），法国标致汽车公司的创始人，出身于工业世家。

图5-22 阿尔芒·标致

19世纪初标致家族在法国杜斯省生产各种钢铁制品，选用雄狮雕塑作为企业的商标。到阿尔芒·标致接管企业时，标致公司已经是法国最重要的自行车制造商之一。带领标致公司走上汽车之路的关键人物是阿尔芒·标致，他在巴黎中央高等工艺制造学校学习工程技术后又去英国深造，在那里接触了还处于萌芽状态的汽车工业。

1871年，22岁的标致回国，认定公司应当发展汽车。后来，标致与他人合作生产蒸汽汽车。后来他购买了戴姆勒发动机，并按照戴姆勒的思路组装汽车。1890年第一辆汽油机驱动的标致汽车问世，1896年，标致正式创建了标致汽车公司，成为法国主要的汽车厂家之一。

### 2. 安德烈·雪铁龙

安德烈·雪铁龙（A. Citroen，1878~1935年，如图5-23所示），法国雪铁龙汽车公司的创始人，发动机前置前轮驱动汽车技术的发明者。

雪铁龙生于法国巴黎，年轻时就认定科技进步将给人类带来幸福，所以选择巴黎综合工科学院就读，准备将来当一名工程师。1905年，雪铁龙建立了一个

**图 5–23　安德烈·雪铁龙**

自己的小公司；1913 年，雪铁龙把自己的公司定名为雪铁龙齿轮工厂，专门从事齿轮传动机的生产，同时开始生产汽车。1919 年，在欧洲率先批量生产 A 型车以后，产量迅速提高，到 1924 年，日产量达 300 辆，雪铁龙公司成了欧洲成功的汽车厂家之一。1924 年 7 月 28 日，雪铁龙汽车公司正式挂牌成立。

雪铁龙坚持认为，汽车厂卖的不只是汽车，还有无微不至的服务。他逐步完善了汽车买卖方式，创立了一年保证期制度，建立分销网，罗列出零件目录及维修费用一览表，使所有销售点、维修点的费用得以统一。1922 年，他大力推广分期付款售车方式，成立了全国第一个专司分期付款的机构，并在国外创办了不少汽车出租公司，在全国各地形成了一个游览车服务网。

富有的雪铁龙在生活上不求豪奢，只是不断地投资于工厂和开发新车型，追求技术上的不断进步，雪铁龙在新研制的汽车上采用一系列全新的技术：前轮驱动、流线型车身、自承重设计、扭力杆悬挂装置、液压制动、悬浮马达、自动变速器。由于所需经费庞大，他只好向部分经销商及米其林公司请求赞助。虽然这种前轮驱动车给雪铁龙公司带来了极大的荣誉和滚滚利润，但在当时却因研究周期过长而使产品未能如期推出，加之匆匆投产后又存在许多设计、制造方面的缺陷，销路受阻，雪铁龙顿时负债累累，不得不将公司卖给米其林公司。从此，他因忧郁住进了医院，1937 年 7 月去世。在雪铁龙死后的两天时间里，数不清的工人、经销商甚至普通顾客，纷纷涌进雪铁龙公司向他行礼致哀，法国政府也给他颁发了一枚二级荣誉勋章。

## 四、意大利汽车名人

恩佐·法拉利（Enzo Ferrari，1898~1988 年，如图 5-24 所示）是法拉利公司的创始人，人称“赛车之父”。

图 5-24　恩佐·法拉利

恩佐·法拉利出生于意大利，其父是一小工厂厂主，10 岁那年，父亲带他到波伦亚观看了一场汽车比赛，赛车场那种惊心动魄的场面深深地吸引了他，他盼望着自己也能成为一名优秀赛车手。13 岁的恩佐·法拉利就能单独驾驶汽车。他在阿尔法·罗密欧汽车厂先后干过技工、试车员、赛车手。

1929 年，法拉利回到家乡创建了“法拉利赛车俱乐部”，1947 年生产出第一辆以自己名字命名的法拉利车，积极参加各种汽车大赛，赢得了 14 次勒芒 24 小时拉力赛冠军和 9 次 F1 总冠军，被誉为“赛车之父”。他设计的 F1 赛车在世界上共夺得 100 多次胜利，至今无人能打破这个纪录。

法拉利汽车集技术性、艺术性于一体，采用了类似于劳斯莱斯、保时捷等世界名车那样的半机械、半手工化的加工工艺精心制作，质量一丝不苟，堪称稀世珍品。

1988 年 8 月 4 日，恩佐·法拉利走完了他辉煌的一生，终年 90 岁。

## 五、日本汽车名人

### 1. 丰田喜一郎

丰田喜一郎（Kiichiro Toyoda，1894~1952 年，如图 5-25 所示）是丰田公司

的创始人，是日本“国产汽车之父”，是“丰田生产方式”的奠基人。

图 5-25　丰田喜一郎

丰田喜一郎的父亲丰田佐吉是日本有名的“纺织大王”。丰田佐吉为了发展自己的工厂，将丰田喜一郎送到日本东京帝国大学（即现在的东京大学）机械工程学科读书。

1930 年，丰田佐吉去世后，工厂总裁的职务由丰田喜一郎的妹夫丰田利三郎担任。1933 年，在丰田喜一郎的一再要求下，丰田利三郎勉强同意成立汽车部。1933 年 9 月，丰田喜一郎着手试制汽车发动机，拉开了汽车生产的序幕。1935 年 8 月，制造成功了第一辆丰田牌汽车。1937 年 8 月 28 日，丰田喜一郎创建了丰田汽车工业公司。

丰田喜一郎的指导思想是：贫穷的日本需要便宜的汽车，生产廉价的汽车是公司的责任。后来丰田汽车公司确立了“用低成本、大批量的生产方式生产高质量的汽车，进而加入世界第一流汽车工业行列”的方针。

丰田喜一郎对汽车工业的另一项贡献就是对生产过程的科学管理。他主张弹性生产方式，“工人每天只做到必要的工作量”，“恰好赶上”，减少零部件库存，开启了“丰田生产方式”。

1952 年 3 月 27 日，丰田喜一郎因脑溢血去世。丰田喜一郎的去世，的确使人感到遗憾，他留下一个生产轿车的未完之梦。但他创建的丰田汽车公司如今已发展为世界汽车工业的巨人。

2. 本田宗一郎

本田宗一郎（Souichrou Honda，1906~1991 年，如图 5-26 所示）是本田汽

车公司的创始人。

图 5–26　本田宗一郎

本田宗一郎出生在日本静冈县的一个穷苦家庭。他自幼对机械表现出特殊的偏好，中学毕业后在东京的一家汽车修理厂当学徒，6 年后，回到家乡的滨松市开设了一家汽车修理厂。

1934 年，本田宗一郎创建了“东海精机公司”。1946 年 10 月，设立了“本田技术研究所”，主要生产纺织机械。1947 年，本田宗一郎研制了 50 毫升的双缸“A 型自行车马达”，这是最早的本田摩托发动机。1948 年研制成功“D 型”发动机。1951 年研制成功四冲程“E 型”发动机。

1962 年公司涉足汽车生产，先后推出了“T360”型卡车、“S5500”型轿车、“N360”型轿车，其中“N360”型轿车曾成为全球畅销车，为公司赢得了巨大的利润及商业声誉。

1991 年 8 月 5 日，为世界汽车业留下光辉一笔的本田宗一郎去世。

## 六、中国汽车名人

1. 饶斌

饶斌（1913~1987 年，如图 5–27 所示）曾任中国第一、第二汽车制造厂厂长，中国汽车工业总公司董事长，国家机械工业部部长，是中国汽车工业的奠基人。

图 5-27 饶斌

饶斌生于吉林市，祖籍江苏南京。1952 年 12 月，任第一汽车制造厂厂长，带领一汽职工生产出我国第一辆解放牌载货车和红旗牌轿车。1965 年任第二汽车制造厂厂长，带领二汽职工生产出东风牌载货车和越野车。20 世纪 80 年代初，饶斌先后担任原机械工业部部长和中国汽车工业公司董事长，指挥全国汽车行业建立起一个“重、中、轻、微”的卡车系列布局，组织上海和德国大众公司合作，小批量生产“桑塔纳”轿车。1987 年 8 月，饶斌在上海考察工作期间突然患病，经抢救医治无效，在上海逝世，终年 74 岁。

2. 孟少农

孟少农（1915~1988 年，如图 5-28 所示）是汽车专家，中国科学院院士。孟少农祖籍为湖南省桃源县，童年在北京度过，1940 年毕业于清华大学机械系，后考取留美研究生，曾任美国福特汽车公司工程师。1946 年回国，在清华大学

图 5-28 孟少农

机械系任副教授、教授，创办了汽车专业。

新中国成立后，孟少农任重工业部汽车工业筹备组副主任、一汽副厂长兼副总工程师、二汽第一副厂长兼总工程师，中国科学院学部委员。

孟少农在一汽期间，主持和组织引进苏联技术以及人员培训，为解放牌汽车性能改进和质量提高，为一汽新产品的开发，特别是为军用越野车的研制，为“东风”、“红旗”高级轿车的开发做出了贡献。

在二汽，孟少农以渊博的知识和丰富的经验，大胆决策，攻克了产品质量、产品滞销和工厂组建三大难题。总结出世界汽车工业发展许多共性规律，为中国汽车工业发展方向提出了许多精辟的见解，对中央决策起了重要的作用。1985年荣获全国“五一劳动奖章”，1988 年 1 月 15 日在北京逝世。

**【任务训练】**

策划小型故事会，向全班同学介绍自己喜欢的汽车名人及他们对汽车发展所做的贡献。

## 任务三　汽车运动

**【任务目标】**

了解汽车运动的历史

掌握管理汽车运动的国际组织

熟悉世界上著名的汽车赛事

学会欣赏与评价汽车运动

**【相关知识】**

汽车运动是指汽车在封闭的场地内、道路上或野外，对速度、驾驶技术和车辆性能进行竞技的一种运动。汽车运动不仅是车手个人技艺、意志和胆量的较量，也是各大汽车公司在资金、技术等方面的竞争，体现了人与科技最完美的结合。汽车运动的激烈、浪漫、惊险与刺激，不仅使成千上万的观众为之痴迷，而且还使世界汽车技术的发展日新月异。

## 一、汽车运动的起源

世界上最早的汽车赛是 1887 年 4 月 20 日，由法国《汽车》杂志主编弗谢筹办的、从巴黎沿塞纳河直至努伊的汽车比赛。当时，参加比赛的只有乔基·伯顿一个人。1888 年，法国《汽车》杂志社再次举办汽车比赛，路程从努伊到贝尔塞，在这次比赛中，伯顿超过了其他赛手，获得冠军。

世界上最早使用汽油车进行的长距离公路赛，是在 1895 年 6 月 11~14 日，由法国汽车俱乐部和《杰鲁纳尔报》联合举办的，比赛路线是从巴黎到波尔多，往返共 1178 千米。当时有 15 辆汽油车和 6 辆蒸汽汽车参赛。本哈特和拉瓦索驾驶他们自己制造的汽车夺得了冠军。由于比赛规则每车只允许乘坐一人，但他们的车子坐了两人，因此被取消比赛成绩，把冠军让给了落后很多的凯弗林。

在以后的比赛中，为避免汽车在野外比赛时扬起的漫天尘土影响后面车手的视线，造成伤亡事件，汽车比赛逐渐改在封闭的道路赛场和跑道上进行，这就是汽车场地赛的雏形。

1896 年，在美国的普罗维登斯举行了最早的汽车跑道赛。为了吸引更多的人参加汽车比赛，使比赛更富刺激和挑战性，法国的勒芒市在 1905 年举行了第一次真正意义上的场地汽车大奖赛。从此，汽车大奖赛成为世界体育舞台上一项非常重要的赛事，小城市勒芒也因此闻名于世。

1911 年，摩纳哥举办了一次以欧洲 10 国各自的首都为起点，以摩纳哥的蒙特卡罗为终点的汽车长途越野赛，这次比赛以“RALLY”命名（原意是“集合、集会”，我国音译为“拉力”），这就是世界上第一次的汽车拉力赛。

## 二、汽车运动联合会

### 1. 国际汽车运动联合会

国际汽车运动联合会简称“国际汽联”或 FIA（法文 Federation Internationaledel’ Automobile 的缩写），如图 5-29 所示，1904 年 6 月 10 日在赛车运动

兴盛的法国成立，总部设在法国巴黎，2009 年移至瑞士苏黎世。国际汽车运动联合会负责管理全世界汽车俱乐部和各种汽车协会活动，负责与汽车比赛有关的一切事宜，如道路安全、环境、弯道、机动性及车辆使用人员的保护等。

图 5-29　国际汽车运动联合会图标

2. 中国汽车运动联合会

中国汽车运动联合会（Federation of Automobile Sports of PRC，FASC）简称中国汽联，如图 5-30 所示。中国汽联于 1975 年在北京成立，1983 年加入国际汽车联合会。中国汽联主要负责全国汽车运动的业务管理，组办国内外汽车比赛和体育探险活动，是中国境内管辖汽车运动唯一的全国性组织。

图 5-30　中国汽车运动联合会图标

## 三、汽车运动的种类

随着汽车运动的发展，汽车运动的种类越来越多，根据汽车行驶的地点可以把汽车运动分为场地赛和非场地赛。

1. 场地赛

场地赛是在固定的场地内进行，路面为柏油平整路面比赛。多采用群车发车的方式，按照完成固定圈数的时间长短排名。场地汽车比赛是汽车比赛中最富观赏性的赛事之一。由于它的比赛场地集中，比赛场面精彩，观众固定，且易于电视直播，所以备受赞助商和汽车运动爱好者的青睐。

（1）方程式汽车赛。参赛车辆必须依照国际汽车联合会制定颁发的车辆技术规则规定的程式制造，包括车体结构、长度和宽度、最低重量、发动机工作容积、汽缸数量、油箱容量、电子设备、轮胎的距离和大小等。各级方程式赛车的制造程式不同。

（2）卡丁车赛。卡丁车赛是汽车场地比赛项目的一种。使用轻钢管结构，操作简单，无车体外壳，装配 100 毫升、125 毫升或 250 毫升汽油发动机的四轮单座位微型赛车，重心低，在曲折的环形路线上行驶，比赛速度感强。

（3）创纪录赛。创纪录赛是在某个场地或路段以单车出发创造最高行驶纪录的汽车活动。按照汽车发动机的工作容积分 A~J 共 10 个级别。

（4）直线竞速赛。直线竞速赛的比赛按不同车型及发动机工作容积分为 12~14 个级别，在两条并列长 1500 米、宽各 15 米的直线柏油跑道上进行，实际比赛距离为 1/4 英里或 1/8 英里。比赛时每两辆车为一组，实行淘汰制，分多轮进行，直至决出冠军。采用定点发车方法，加速行进，通过电子仪器测量从发车线到终点线的行驶时间评定成绩。

（5）耐力赛。耐力赛也称为“GT”赛，为长时间耐久性比赛。比赛车辆分旅行车和运动原型车两类，并根据发动机的工作容积分为若干级别。“GT”赛车是美感和动力的完美结合体。保时捷、法拉利、兰博基尼、美洲虎等几家车企都是在“GT”比赛中建立起它们的名声的，并让其产品成为世界各国人民梦寐以求的超级跑车。

（6）印地车赛。印地车赛也叫印地方程式赛，设有世界锦标赛。该车赛起源于美国，原为美国汽车协会主办的锦标赛。1978 年由 18 支印地车队联合成立了“印地锦标赛赛车队有限公司”，建立了赛事管理机构，举办了系列车赛，制定了独特的比赛规则。1979 年举办了第一次比赛，成为不受国际汽车联合会管辖的汽车比赛。

2. 非场地赛

（1）拉力赛。拉力赛在有路基的土路、沙砾路或柏油路上进行，是在一个国家内或者跨越数国举行的既检验车辆性能和质量，又考验驾驶员驾驶技术的长途比赛。比赛在规定日期内分若干阶段进行，每阶段内设置由行驶路段连接的数个测试速度的赛段交替进行，每个赛段的长度不超过 30 千米，比赛采用单个发车方法，每个车组由一名驾驶员和一名副驾驶员（领航员）组成。以每个车组完成全部特殊路段比赛的时间和在行驶路段所受处罚时间累计计算最终成绩，时间短者名次列前。

（2）越野赛。越野赛是在一个国家的公路和自然道路上举行的允许对该国进行考察的汽车比赛。经过几个国家的领土、总长度超过 10000 千米或跨洲的比赛被称为马拉松越野赛。除国际汽联特别批准外，越野赛的赛程不得超过 15 天，比赛必须在白天进行。采用单车发车方式。比赛每经过 10 个阶段后至少休息 18 个小时。每阶段的行驶距离自定，但每个赛段的最大长度，越野赛规定不超过 350 千米，马拉松越野赛规定不超过 800 千米，必须使用在国际汽联注册的全轮驱动汽车参赛。

## 四、方程式汽车锦标赛

### 1. 方程式汽车赛

方程式汽车赛属于汽车场地赛的一种。“方程式”（Formula）本是一个数学名词，最初是香港某一汽车杂志将它翻译为方程式，它们把英文“Formula One”翻译为“一级方程式”，国家汽车运动联合会于 1904 年首次将大型的赛车称为“方程式”赛车，用于区别于小型赛车。

“方程式”的概念，既有方程式的意思，也有准则、方案的含义，联系到车赛，应把它理解为规则、级别更为合理。以共同的方程式（规则限制）所造出来的车就称为方程式赛车。从 1907 年到 1939 年间，每种可能的规则或“方程式”都被试验过，但从 1939 年以来，最常用的“方程式”规则是限制发动机排量。1950 年，国际汽车运动联合会出于安全和汽车技术发展的需要，颁布了赛车竞赛规则，对汽车自身质量、车长、车宽、发动机功率和发动机排量等技术参数做出了一系列规定，使车赛趋于公平。

2. 方程式汽车赛的级别

方程式汽车赛按发动机排量和功率分为三个级别。

（1）一级方程式。一级方程式简称 F1，发动机排量为 3.5 升，不超过 12 个汽缸，功率为 478 千瓦，最高时速超过 315 千米/小时。一级方程式赛车的车身为碳素合金，比赛要求赛车在载有车手的情况下，赛车重量不能低于 600 千克。

（2）二级方程式。二级方程式赛车又称为 F2，设有国际大奖赛等比赛。使用的赛车是四轮外露的单座位纯跑道用方程式赛车、装备 8 缸，工作容积为 2.0 升的自然吸气式汽油发动机，输出功率约为 349 千瓦。

（3）三级方程式。三级方程式赛车又称为 F3，使用的赛车是四轮外露的单座位纯跑道用方程式赛车，外形与一级方程式赛车相类似，但体积比较小，最低质量为 455 千克，配备四汽缸、工作容积为 1.0 升的自然吸气式汽油发动机，输出功率约 125 千瓦，著名赛事有福特、欧宝、雷诺方程式系列赛。大众方程式锦标赛也属于这一系列。

方程式赛车等级最高者是 F1，而且 F1 也是汽车场地赛项目中最高级别的比赛，是世界上最为引人注目的运动项目之一。全世界的车手都以能够进入 F1 赛场为终极目标。

另外，属于方程式汽车比赛的项目还有 F3000、亚洲方程式、无限方程式、福特方程式、雷诺方程式、卡丁车方程式等。

F3000，亦可称 3 公升方程式（注意：不称二级方程式），它的汽缸容积为 3 升，功率为 475 马力。著名赛事有国际汽联 F3000 与欧洲 F3000 锦标赛。

亚洲方程式只限于亚洲地区开展。使用的赛车是四轮外露的中座位纯跑道用方程式赛车，车身规格与二级方程式极为相似，配备一台四汽缸，工作容积为 2.0 升的自然吸气式汽油发动机，输出功率约 117 千瓦。

在这些非顶级的方程式赛车里，卡丁车是世界方程式赛车的最初级形式，始于 1940 年。由于许多著名的一级方程式赛手都是从卡丁车起步的，因此卡丁车比赛被视为“F1 的摇篮”。分方程式卡丁车、国际 A、B、C、E 级和普及级 6 类，共 12 个级别。

3. 一级方程式（F1）汽车赛

世界一级方程式锦标赛，是由国际汽车运动联合会举办的最高等级的年度系列场地赛车比赛，是当今世界最高水平的赛车比赛，与奥运会、世界杯足球赛并称为“世界三大体育盛事”。一级方程式汽车赛可以说是高科技、团队精神、车手智慧与勇气的集合体。

1950 年 5 月 13 日，在国际汽车运动联合会的组织下，在相对统一的规则下，在英国银石赛道这个“二战”时期机场改建的赛场举行的英国汽车大奖赛被命名为一级方程式世界汽车赛，这是一级方程式赛首次登场，标志着现代 F1 比赛的诞生。F1 是赛车中的顶级赛事，其全年进行统筹安排，每站比赛的赛事组织、车队工作、电视转播等各个方面的工作都井井有条。F1 汽车锦标赛最初只有 7 场比赛，近年来每年可比赛 17 场或 19 场。所有比赛均由国际汽车联合会安排，赛场遍布全球。每个赛季 F1 的收视率累计超过全球人口数量总和。每年的转播费用收入超过数十亿美元。图 5–31 为 F1 比赛现场。

**图 5–31　F1 比赛现场**

（1）F1 赛车手。一支方程式汽车锦标赛车队由赛车、车手、工作人员组成。每年参赛的赛车都是改进的新车，车手必须持有国际汽车运动联合会签发的《世界超级汽车驾驶员驾驶执照》。而每年，全世界有资格驾驶 F1 赛车的车手不能超过 100 名。因此，为了跻身 F1 赛场，每名车手必须过五关斩六将，先是小型车赛，然后是三级方程式，接着是二级方程式。这一切都通过了，才能获得“超级驾驶执照”，成为 F1 车手。

F1 车手是体魄最强健的运动员之一，因为 F1 赛车的驾驶方式和车手所必须承受的强大离心力和驾驶一般车辆有天壤之别，不仅要体能状态优于常人，更要有沉着冷静分析的头脑。图 5-32 为德国赛车手迈克尔·舒马赫。

图 5-32　德国赛车手迈克尔·舒马赫

（2）F1 车队。车队是参加汽车比赛的集体，要想参加 F1 汽车大奖赛，就必须注册成立一支专业车队。F1 赛车队的人数多的有 200 多人，少的也有 40 人左右，成立运作一支 F1 车队所需的费用非常高：建厂、F1 赛车、运送赛车的挂车、车队宿营车、员工工资、车手工资、出国比赛的相关费用，等等。虽然开支惊人，但如果车队名次较好，能得到企业赞助，其广告收入也是惊人的。

目前的 F1 车队可分为两类：厂商车队（如法拉利、丰田），能独立制造 F1 赛车所需的 90%以上零件（如图 5-33 所示）；非厂商车队（如红牛一、二队），主要提供赞助及负责比赛的一些事项。

图 5-33　法拉利车队赛车

（3）F1 比赛规则。参加比赛的车队和车手必须持有国际汽车运动联合会认可的超级驾驶执照。每个车队要有两辆车参加比赛，并指定赛车手代表车队驾车出赛。当赛车手出意外时，可以另外指定车手参赛。但任何车手和车队不可以随意缺赛。每场比赛均分为计时排位赛和决赛两个过程。排位赛在决赛前两天进行，计每辆赛车 60 分钟跑得最快的一圈所用的时间，用时最少的车在决赛中将在赛道上排在前面，其他依次类推。赛车在赛道上的排位相当重要，排在前面的将有抢先拐第一个弯的优势。

（4）F1 旗语。为有效指挥车手比赛，尽可能防止各种事故的发生，F1 大赛采用摇动各种彩色旗帜的办法作为指挥信号。摇动的旗子不仅可以使车手在很远处看到，提前引起注意，同时也可使现场观众了解比赛过程中发生的一切。

（5）F1 信号灯。信号灯位于出发线上方，信号灯不仅用来显示出发信号，通过一系列的信号灯，也可以传达很多具体的信号。

（6）F1 赛道。F1 车赛必须在专用赛场进行，对专业赛场的长度和宽度、路面情况、安全措施等均有严格的要求。国际汽车运动联合会规则规定，专用赛道均为环形，每圈长度为 3~8 千米，每场比赛距离为 300~320 千米；赛场不允许有过多、过长的直道，目的在于限制高速，以免发生危险。赛场设有维修站、赞助商接待看台、比赛控制塔、围场。国际汽车运动联合会还要求各赛场设置医疗站，一般位于维修站的旁边，并且配备直升机。救护人员必须分布在全场的每个角落，争取在出事的一刹那，跑进现场，进行抢救。

F1 赛道是专门为赛车设计的跑道。对于 F1 这类世界顶级车赛来说，优质的赛道和优良的车辆一样，对比赛有着重要的影响。除了一些硬件的技术要求外，不同的赛道有着自己的特色。图 5-34 为中国上海国际赛道，上海国际赛道选址在上海嘉定区安亭镇东北，总面积为 5.3 平方千米，赛道总长度 7 千米左右，由一级方程式赛道和其他类型赛道组成，赛道形成了一个大大的“上”字，赛车场看台设计规模约 20 万人，其中带顶棚的固定看台约有 5 万个座位，其余为坡形露天看台。

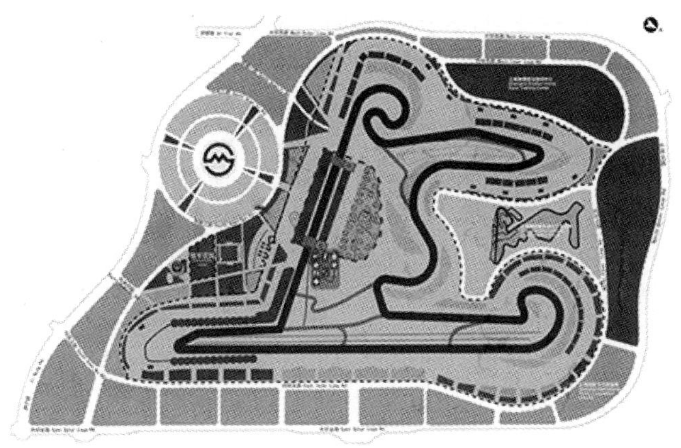

图 5-34 中国上海国际赛道

## 五、汽车耐力锦标赛

所谓耐力锦标赛，就是对赛车性能和车手耐力的极限考验，人们称之为“车坛马拉松”，这是一项十分艰苦的比赛，是一种在规定赛道上进行长时间连续行驶的耐力性比赛，可以考验汽车的动力性、可靠性和驾驶员的技能。参加世界汽车耐力锦标赛的车型主要是 C 组运动原型车。这种车只能坐两个人，两位车手轮番驾驶，每人连续驾驶时间不能超过 4 小时，主车手总驾驶时间不能超过 14 小时。耐力锦标赛的赛程主要有 1000 千米、1610 千米、5000 千米和 8050 千米等几个级别，以时间计则分为 6 小时、12 小时和 24 小时。

世界汽车耐力锦标赛包括勒芒大赛、摩纳哥大奖赛、美国印地大奖赛等久负盛名的汽车大赛。勒芒 24 小时汽车耐力大赛是其中最具代表性的大赛。

勒芒（Le Mans）位于法国巴黎南约 20 千米处，有一条 13.5 千米的环形赛道，从 1923 年举行比赛以来，除了“二战”前后的几年以外（1936 年，1940~1948 年未举行），每年 6 月份都要举行汽车连续行驶 24 小时的比赛，行驶距离最长者获胜，一般超过 5000 千米。这是长距离的耐力赛，无论对汽车和对驾驶员都是极其严峻的考验。

勒芒大赛之所以在世界上久负盛名，胜过美国印地 500 及其他任何汽车大赛的地方在于它的赛程长。一般的耐力赛只有 500~1000 千米，而勒芒约为 5000 千米。勒芒环行跑道全长 13.5 千米，其中绝大部分是封闭式的公用高速公路，赛车在其 2/3 的路段上时速达 370 千米/小时左右，C 组车一般只用 3.5 分钟左右的时间就能跑完一圈的路程。一般来说，出发 50 辆车，能跑完 24 小时的不到半数。在跑道上有一段约 6 千米的直路，赛车在这段路上飞驰而过，速度高达 390 千米/小时，车手们在 24 小时的比赛中，要在这段路上行驶 6 小时，可以想象，这种紧张气氛使人窒息，哪怕是一点闪失，后果都不堪设想。

不同于别的赛车运动仅需要车厂造出一辆最快的赛车，勒芒的耐力赛车还需要一辆兼具速度和稳定性的赛车。同时它还必须很省油：比赛中尽量少的进站加油才有利于获得胜利。所以，许多车厂都将勒芒看作新车测试性能和耐力的地方。测试结果良好还可以把它投入到更高级别的赛车中去。

尽管勒芒汽车大赛危险重重，但由于它是世界上最重要的比赛之一，同时由于这项比赛给车手们的分数相当于其他世界竞标赛的 3 倍，因此不断吸引着越来越多的赛车手来参加。由于勒芒耐力赛是全球各种耐力赛时间最长的比赛，而且选手驾车在同一环行赛道上要不停地转上 350 多圈，比赛显得单调、乏味。不论车手、维修人员还是观众，在下半夜的时候都会变得疲惫不堪，因此这场比赛被称为最辛苦、最乏味的比赛。大多数观众是带着宿营车或帐篷前来观阵的，赛场周围还有设施齐备的餐饮、娱乐和休闲场所以及销售仿制的各大车队服装、帽子的铺位。观众可以在餐厅里一边吃着可口的食物，一边观看窗外时速达到 300 千米/小时的赛车飞驰而过。2003 年勒芒 24 小时世界汽车耐力锦标赛赛场情况如图 5-35 所示。

**图 5-35　勒芒 24 小时世界汽车耐力锦标赛赛场**

同样性质的比赛还有日本铃鹿（Suzuki）8 小时耐久赛。

勒芒 24 小时耐力赛同世界一级方程式锦标赛（F1）、世界汽车拉力锦标赛（WRC）并称为世界最著名和最艰苦的三大汽车赛事。

## 六、汽车拉力赛

汽车拉力赛是指按规定的平均速度，在完全或部分对普通交通开放的道路上进行的一项汽车赛事。参赛车辆必须严格按照比赛规定的行驶路线，在规定的时间内到达分站点目标并在规定时间内完成车辆的维修检测。比赛时，路线上不断绝其他车辆的通行，限定参赛汽车每天行驶的路程及到达时间，路线上设检查站检查是否在规定时间内通过，这是一种既检验车辆性能和质量又考验驾驶员技术的比赛。

汽车拉力赛的参赛汽车须是批量生产的小轿车或经过改装的车。短的拉力赛需要几天，长者可持续几十天。拉力赛将出发地到终止地之间的路程分成若干个行驶路段和赛段，由若干个“特别路段”及若干个“行驶路段”组成，参赛车辆必须按照比赛规定在若干个集结点重新集合，然后再按顺序依次出发。比赛成绩按照在“特别路段”上的比赛用时，加上在“行驶路段”上的受罚时间，再加上其他受罚时间，即为比赛时间。总时间越少，比赛成绩越好，在整个拉力赛结束时，以跑完全程累计时间最少和被扣分数最少的汽车和驾驶者为优胜。

汽车拉力赛属于长距离比赛。汽车拉力赛的“拉力”来自英语“Rally”，意思是集合，即拉力赛是将参赛的汽车集合在一起进行比赛。“World Rally Championship”的缩写为“WRC”，中文称为世界拉力锦标赛或世界越野锦标赛，世界越野锦标赛每年将举行 14 站的比赛，全年赛程规划有 14 站，分别在 14 个不同的国家举行。赛季分为两部分，在上半年赛季结束之后，经过一个月的休息之后再进行下半年赛季，让各车队对车辆与车手做些调整。世界越野锦标赛可说是所有赛车项目中最苛刻，也最接近真实的一种比赛，因为所有参赛车辆都是按实际情况研发制作而成，并在雨林泥泞雪地、沙漠及蜿蜒山路等全球各地最具代表性险恶路段的道路中进行。10 亿多人次通过电视转播或其他媒体观赏这项世界顶级的赛事。

世界拉力锦标赛是与F1齐名的另一个顶级汽车赛事。F1与世界拉力锦标赛截然不同，前者操作特制的方程式赛车在封闭的F1专业赛场上突破汽车速度的极限，而后者却需要转战全球各地，驾驶经过专业改装的量产车，战胜包括砂石、冰雪、柏油、泥泽、雨地在内的数千公里的种种恶劣地形而成为最终的胜利者。F1赛车超过300千米时速的风驰电掣以及相距仅数米的你追我赶固然让人激动不已，而“武装到牙齿”的战车、尘土泥水四溢的赛道、强劲的发动机咆哮声再加上近在咫尺的漂亮甩尾同样能让无数人血脉贲张，不能自已。如图5-36所示。

**图 5-36　WRC 世界拉力锦标赛赛场**

世界拉力锦标赛的比赛规则十分详细，比如参赛车辆必须为各大汽车厂家年产量超过2500辆的原型轿车，同时对于赛车改装后的尺度、重量以及排量、功率等都有严格的限制。

世界拉力锦标赛规定每辆赛车必须同时搭乘一名车手和一名领航员。车手只管开车，充分发挥自己高超的驾车水平，而领航员既要在比赛期间安排好一些生活琐事，而且还要在比赛时为车手指明每一天比赛的正确方位和路线，并在赛段里及时准确地提供前方的路况。

与F1一样，世界拉力锦标赛同样是一项“烧钱运动”，每一辆经过全面改装的世界拉力锦标赛赛车价格都是天文数字，除此以外，车队还必须雇用世界最好的车手和领航员以及整支完全职业化的维修工作人员队伍。世界拉力锦标赛与F1等场地汽车比赛的最大区别在于，错开时间出发的赛车选手们是在完全看不见竞争对手的情况下进行比赛的。

拉力赛主要分为两种：一种为由甲地出发，到达乙地结束的长距离马拉松拉力赛，比如国人所熟悉的巴黎—达喀尔拉力赛；另一种为每天行驶的方向不同但均返回同一地点、历时 2~3 天的系列赛事，每年在不同国家和地区举办数场或十几场，世界拉力锦标赛便是这类比赛。世界拉力锦标赛全年在世界各国举行 14 站比赛，每个分站产生分站冠军，全年各分站成绩总积分最高的一对车手和领航员赛手成为当年度的世界拉力锦标赛世界冠军。

巴黎—达喀尔越野赛是世界上距离最长、条件最恶劣的汽车越野赛，每年 1 月举行。参赛车辆从法国巴黎出发，乘船渡过地中海在利比亚登陆，然后穿过撒哈拉沙漠、非洲热带草原和热带雨林，途经近 10 个国家，最后抵达终点——塞内加尔首都达喀尔，总行程约 13000 千米。参赛车种有赛车、卡车、摩托车。从 1995 年后，巴黎—达喀尔汽车拉力赛改为格拉纳达—达喀尔汽车拉力赛，从西班牙南部的格拉纳达出发，越过西撒哈拉大沙漠，终点是塞内加尔的达喀尔，全程为 6138 千米，经过 5 个国家。

## 七、卡丁车赛

卡丁车运动于 1940 年在东欧开始出现，20 世纪 50 年代末才在欧美普及并迅猛发展，卡丁车运动是汽车运动中的一个特殊类别，它不仅作为汽车场地竞赛的一个项目，同时也是一项很有魅力的大众休闲、健身娱乐项目。卡丁车赛使用的赛车是轻钢管结构车身，无车体外壳，采用 100 毫升、115 毫升或 250 毫升汽油机的四轮单座微型车。卡丁车赛是一种场地比赛，赛车在曲折的环形路上比赛车速。

由于卡丁车在性能及场地安全方面不断地改良及转型，再加上可供标准比赛用的场地纷纷落成，基于其入门技术及费用要求不是很高，所以迅速发展为一项老幼均宜的运动项目，世界各地大大小小国际性赛事便应运而生，其中最具代表性的赛事是全欧洲卡丁车锦标赛和日本世界杯锦标赛。在安全性方面，由于卡丁车的重心非常低，易于操控，所以，开卡丁车是一项没有太大危险性，也不是具有很高难度的运动。但是，要想真正开好卡丁车，还真不是简单地随便开几圈就可以学成出师的，它要求车手必须有敏捷的反应，并进行不断的训练，才能对小小的卡丁车进行很好的操控。

“卡丁车”使用初级机械时，最高时速大约是 100 千米；而使用高级机械时，最高时速可达到 130 千米以上。同时，由于车型小巧，车底板距路面仅 4 厘米，车手实际感觉到的速度要比车辆实际速度高 2~3 倍，也就是说感觉上的时速达 300 千米以上，所以，在驾车转弯时，会产生像一级方程式赛车转弯时那样的横向加速度（3~4 倍于重力加速度），使驾驶者体验到一种平时体验不到的乐趣。驾驶卡丁车不仅可以给驾驶者带来身体上、视觉上的高度刺激，还是普及汽车驾驶技术和汽车基础理论知识及机械常识的好课堂（如图 5–37 所示）。

**图 5–37 卡丁车赛**

卡丁车是世界方程式赛车的初级形式，经过年复一年的努力，卡丁车运动结出了丰硕的果实，已有数十名卡丁车赛手进入了世界方程式赛车赛手的行列。几乎所有的一级方程式赛手都是来自卡丁车赛手的队伍，有些已成为世界冠军，像著名的巴西车手埃尔顿·塞纳、法国车手阿兰·普罗斯特、英国车手尼盖尔·曼塞尔、德国车手迈克尔·舒马赫等，因此卡丁车运动被誉为一级方程式赛车车手的摇篮。

现代卡丁车分为娱乐型和竞赛型两种。娱乐型的卡丁车多采用小型四冲程汽油机，工作容积一般在 200 毫升以下，其行驶速度在 50 千米/小时以下，是初学者和以休闲为目的的娱乐者最好的运动器械。竞赛型卡丁车分为两大类共 12 个级别，一类是方程式卡丁车，另一类是标准卡丁车。

中国汽联自 1995 年加入卡丁车委员会后，卡丁车的普及和推广迅速发展。中国汽联从 1997 年起创立全国卡丁车锦标赛，每年一届。首届比赛在北京、上海等 6 个城市举办，取得了很大成功，发现和培养了一大批具有潜力的卡丁车手，为赛车运动的进一步发展奠定了基础。

## 八、赛车运动的魅力

汽车运动是集人与车于一体的综合较量，与通常的体育运动相比，汽车运动不仅是车手个人技艺、意志和胆量的竞争，而且是汽车设计、产品质量的角逐。这种独具特色的双重性运动，更能体现人类精英与高新科技最完美的结合，体现人类对自然的征服能力。汽车运动的激烈、惊险、浪漫、刺激，不仅使成千上万的观众为之痴迷，而且还使世界汽车技术的发展日新月异。汽车比赛已成为世界人民喜爱的一项运动。

### 1. 汽车运动有助于改善汽车的性能

汽车赛有助于改善汽车的性能。汽车诞生百余年来，其技术得以不断发展的原因，在很大程度上是根据各式各样车赛所做的大量试验不断改进的结果。赛车场是汽车技术创新的“试验田”。汽车赛可以作为试验汽车新构造、新材料等的重要手段。在比赛中获胜的赛车往往就是制造厂日后生产新车型时参考的样板。

### 2. 强化的道路试验

汽车赛实质上是一种强化的道路试验。F1 赛车的车速能达到 300 千米/小时，汽车赛能够使汽车的所有零部件都处于最大应力状态下工作，将正常使用条件下几年后才能出现的问题在短短的几小时之内就能暴露出来，节省了大量的时间。

### 3. 动态车展

汽车赛可喻为动态车展。F1 汽车锦标赛现在每年举行 16~19 场，分站赛场遍布全世界，赛车是先进技术的结晶，在汽车大赛中推出的每一部新型赛车，都代表着一家汽车公司甚至一个国家在汽车方面的新技术水平。目前 F1 赛车发动机最大功率达到 669 千瓦（910 马力），最高转速为 19000 转/分钟。高转速、大功率的 F1 赛车发动机，所需要的零部件都需要采用强度高、质量小的特殊合金材料制作，使 F1 赛车发动机造价惊人。不含研发费用，每台造价高达 15 万美元。赛车底盘的许多部件，都是由碳复合材料制成的，这种材料结合了强度高和质量小的优点。轮胎也是 F1 赛车的重要部件，目前为 F1 赛车提供轮胎的公司只有普利司通和米其林两家。F1 赛车外形是空气动力学的杰作，是在非常精密的风洞中进行数千次试验的结果。赛车展现了尖端的汽车技术。

4. 最佳广告

汽车赛是生动真实的广告。一次组织得好的汽车赛，尤其是国际性高水平大赛能够吸引成万上亿的观众（包括电视观众）。在比赛中获胜的赛车和车队可以为汽车制造商和比赛赞助商提供最佳广告宣传，可以促进产品销售，为企业带来巨大的经济利益。正因如此，许多车队才不惜高薪征聘优秀车手，大的实业公司才慷慨解囊赞助大型车赛。汽车商和赞助商每年在 F1 汽车锦标赛上的总投入超过 10 亿美元。赞助商头号巨子要数生产万宝路香烟的菲利浦·莫利斯公司，每年赞助费高达 1.7 亿美元。

5. 促进汽车大众化

汽车赛促进了汽车大众化。除职业性汽车比赛外，世界各地的汽车爱好者们还自行组织进行一些小型的汽车比赛，这对汽车工业的发展有着另外一层意义。许许多多地方性的汽车俱乐部，联系着千千万万名赛车运动爱好者，其广泛性和群众性是汽车大赛所无法比拟的。地方汽车俱乐部组织的汽车赛招揽大量参赛者和现场观众，通过比赛掀起了一阵阵汽车热，使越来越多的人被汽车所吸引，传播了汽车技术，扩大了汽车爱好者队伍，培育了潜在的汽车制造、使用、维修方面的人才和汽车市场。汽车赛使许多人成为汽车迷。

总之，有高科技产品的汽车公司做后盾，有顶尖赛车高手，拥有雄厚经济实力的大企业集团的资助，再加之热心赛车运动的人们的积极参与，这就是赛车运动能够经久不衰的关键所在。

**【任务训练】**

收看一次世界重大赛车运动比赛，通过观看汽车赛事，了解汽车运动规则，学会欣赏汽车运动。

# 任务四　汽车时尚

【任务目标】

了解汽车展览、汽车博物馆、汽车俱乐部、汽车模特、汽车影院和汽车媒体等汽车时尚活动

学会欣赏与评价汽车时尚活动

【相关知识】

汽车凝结着人类智慧的结晶，和谐地将科学技术与艺术相统一，并绽放出绚丽的文化光芒；汽车与社会有着密切的关系，是社会文化的重要组成部分。汽车是流动的风景，带给人们多姿多彩的文化生活，汽车文化也将以其丰富的内容和独有的魅力不断地影响着人们的生活。汽车运动、汽车展览会、汽车俱乐部、汽车模特等汽车活动使汽车作为一种时尚文化吸引了更多的人融入其中。

今天，汽车不再仅仅是代步的工具，汽车的触角深入生活的方方面面，汽车时尚带给人的是一种愉悦的心情和优雅、纯粹与不凡的感受，赋予人们不同的气质和神韵，能体现不凡的生活品位，精致、展露个性。人类对汽车时尚的追求，同时也促进了人类生活更加美好，无论是精神的还是物质的。

## 一、世界著名汽车展览

汽车展览是专门为汽车举办的展览，是真正的汽车峰会。汽车展览是为了展示汽车产品和汽车技术、拓展渠道、促进销售、传播品牌而进行的一种宣传活动。它以展会为平台，以汽车文化为载体，集中展示汽车新技术和设计概念。汽车展览会的风格和文化氛围，让人们感受到世界汽车工业跳动的脉搏。汽车展览会是汽车制造商展示新产品的舞台，同时也是汽车制造商争夺市场份额的较量。

汽车展览是汽车制造商展示新产品、展示公司实力、展示最新汽车科技、发布新车、树立企业形象、争夺汽车市场的舞台，也是进行汽车技术交流、发展经

贸合作的良好机会；同时带来汽车展览的风格和文化氛围，促进汽车文化的交流与发展。通过车展可以看到汽车行业发展前景和未来的走向。

衡量某一车展是否为国际一流的主要依据是：参展商规模和级别、汽车展品的档次、首次亮相的新车、概念车的多少、展出面积、配套设施的先进性、完备性、主办方的服务质量、国内外媒体宣传报道量、观众数量和专业水平等。按目前国际惯例，被公认的大型国际车展共有 5 个，其中欧洲 3 个（法兰克福车展、巴黎车展和日内瓦车展）；北美洲和亚洲各一个（北美车展和东京车展）。在国内，每两年一届的北京车展较有影响。

1. 世界五大车展

（1）北美车展。北美车展的前身是美国原底特律国际汽车展览会，至今已经有近百年历史，是美国创办历史最长的车展之一。创办于 1907 年，是世界最早的汽车展览之一，1989 年底特律车展更名为北美国际汽车展。每年 1 月 5 日左右，北美车展率先在美国汽车城底特律拉开大幕，展览面积 8 万平方米左右，会议室、会谈室近百个。车展每年为底特律带来了可观的经济收益，年平均在 4 亿美元以上（如图 5-38 所示）。

**图 5-38 北美车展**

近年来，概念车在北美车展上所占的比例越来越高，几乎全球所有的汽车公司都会利用这个平台推出自己的概念车，各种新奇的设计、各种人们所能想到的甚至是想不到的创新理念，在底特律车展上都能看见，因此难免给人离奇、古怪、科幻甚至怪异的感觉。由于概念车体现的是厂家的设计能力和创新意识，而不是量化生产的能力，因此概念车就成了体现厂家理念和意识的“风向标”，北美车展也就因而成为大厂商“斗法”的主要舞台。

（2）巴黎车展。巴黎车展起源于 1898 年的国际汽车沙龙会，直至 1976 年每年一届，此后每两年一届，是世界第二大汽车展。在每年的 9 月底至 10 月初举行。展览时间与德国法兰克福车展交替举办，展览地点位于巴黎市区，共有 8 个展馆，展出的车辆主要有轿车、跑车、商用车、特种车、改装车、古董车、电动车及汽车零部件等。

巴黎是个浪漫之都，车展也不例外，文化味道比较浓，每次车展的时候都会专门拿出一个展馆来展出老爷车，那些汽车厂商不仅时兴玩“新品”，对“老古董”也饶有兴致，这自然就“便宜”了那些远道而来的看客们。当然，法国人浪漫之余，是不会忘记发财的。去巴黎车展就会发现，关于车展的资料居然是以价格表居多，每届车展上还会举行二手车拍卖，难怪有人说巴黎车展是五大车展中商业味道最浓的车展。

此外，巴黎车展还特别照顾一些不知名的超小型车，这些车子的发动机也很“迷你”，几乎就是一个摩托车的发动机。在车展上会给这些小型车开辟一方“天地”，如果凑不满一个车展馆，就编入零部件的展馆队伍，这在其他车展上是见不到的。

（3）日内瓦车展。日内瓦车展创始于 1924 年，是欧洲唯一每年度举办的大型车展。从 1931 年起，每年 3 月在瑞士日内瓦举办。日内瓦车展在展览面积为 7 万多平方米的室内展馆举行，面积虽然不大，却是生产豪华轿车的世界著名汽车生产厂家的必争之地。

瑞士这个国家很特殊，虽然它没有自己的汽车制造公司，但它却是一个庞大的汽车消费市场。在瑞士的大街小巷，你常常可以看到宾利、保时捷等名车，名车就跟名表一样，成了某种标志。日内瓦车展上的展品不仅是各汽车厂家最新、最前沿的产品，而且参展的车型也极为奢华。由于各大公司纷纷选择日内瓦车展作为自己最新、最靓的车型首次推出的场所，这就为日内瓦车展博得了“国际汽车潮流风向标”的美誉（如图 5–39 所示）。

图 5-39 日内瓦车展

日内瓦车展不仅档次高、水准高，更重要的是车展很公平，没有任何歧视。一般的国际车展虽然名为“国际”，但在展馆的面积、配套设施的水准上都会向东道国倾斜，东道国的汽车厂商往往会占去 1~2 个展馆。但唯独在日内瓦车展上，人们看不到这种特别的“眷顾”。也许是因为瑞士是个中立国，也许是因为各大国际组织的总部都云集在日内瓦，总之，无论是汽车巨头还是小制造商，都可以在日内瓦车展上找到一席之地。

(4) 法兰克福车展。法兰克福车展前身为柏林车展，创办于 1897 年。1951 年车展移到法兰克福举办，展览时间一般在 9 月中旬，每年一届，轿车和商用车轮换展出。法兰克福车展是世界规模最大的车展，有“汽车奥运会”之称（如图 5-40 所示）。

此外，法兰克福车展的地域色彩很强，也许因为是名车的发源地，来看车展的老百姓不但汽车知识了解很全面，而且消费心理非常成熟。对他们来说，看车展就是逛街，车展上，各种品牌新车很多，参观者挑选车型重视的是科技状态的发展、汽配零部件质量，甚至是 DIY 维修问题、售后市场产品，理性实用的成分居多。

展会期间，所有能运用的高科技手段都派上用场，大型互动媒体演示、模拟驾驶等亲身体验，让参与者欲罢不能。

图 5-40　法兰克福车展

（5）东京车展。东京车展是五大车展中历史最短的，被誉为“亚洲汽车风向标”，创办于 1954 年。东京车展选择在深秋的 10 月举行，轿车展放在单数年，商务车展放在双数年，是亚洲最大的国际车展，展馆位于东京附近的千叶县幕张展览中心，是日本本土生产的各种千姿百态的小型汽车唱主角的舞台，也是目前世界最新、条件最好的展示中心。展品主要有整车及零部件。

东京车展的特点之一是车型极多，多得让人无法记住，几乎什么稀奇古怪的车型都有，但又不是概念车，而且以小车型居多。车型种类的繁多，恰恰体现了日本人的细腻所在（如图 5-41 所示）。

图 5-41　东京车展

由于市场竞争的激烈，精明的日本车商早已把市场细分成了无数个小块，甚至以性别、年龄层次和特殊需求在同一平台上设计不同的车型，而且改型后的车子之间的差别往往都很小，多数时候只是某项技术或者设计的更改。这也难怪东京车展上那些纷繁复杂的车型会让业内人士都看得头晕眼花了。而且有趣的是，东京车展中的很多车在日本以外的市场都不卖，很大一个原因是它定位得太细，在国外找不到对应的成规模的市场。

2. 北京国际车展

北京国际汽车展览会（Auto China）于 1990 年创办，两年一度的北京国际车展选择四五月上旬举办，已连续举办了 13 届，至今已走过 20 年的发展历程。北京国际车展是全球汽车业界在中国每两年一次的重要展示活动。也许是在时间上想与其他车展“错位”，也许是想利用春日的热情来预示中国汽车市场的勃勃生机（如图 5–42 所示），所以才在四五月举行。

图 5–42　北京国际车展

北京国际汽车展览会自创办以来，规模不断扩大，展会功能也由过去单纯的产品展示，发展到今天成为企业发展战略发布、全方位形象展示的窗口，全球最前沿技术创新信息交流的平台，最高效的品牌推广宣传舞台。展品品质逐届提高，影响也日趋广泛，众多跨国汽车企业将北京车展列为全球 A 级车展。中国本土汽车企业也将北京国际汽车展览会作为展示自主知识品牌、推出最新科技成果的首选平台。20多年来，北京国际汽车展览会始终坚持展品精、品牌全、国际化的办展理念和特色，致力于将展会打造成为中外汽车企业展示形象、推广品牌、促进交流融合、沟通信息技术的平台。

依托中国巨大的汽车消费市场和快速发展的中国汽车工业，北京国际汽车展览会在展览规模、国际化水准、展品质量以及在全球的影响力逐届提高，受到中外汽车界、新闻界和社会各界的高度关注和积极参与。

尽管北京国际车展的参展商数目众多，成交额大，人气极旺，但是和真正的国际车展相比，北京国际车展还有很大的差距。对照北京车展，我们的几大合资公司虽然也是组团参展，但除一汽集团的红旗旗舰抢眼外，其他基本是跨国公司车型的拼盘，看过跨国公司展台，再看几大合资公司展台，就感到索然无味，大有重复之感。

## 二、汽车博物馆

1. 奔驰博物馆

奔驰博物馆（Mercedes Benz Museum）坐落于斯图加特市的郊区，它记录了世界上最古老的汽车公司梅赛德斯—奔驰不灭的光荣与梦想。奔驰旧博物馆创建于1936年，它是奔驰汽车从发明到发展的一本历史教科书、一部完整的汽车发展史。

1961年，奔驰公司建造了一个更大的博物馆，这一博物馆于1985年翻修，并于1986年重新开放。博物馆的一个重要特色就是无线传输系统的应用。参观者无论采取什么路线，红外传输系统都会提供参观者注视车辆的介绍。

博物馆开放式的设计风格使得参观者可以自由移动、驻足和思考。无论你站在博物馆的哪一点上，都会发现收藏汽车的全新视角。

新的博物馆为不规则的三棱圆柱形，共分9层，面积达到16500平方米，可陈列展示185款汽车，其中包括大约95辆轿车、40辆商用车以及40辆赛车和各类创纪录车。在这座具有独特风格的建筑里，观众将了解到从第一辆奔驰车到传奇的银箭赛车的发展过程，它会带给人们一次难忘的穿越时空之旅，呈现一个汽车工业巨人的一幅幅历史画卷。奔驰汽车博物馆已不仅仅是汽车的收藏，它更是奔驰传统的彻底展现。人们在这里看到的不仅是历史，更是奔驰公司的过去、现在和未来（如图 5-43 所示）。

图 5-43　奔驰博物馆

2. 宝马博物馆

宝马博物馆（BMW Museum）位于宝马全球总部慕尼黑宝马品牌体验中心，是宝马品牌体验中心的核心组成部分。宝马博物馆总面积为 5000 平方米，为“碗形”造型设计，它的旁边就是宝马“四汽缸”总部，如图 5-44 所示。

图 5-44　宝马博物馆

3. 通用汽车博物馆

美国汽车“三巨头”之一的通用汽车，于 2004 年在密歇根州的小城建立了全球最大的汽车博物馆。博物馆占地 7000 多平方米，馆内收集了 180 多辆经典名车，将通用汽车百年来的经典名车及具有历史意义的车辆全部收藏进馆。通用汽车博物馆的展馆建筑最初并不是作展览车辆之用，而是通用内部庆典和会议的场所，只能同时容纳 500 人左右。在 2008 年通用百年诞辰之时，通用将这个建筑改造成了“通用汽车博物馆”，开始广迎八方来客（如图 5–45 所示）。

**图 5–45　通用汽车博物馆**

通用汽车博物馆最大的特点，就在于其数不胜数的经典老爷车款。在这座博物馆参观，任何观众都不会错过美国豪华车皇冠上的宝石凯迪拉克的经典展车，馆中数十款车型中甚至包括了教皇、美国总统、好莱坞巨星的私人座驾，每一款都价值连城，意义非凡。当然，在这个展馆里，还有不少经典的概念车，走进展馆就如同走进了异想世界一样。

4. 丰田汽车博物馆

丰田汽车博物馆于 1989 年为庆祝公司成立 50 周年而开设。丰田的前身是做织布机的，所以在丰田汽车博物馆里，有很大面积的场地是用来展览织布机的历史。参观完织布机展馆，就可以来到汽车展馆，这里收集了 19 世纪末以来世界各国各种车型近 200 辆，其中不仅收集了丰田历史上的经典车型，还有 60 多辆欧美汽车（如图 5–46 所示）。

不可错过的展车包括丰田生产的第一辆车 Toyada AA 型汽车以及标志着丰田成功的花冠车型，还有 1998 年丰田发布的全球首款混合动力车型普锐斯。此外，还有专门针对中小学生的动手区域。

图 5-46 丰田汽车博物馆

## 三、汽车俱乐部

汽车俱乐部是为车主服务的一个专业组织，向车主提供维修、保养、美容、配件用品的服务以及汽车品牌俱乐部组织车主外出活动、技术交流等有关汽车方面的业务。如果是某汽车品牌的俱乐部，那就是主要为该品牌的车主提供全方位的服务。汽车俱乐部可以为会员提供生产型服务和生活型服务；为会员提供技术和使用服务，解决会员在使用过程中的实际问题，并组织会员开展交友、娱乐和休闲活动。因此，汽车俱乐部是弘扬汽车文化的重要形式，是拓展汽车文化的重要领域。

### 1. 汽车俱乐部的起源

汽车俱乐部由来已久，1895 年 10 月，美国《芝加哥时报》在“车坛风云”专栏上发表了赛车运动员查尔斯·布雷迪·金格建议成立汽车俱乐部的一个想法，一时引起了车迷和车主的关注。1895 年 11 月 1 日，由《先驱者时报》主办的汽车大赛在芝加哥开幕，全美各地的驾驶员驾车参赛，有 60 多名驾驶员在酒店聚会，倡议并发起成立美国汽车联盟，成为世界上第一个汽车俱乐部。并在月底，美国汽车联盟召开第二次会议，选举产生委员会并通过活动宪章，主旨为利用举办报告会的形式向会员传递汽车工程最新技术，通报汽车大赛动态，并提供紧急救援和法律咨询服务，以保障机动车会员的各项法律权益。同期，法国汽车俱乐部、欧洲汽车俱乐部相继成立。

2. 我国汽车俱乐部的现状

汽车俱乐部是汽车文明的产物。近年来，随着我国汽车保有量的飞速增长，与汽车相关的配套行业也开始露出无限商机。如今以车代步出行的新格局正在形成，然而就汽车后续服务而言，却大大落后于汽车发展的速度，特别是以提供人性化与软性化服务为经营宗旨的汽车俱乐部更是如此。因此，建立一个专业化、风格化、社会化的汽车服务体系已成为社会的需要。于是，汽车俱乐部这个新兴行业就在我国悄然兴起了，并显示出了良好的市场前景。1993 年，我国第一家汽车俱乐部在北京诞生，以后各种规模的汽车俱乐部在各地相继出现。1995 年，我国第一家以借鉴欧美流行的会员制为运行模式的汽车俱乐部——大陆汽车俱乐部在北京成立，即现在的北京恩保大陆汽车俱乐部。这些汽车俱乐部多采用会员制的形式，向驾车人提供以 24 小时公路救援为主，其他综合性汽车服务为辅的全方位的汽车保障服务。

据统计，截至目前，经官方认可的各种形式的汽车俱乐部有 15000 余家，其中正式以汽车俱乐部命名并通过工商注册的汽车俱乐部有 400 多家。我国汽车俱乐部的运作模式各不相同，大致可分为以下六大类：一是以整合业务为主，同时也发展会员；二是通过网络平台建立俱乐部；三是以汽车经销商延伸服务为核心的俱乐部；四是以共同的兴趣爱好为媒介建立的车友会；五是以提供代理代办、救援服务为宗旨组建的汽车俱乐部；六是以媒体作为依托组建的汽车俱乐部。其中，90%的汽车俱乐部并不能通过会费收入来实现盈利，而是通过延伸服务或者母公司的其他资源来支撑俱乐部的运行，95%以上的俱乐部有融资的需求。

和其他企业不同的是，汽车俱乐部不生产具体的产品，它所提供的产品是一种服务。对于一个综合性汽车俱乐部而言，这种服务又分为生产型服务和生活型服务。生产型服务是指俱乐部为会员提供各种对车辆和车主本人的有关车辆的服务，它的目的是为广大会员解决在使用车辆的过程中所产生的实际困难；而生活型服务则是以会员为主体的各种休闲、娱乐和交友服务。在节假日期间，俱乐部通过组织自驾车旅游、汽车越野、参观车展以及根据会员的不同兴趣爱好组织的网球联谊赛、棋牌比赛、垂钓比赛、企业管理讲座等多姿多彩的活动，极大地丰富了会员的业余生活，增加了会员对汽车知识的了解。同时，通过活动，扩大了人际交流，来自各行各业的会员，由陌生变熟悉，以汽车为媒介，以俱乐部为载体，在各自的业务范围和工作领域，也寻求到了许多新的机遇。

目前，全国大部分的汽车俱乐部都在追求网络化经营方式，面向广大驾驶人员和车辆提供系列化、网络化的专业汽车服务。新兴的服务理念，与国际接轨的管理模式，并利用中国巨大的市场需求，形成全国连锁的网络优势，服务于会员，让会员有车的生活变得更加轻松。

3. 汽车俱乐部简介

（1）美国汽车协会。1902 年 3 月，来自美国各地 9 个汽车俱乐部在芝加哥联合成立美国汽车协会（American Automobile Association，AAA），并接纳了 1000 个会员。目前，全美 69 个地区俱乐部为其成员，现有会员 4900 万，初级会员年费为 70 美元。美国汽车协会是世界上最大的汽车俱乐部，美国 40%的车主都是它的会员。

美国汽车协会成立至今，其服务范围几乎覆盖了美国城乡各个角落，是全美最大的汽车俱乐部。其入会程序也十分简单，可以网上注册，也可以电话报名方式进行，所需费用可由信用卡划拨。注册后，申请人便可立即得到自己的临时会员号（正式会员卡约两周后通过邮递送达），同时开始享受协会提供的各项服务。

在美国和加拿大，美国汽车协会整合了汽车服务商、专营店和救援机构，将触角伸入金融、通信、保险和房地产行业，令众多行业老大俯首称臣，其所依靠的就是 4900 万忠实的会员。美国汽车协会是会员利益的代言人，而不是某个企业的附庸，这是成功的根本。

成为美国汽车协会的会员，可以享受长达 150 千米的拖车服务；若发生事故，可以得到高达 500 美元的赔偿；若需要法律帮助，还可获得 300 美元的律师补助费；若汽车中途没油了，可以得到免费送油服务；若遗失了爱车的钥匙，会得到免费的复制服务；会员驾车出游，可从美国汽车协会的所有网点获得全面的行程规划、路线、地图、订票和其他服务。换句话说，您只需打点行囊，剩下的事美国汽车协会自会帮您打理妥当。

美国的保险业一向发达，仅经营车险项目的保险公司就有 260 多家，但真正垄断车险业务的却是美国汽车协会，虽然美国汽车协会的报价相对较高，但一条龙的出险理赔服务绝对贴心。调查显示，67%的美国人钟情于独立汽修厂，而非专营网络或是连锁服务企业，而能够把汽车美容、装饰、用品和维修全部整合的途径只有美国汽车协会俱乐部。

（2）全德汽车俱乐部。全德汽车俱乐部（Allegemeiner Deutsche Automobil Club，ADAC）成立于1903年，至今已经有100多年的历史，发展至今拥有会员1650万。全德汽车俱乐部是德国非常有影响的一家会员制服务性机构，是一家企业化运作、非营利性、混合性的组织。拥有保险、空中救援、旅游、通信、汽车金融、汽车运动等领域的经营性公司18个，然而最基本的汽车救援等服务是以会员制的方式，收取少量的年费，服务时以不收费或少收费的方式向客户提供服务。

带有黄色标志的“ADAC”救援车在德国车迷中享有“黄色天使”的美誉。全德汽车俱乐部还有一项非常重要的业务就是机动车车辆检测，据称几乎市场上所有的主流车型，该俱乐部都将会进行各方面的测试，为会员把住安全关。

（3）新西兰汽车协会。新西兰汽车协会（New Zealand Automobile Association，NZAA）创立于1903年，它是新西兰最大、服务最好、最全面，同时也是最权威的汽车协会。目前新西兰汽车协会业务范围不仅局限于汽车的维修、检查、买卖和保险，而且还经营人身保险，油价行情的跟踪、汇报和研究等。新西兰汽车协会的其他服务还包括为游客提供天气预报、各种地图及安全方面的建议，同时还可以在新西兰汽车协会预订到便宜舒适的汽车旅馆。新西兰驾照的考试报名和考试都在新西兰汽车协会。

（4）大陆汽车俱乐部。1995年中国成立第一家汽车俱乐部——大陆汽车俱乐部（China Automobile Association，CAA），是国内成立最早的汽车俱乐部。大陆汽车俱乐部以全国汽车道路救援为起点，建立全国综合性的汽车服务管理平台。2003年大陆汽车俱乐部成为澳大利亚保险集团IAG的全资子公司。作为国内首家为客户提供优质道路救援服务的专门机构，大陆汽车俱乐部始终秉承“立足国内市场，整合国际资源，围绕多元化的汽车后市场服务，以道路安全为己任，依托母公司澳大利亚IAG保险集团的雄厚实力，成为中国汽车救援服务行业的领航者”。

大陆汽车俱乐部除了开展救援服务这一核心业务之外，更加深入地发展汽车后市场，为会员及合作伙伴提供更多的选择便利和多元化的服务。现在大陆汽车俱乐部已有的服务包括救援服务、保险服务、车检代缴费用服务、技术咨询、俱乐部自驾和趣味讲座等活动，丰富了大陆救援会员的服务范围。2006 年大陆汽车俱乐部全国道路救援网络覆盖全国 23 个省、4 个直辖市、561 个城市。现在已经发展全国网络合作伙伴 1880 家，全国道路服务网络覆盖全国 1~5 级城市的 95%以上。

## 四、汽车影院

汽车影院，即观众坐在各自的汽车里通过调频收听和观看露天电影，这是随着汽车工业高度发达后所衍生的汽车文化娱乐方式之一。能够与家人、朋友一起在自己的汽车里欣赏一部电影，是一种奇妙的体验。虽然受到了互联网的冲击，但是“汽车影院”这一独特的美国生活模式，显示出了自己强大的生命力。这种娱乐休闲方式随着汽车的普及很快风靡整个北美地区。作为汽车文化的重要标志，汽车影院已经出现在世界各地。

### 1. 汽车影院的诞生

20 世纪 20 年代，有声电影的出现，改变了人们的生活娱乐方式，成为人们休闲娱乐的第一文化大餐。在有声电影出现大约 10 年之后，一位美国人将电影传播方式给予了另一种诠释——汽车影院。1933 年的 6 月，美国人理查·赫林谢德在自家的后院创办了世界上第一家汽车影院，可容纳 400 辆汽车，用一台 1928 年出产的柯达投影机往幕布上投影，而声音来源于藏在电影幕布后面的一台收音机。

### 2. 汽车影院的发展

虽然第一家汽车影院很快关闭，但是这个理念却留了下来。不久，宾夕法尼亚州、得克萨斯州的汽车影院相继开了起来。车与电影的结合，凸显了电影的另类，也焕发了车的灵性。凭其新奇、方便的特点，汽车影院很快便风靡全美。

汽车影院已经出现在世界各地。电影给我们的生活带来了越来越强烈的冲击，在经历了千年之交和世纪之交的深刻体验之后，汽车影院的娱乐形式显得更加清新和浪漫，是家庭和朋友聚会的新颖方式。20 世纪 50 年代，汽车影院在美国进入鼎盛时期，同一时期，汽车影院也在许多国家兴起，1952 年美国有近 5000 家汽车影院。

汽车影院虽曾在 20 世纪 60 年代一度衰落，但近年来由于提高了影片质量，增设了服务项目，又有所发展。今天，全美仍然有 400 多家露天汽车电影院，这些影院吸引着许多家庭前来观看节目。

3. 汽车影院在我国

20 世纪 80 年代以后，汽车影院在新加坡、泰国等很多国家迅速发展起来。与此相比，中国的汽车影院起步较晚。

国内最早的汽车影院是 1998 年开业的枫花园汽车电影城。放映广场占地 66000 平方米，可容纳几百辆车。在枫花园汽车电影院，置身欧陆风情的幽雅环境中，在全钢铸造的超大银幕下，当你沿着用原木制成的路标，穿过长长的林荫道时，好像一下子从喧嚣的都市来到了一个郊外的农场。收看电影之前，也可在露天茶座里听听自己熟悉的电影音乐，再来一壶绿茶，尝尝各式的烧烤。听听歌、喝喝茶、看看电影，都市夜生活因此而闪亮。在完全私人的汽车空间内，通过不同的角度欣赏完美的影像，享受高质量、超大放映画面以及车内音响贴身环绕所带来的震撼体验，给您一个恍若隔世的电影欣赏之夜。

近年来，我国一些大城市相继出现了汽车影院，对于城市“有车族”来说，除了在闲暇时光与朋友家人一起去郊外旅游，去汽车影院看场电影也是非常受欢迎的休闲方式。

4. 汽车影院的魅力

汽车影院是家庭和朋友聚会的新颖方式。在开阔、露天的环境中，当星星布满天空时，一张正在放映的硕大电影银幕前不是坐满了人群，而是整齐地停放着各式各样的汽车。座椅调到舒适角度，收音机调到指定频率，在自己舒适的“移动之家”中欣赏精彩的影片，享受超大屏幕带来的视觉和听觉冲击。在车里自由自在，少了几分在影院里的约束与窒息。宽阔的广场，清新的空气，远离城市的喧嚣与混浊，让你在自然与时代的和谐中，尽情释放自己的心情。

汽车影院的银幕采用全钢铸的大屏幕，观众坐在车内，在不同的位置都能看到清晰逼真、稳定的图像，声音是从汽车音响中发出来的。坐在自己的车里看电影，和在普通的电影院里看电影的感觉完全不一样，可以随心所欲地表达个人的情绪而完全不用顾虑周边的环境，既不影响别人，也不受别人影响。电影放映时，铺天盖地的电影对白充盈着整个车厢，车内俨然成了电影院的独立包厢。当放映的电影演到精彩的片段时，车内的观众都会不约而同地按响喇叭，以鸣笛代替鼓掌。

## 五、汽车媒体

汽车媒体是传播者与受传者的中介媒体，是信息的通道，也是一种文化。汽车媒介是一个独立的传播环节，是人类传播活动中运载和传递信息的物体，是连接传受双方的中介物。

汽车媒体包括汽车书籍、报纸杂志、广告、宣传和汽车网站等，它的作用是传播汽车技术、汽车文化和汽车信息。汽车媒体是汽车工作者、汽车驾驶员、汽车维修技术人员、汽车爱好者增长汽车知识、提高汽车技术和加强交流的重要工具之一。

1. 汽车书籍

国内外的汽车书籍有汽车构造、汽车检测、汽车养护和维修、汽车技术使用、汽车驾驶、汽车文化等，这些书籍，供专业人士和爱好者学习使用，从而广泛地传播了汽车技术知识和汽车文化知识。

2. 汽车杂志

国内外著名汽车杂志主要有：美国的《汽车工程》、《汽车与驾驶员》；德国的《汽车技术杂志》、《BOSCH 汽车工程手册》；英国的《汽车工业》、《汽车工程师》；法国的《汽车工程师》；俄罗斯的《汽车工程师》；意大利的《汽车工程师》以及我国的《汽车技术》、《汽车工程》、《世界汽车》、《中国汽车报》、《汽车之友》、《汽车维修与养护》、《汽车配件》等。

3. 汽车网站

汽车网站是传递汽车新技术、汽车信息、汽车知识速度最快、信息量最大的公共媒体。国内汽车网站主要有：中国汽车网、中国汽车新网、中国汽车用品网、中国电动汽车网、中国汽车报、中国汽车交易网、汽车世界、汽车维护与修理网和汽车周报等。

## 六、汽车模特

汽车模特是商用模特的一种，通常指以广告拍摄为主要业务，以从事汽车商业推广工作为主的模特。

1. 汽车模特的产生

1391 年在法国第一次出现了“模特”（Model）一词，至今已有 600 余年的历史。自 1845 年世界上出现第一个女模特以来，模特行业随着每一次的工业革命，都会向前发展一个阶段。1886 年德国人卡尔·本茨和戴姆勒发明了汽车以后，“模特”一词便不知不觉地便和汽车联系在一起，由此有了我们今天的汽车模特。

1985 年我国在北京举办了首届中国国际汽车博览会。1993 年在北京的汽车展览会上，“香车美女”的概念终于由西方引入中国，在中国便出现了“汽车模特”这一新名词，“汽车模特”从此为中国汽车博览会增添了一道亮丽的风景，同时在某种程度上推动了中国车展业和中国汽车工业的发展。

如今每逢新车上市发布会、大大小小的汽车展会，汽车厂商都会投入巨资请来数量众多的汽车模特作为现场的点缀。而各个媒体也都专门开辟相关频道与栏目专门报道汽车模特。

2. 对汽车模特的要求

（1）汽车模特作为模特的分支，不要求有模特的身高，但要求身材比例协调，形体优美。

（2）汽车模特还要懂得相应的汽车专业知识。对汽车知识一无所知的汽车模特，不仅无法从容地回答现场观众提出的问题，更无法将企业的文化、产品的内涵传达给观众。

（3）汽车模特要有无与伦比的亲和力。再华丽的汽车也只是一台不会言语的机器，汽车所传达出来的理念，需要有汽车模特来延伸，这时候汽车模特的亲和力就显得尤为重要，因为观众要通过车模进一步地了解汽车，车模的亲和力才是吸引观众流连展台的关键。

（4）汽车模特应有一定的表现力，要善于用动态的肢体语言表现所展示的汽车和所属公司的汽车文化，但表演的时候必须明确谁才是表演的主角，汽车模特所做的一切都是为了更好地展示汽车。

（5）汽车模特是一项辛苦的工作，长时间的站立和微笑需要较好的意志力和忍耐力。

3. 汽车与汽车模特的关系

对普通消费者而言，车展是生活中一道五彩斑斓、丰富亮丽的色彩，汽车不同于服装，运动是车的生命，展台上的车要怎样向观众传达厂商的理念、产品的内涵呢？最生动、最有效的途径就是汽车模特。要保证宣传的效果，确保产品定位的准确，需要具有专业精神与专业技能的汽车模特。汽车模特要体现汽车的品位和气质，并不是所有靓丽模特都能胜任的。做汽车模特要求其自身气质一定要与汽车特点相符合，外形也要与汽车款式相协调。总之，汽车模特的整体形象、情感表达都要能够体现汽车的灵感与激情。

不同的车有着不同的定位和风格，模特需要展示与之相应的风韵，否则就会显得不伦不类。将汽车和美女之间的契合点完美融合，让它们相得益彰，则是选择汽车模特的关键。例如，一部跑车就需要树立一个热情奔放、充满活力的形象；一部豪华轿车则以高贵典雅为最佳，而概念车则应以抽象、前卫才最为合适；如果是家庭车，就以温馨、浪漫为主题；旅行车则以自然、休闲为重点。

世界各国所生产的汽车都有各自的特点，如美国汽车比较豪放，日本汽车做工细致精巧，德国汽车大气中又透露着以人为本，这就是一种文化的反映，因国别而不同。这就要求汽车模特在表现不同车型时能够深谙该国汽车文化，了解该国汽车工业的发展历史、所展示车型的特点和所适应的购买人群，然后通过服装和形体语言表现出来，才能达到人车合一的效果。

汽车模特没有固定动作。汽车模特要表现的是人与车之间的关系，其表现的是形体和行为融为一体的艺术，展示的是汽车的文化内涵，汽车模特赋予汽车鲜活的个性，让汽车更具活力，让人们感觉到汽车不仅是一种代步的工具，也是一种文化的享受，是人们物质生活和精神生活的结合。

4. 汽车模特与时装模特的区别

车和服装有很多的共同点，它们都是设计师辛勤劳动的结果。在每一季的车展与服装展中，每一个品牌的车和每一款样式的服装总是在不断地变化，满足人们的需要，而最便捷的方式就是展示，以最直接的手段让大家了解。服装模特所展示给观众的就是服装本身，这是一种具体而直接的概念，其表现形式单一；而汽车模特所展示的却是一种和汽车相关联的文化概念，更趋向于间接和抽象，并且表现形式是多种多样的。因此，汽车模特的要求是高于时装模特的。

（1）汽车模特承接的是汽车与观众、生产厂商与消费者之间的文化与理念的对接，而汽车不能由模特直接展示其运动之美，其实用性、舒适性与灵动性只能靠模特的肢体语言来吸引观众的注意力，调动观众的想象力，用身体语言诠释产品的文化内涵。而时装模特的任务是展示时装之美。一件漂亮的时装如果只是摆在橱窗中或挂在衣架上，那将是静止的、无生命的、呆板的，完全不能显示出它的美妙之处，只有当模特穿上它时，随着身体的活动而活动，它才能得到多方位、多角度的展现。

（2）汽车模特不仅要将自己的激情，更要将自己的感情附着于展品之中。从一定意义上说，汽车模特是当代汽车生活方式的诠释，甚至可能是启动者，她们不仅代表汽车文化，也代表社会对现实生活情趣的把握；时装模特不仅反映了服装设计师对美的感受，更要将个人对美的感受及个人的魅力展现在观众面前，所以模特着装有一种特别的意义，它集中反映了大众的审美注意力和想象力。

（3）单单是美女还是无法胜任汽车模特的，汽车模特像其他会展模特一样，要具备良好的公关素质，如应变能力、动听的声音、流利的解说能力、专业模特的表现能力、丰富的礼仪常识等。但对时装模特而言，形体、容貌是展台上第一重要的，因为这直接关系着对时装的表现力以及设计师所要传达的时尚气息。

（4）时装模特不一定要懂制衣、裁剪，但汽车模特不可以对汽车专业知识甚至是常识一无所知。不懂得汽车的一些基本常识和术语就不能对所展示的汽车产品进行更好的理解和诠释，不了解和掌握汽车相关知识，就无法从情感上与观众强烈的求知欲产生共鸣，进而直接影响宣传的效果。

5. 我国汽车模特现状

无论是大小车展，还是国内、国外车展，汽车模特都是一道亮丽的风景线，吸引着人们的眼球，人们举起手中的相机，拍下无数动人的身影和精彩的瞬间。“香车美女”已经成为人们对车展的固定印象。每逢车展，媒体除了对新车、新技术做大量报道外，车模的展示也是必不可少的。不少网络媒体甚至举办“最佳车模”的大众投票评选活动，以此增加点击率。

不难想象，如果一个车展没有车模，会是一种什么样的场景，死板的汽车、复杂的技术会使参观者感到乏味，而鲜亮动感的模特会让展台和展品变得活泼律动。

在巴黎、法兰克福、北美、日内瓦、东京这些国际顶级车展上，模特与汽车似乎结成了天然的联系，车模的举手投足、嫣然一笑都恰当地表现出汽车的特质，相比之下，国内车模虽然独具东方女子的温柔清丽特质，但与汽车却保持着距离，可能是因为现代汽车在中国起步较晚，模特行业也发展时间不长，国内车模对汽车的理解还欠深刻，因而在表现上还显表面化，还不能通过自己的表现去诠释汽车所具有的文化和技术内涵。

如今，伴随着中国汽车工业的迅猛发展，车展中的汽车模特已经形成独特的领域，中国汽车模特赶超世界先进水平也该提上议事日程了。

汽车市场在中国的繁荣，会展经济迅速成为经济发展的亮点，这为汽车模特的专业化提供了广阔的发展空间。目前国内汽车模特业正处于急速的膨胀期，模特产业等于“脸蛋产业”的时代已经过去。仅有外形靓丽是难以发展“汽车模特产业”的，只有外形靓丽加汽车文化素养，才能使“汽车模特产业”壮大。当汽车模特从时装模特、平面模特中脱离出来，真正成为汽车文化的传播者时，才能将宣传的主体表现出个性化特色。

**【任务训练】**

观看一次汽车展览会，通过观看汽车展览会，学会汽车展览会赏析。

# 【项目小结】

综观世界汽车强国，都有其汽车城。汽车城的设立，不仅培育与提升了汽车产业竞争优势，还可以提高城市和国家的综合竞争力。

底特律是美国通用汽车公司、福特汽车公司和克莱斯勒汽车公司总部所在地，是世界最大的汽车工业中心，是著名的美国汽车城；丰田市因丰田汽车公司建于此而闻名于世；德国斯图加特市是奔驰和保时捷汽车公司总部所在地，汽车制造业是斯图加特的主体工业；大众集团自1934年成立以来，带动了沃尔夫斯堡市的发展；都灵是意大利最大的汽车集团菲亚特公司总部所在地；东京是日本的首都，也是日产、本田、三菱、五十铃汽车公司总部所在地；巴黎除了它举世瞩目的浪漫及时尚外，也以总部设在此的法国最大汽车集团公司标致—雪铁龙公司而闻名；韩国蔚山市是现代汽车集团所在地。

中国有三大汽车集团，分别位于长春、十堰和上海。长春是中国汽车工业的摇篮，是中国第一汽车集团公司总部所在地；十堰是东风汽车集团公司总部所在地；上海是上汽集团总部的所在地。

在汽车百余年的发展历程中，有许多汽车名人各领风骚，他们为汽车事业奉献了一生。

德国的卡尔·本茨和戈特利布·戴姆勒发明了世界上第一辆三轮汽车和四轮汽车，被称为现代“汽车之父”；费迪南德·波尔舍设计了甲壳虫汽车，是世界著名豪华跑车保时捷公司的创始人；尼古拉斯·奥托创建的内燃机工作原理，在现代汽车发动机上沿用至今，后人一直把四冲程循环称为奥托循环，把四冲程汽油机称为奥托机；鲁道夫·狄塞尔是柴油机发明人。

美国的亨利·福特是福特汽车公司的创始人，他推出了经济的福特T型车，创造了用流水线装配汽车的生产方式，促进了汽车在美国和世界的普及，被誉为“汽车大王”；威廉·杜兰特是通用汽车公司的创始人；阿尔弗雷德·斯隆是通用汽车的总经理、董事长，为通用汽车发展壮大立下了汗马功劳；沃尔特·克莱斯勒是克莱斯勒汽车公司的创始人。

法国阿尔芒·标致是标致汽车公司的创始人；安德烈·雪铁龙是雪铁龙汽车公司的创始人，发动机前置前轮驱动汽车技术的发明者；恩佐·法拉利是法拉利公司的创始人，人称“赛车之父”；日本丰田喜一郎是丰田公司的创始人，是“丰田生产方式”的奠基人；本田宗一郎是本田汽车公司的创始人。饶斌、孟少农是中国汽车工业的奠基人。

国际汽车运动联合会负责管理全世界汽车俱乐部和各种汽车协会活动。中国汽联是中国境内唯一管辖汽车运动的全国性组织。

随着汽车运动的发展，汽车运动的种类越来越多，根据汽车行驶的地点可以把汽车运动分为场地赛和非场地赛。场地赛是在固定的场地内进行，主要有方程式汽车赛 、卡丁车赛、创纪录赛、直线竞速赛、耐力赛和印地车赛等；非场地赛主要有拉力赛、越野赛等形式。世界一级方程式锦标赛，是当今世界最高水平的赛车比赛，与奥运会、世界杯足球赛并称为“世界三大体育盛事”。

汽车的触角深入生活的方方面面，汽车展览会、汽车博物馆、汽车俱乐部、汽车影院、汽车媒体和汽车模特等汽车时尚活动使汽车作为一种时尚文化吸引了更多的人融入其中，赋予人们不同的气质和神韵，能体现不凡的生活品位。

## 【复习与思考】

1. 简单总结世界著名汽车城及其有关的汽车公司。
2. 选出5位汽车名人并说明他们对汽车发展所做的贡献。
3. 为什么说费南迪尔·保时捷是最为杰出的汽车设计大师？
4. 为什么亨利·福特能被称为“汽车大王”？
5. 汽车流水线装配法是谁发明的？具有什么特殊的意义？
6. “中国汽车工业之父”是谁？
7. 斯隆对通用以及汽车行业的杰出贡献是什么？你可以从中感悟到什么道理？
8. 管辖赛车运动的国际组织叫什么名字？

9. 赛车运动一般有哪些？

10. 什么是方程式汽车锦标赛？

11. 第一次F1汽车锦标赛是在何时何地举行的？

12. 什么是F1大赛？F1大赛有哪些特点？

13. 什么是WRC大赛？WRC大赛有哪些特点？

14. 勒芒24小时耐力赛有什么特点？

15. F1汽车锦标赛知名的冠军车手、车队和获胜赛车主要有哪些？

16. 综述赛车运动的魅力。

17. 世界五大车展指的是哪些？它们各自有什么特点？

18. 简述北京车展特点。

19. 上网查阅并整理我国知名汽车俱乐部的相关资料。

20. 汽车影院具有什么特点？

21. 列举几部与汽车有关的电影。

22. 汽车模特在汽车展览中有哪些作用？

# 参考文献

[1] 田春霞，高元伟，魏彤光. 汽车文化 [M]. 北京：北京理工大学出版社，2014.

[2] 蔡兴旺. 汽车文化 [M]. 北京：机械工业出版社，2014.

[3] 郎全栋，曹晓光. 汽车文化 [M]. 北京：高等教育出版社，2008.

[4] 纪元. 汽车文化 [M]. 北京：中国广播电视出版社，2009.

[5] 屠卫星. 汽车文化 [M]. 北京：人民交通出版社，2005.

[6] 仲子平，闫瑜. 汽车文化（第 2 版）[M]. 北京：北京航空航天大学出版社，2012.

[7] 李青，刘新江. 汽车文化 [M]. 北京：人民交通出版社，2010.

[8] 吴喜骊，蒋芳. 汽车文化 [M]. 北京：化学工业出版社，2010.

[9] 李景芝，郭荣春. 汽车文化 [M]. 北京：机械工业出版社，2011.

[10] 梅玉颖，吴翱翔. 汽车文化 [M]. 北京：清华大学出版社，2013.

[11] 吕慧敏，郭凤鸣. 汽车文化 [M].长沙：中南大学出版社，2011.

[12] 高元伟，吕学前. 汽车电气设备构造与维修 [M]. 北京：人民交通出版社，2011.

[13] 刘怀连. 汽车文化 [M]. 北京：冶金工业出版社，2009.

[14] 西川武志. 汽车构造图册 [M]. 北京：人民交通出版社，2005.

[15] 董继明. 汽车文化 [M]. 上海：上海交通大学出版社，2012.

[16] 刘金华，王丽霞. 汽车文化 [M]. 北京：人民邮电出版社，2011.

[17] 中国百科网 [DB/OL]. http：//www.chinabaike.com/.

[18] 百度图片网 [DB/OL]. http：//image.baidu.com/.

[19] 谷歌图片网 [DB/OL]. http：//images.google.com./

[20] 汽车之家网 [DB/OL]. http：//www.autohome.com.cn.

[21] 爱卡汽车网 [DB/OL]. http：//www.xcar.com.cn/.

[22] 网易汽车频道 [DB/OL]. http：//auto.163.com/.

[23] 新浪汽车频道 [DB/OL]. http：//auto.sina.com.cn/.